KB260097

정견스님의
반야심경 법문

사단법인 통섭불교원

법문　　**寒山 正見스님**
　　　　동국대학교를 나와 금오암(금오선사 수행처)등에서 수행정진

편집　　**淨名 金成奎**
　　　　영남대학교 명예교수, (사)통섭불교원 원장

정견스님의 반야심경 법문

법문 : 한산 정견
편집 : 정명 김성규
녹취 : 정혜 허영문
교정 : 정법성 이상숙

펴낸이 : 사단법인 통섭불교원

초판 인쇄 : 2026년(불기2570년) 2월 12일
초판 발행 : 2026년(불기2570년) 2월 19일

등록번호 : 제344-2022-000012호

주소 : 대구시 남구 장전1길 56 101호(대명동, 화신그린빌101동)
Tel (053)474-1208, Fax (053)794-0087
E-mail : tongsub2013@daum.net

모바일 홈페이지 : www.itongsub.com

값　38,000원
ISBN 979-11-994069-0-2

머리말

이 반야심경강의 내용은 2007년 제불선원(제천)에서 약 2년 동안 강의한 내용이다. 일정한 책을 위주로 한 것이 아니라, 빈승이 공부하면서 많은 영향을 받았던 책자들에서 강의용으로 발췌하여 주석을 달면서 설명한 것이다. 교학으로는 신라시대 유식학의 대가이신 원측스님의 반야심경 강의와 선학으로는 송나라 선사인 대원선사의 심경주해 心經註解와 그 외에 이 시대에 필요한 소소한 것들을 발췌하여 하나의 대강大綱을 구성하였다.

寒山 正見

한산 정견스님은 대학시절 견성하시고 그 후에도 두세 차례 깨달음을 체험하셨다고 반야심경 법문에 나옵니다.

청송 금오암(금오스님 수행처)에서 보림 하고 계실 때 법륜불자교수회에서 찾아뵙고 법을 청한 인연이 있습니다.

그 후 제불선원에 계신다하여 몇 번 찾아뵈었습니다. 그때 반야심경을 강의하고 계셨습니다. 반야심경 강의를 월간지 통섭불교에 연재하도록 스님께 허락을 받고 매월 녹취하고 교정하고 정신없이 게재하였습니다. 내용을 자세히 설명한 강설을 넘어 깨달음의 내용을 바로 보여주고 누구나 쉽게 깨달음의 길로 갈 수 있게 인도하므로 법문이란 이름을 붙였습니다. 그때 녹취를 정혜법사가 주도하였고, 공부하고 있는 많은 회원들이 교정을 보며 동참하였습니다.

지금 통섭불교에 게재된 옥고를 책으로 엮어 저자의 불은에 조금이나마 보답하고자, 연재한 것이 20년도 더 지났지만 수행하는데 너무나 소중한 자료여서 다시 정리하여 세상에 내 놓게 되었습니다.

불교를 제대로 알려고 하는 자, 수행을 통하여 견성하려고 하는 자. 어느 누구에게도 최고의 귀감이 되는 법문집이 될 것입니다.

반야심경을 통해 불교를 알게 하며, 견성이 무엇인지, 어떻게 견성하는지 상세하게 설명되어 있습니다.

이 반야심경 법문을 해주신 한산 정견스님의 불은에 다시 한번 감사드립니다. 이 법문집과 인연된 모든 분들에게 항상 불보살님의 가피가 충만하시기를 기원합니다.

2026년 1월

사단법인 통섭불교원 淨名 김성규합장

차례

차례

반야심경에 차례를 붙인 것이다.

1,2,3의 숫자는 제1강, 제2강, 제3강을 가르킨다.

1마하 2반야바라밀다 3심경

摩訶般若波羅蜜多心經

4관자재보살 5행심반야바라밀다시 6,7,8,9,10조견오온 개공 11,12도일체고액

  (6오온약설 7공의 용도 8조견색온 9수상행온 10행식온) (11존재의 본질)

觀自在菩薩 行深般若波羅蜜多時 照見五蘊皆空 度一切苦厄

사리자 13색불이공 공불이색 14색즉시공 공즉시색 15수상행식 역부여시

舍利子 色不異空 空不異色 色卽是空 空卽是色 受想行識 亦復如是

사리자 16,17시제법공상 18불생불멸 불구부정 19부증불감

  (17제법공상은 업의 법칙이다) (18보고듣는 마음은 나이에 관계없다)

舍利子 是諸法空相 不生不滅 不垢不淨 不增不減

20시고 공중무색 무수상행식

是故 空中無色 無受想行識

21무안이비설신의 무색성향미촉법 22무안계 내지 무의식계

無眼耳鼻舌身意 無色聲香味觸法 無眼界 乃至 無意識界

23무무명 역무무명진 24내지 무노사 역무노사진

無無明 亦無無明盡 乃至 無老死 亦無老死盡

25무고집멸도 26무지역무득 이무소득고

無苦集滅道 無智亦無得 以無所得故

보리살타 의반야바라밀다고 27심무가애 무가애고 무유공포 28원리전도몽상

菩提薩陀 依般若波羅蜜多故 心無가碍 無罣碍故 無有恐怖 遠離顚倒夢想

구경열반 29삼세제불 의반야바라밀다고 득아뇩다라삼먁삼보리

(30반야를 깨치고 싶은가)

究竟涅槃 三世諸佛 依般若波羅密多故 得阿縟多羅三藐三菩提

31고지반야바라밀다 시대신주 시대명주 시무상주 32시무등등주

  (31지혜의 주문)

故知般若波羅密多 是大神呪 是大明呪 是無上呪 是無等等呪

33능제일체고 34진실불허 고설반야바라밀다주

能除一切苦 眞實不虛 故設般若波羅密多呪

즉설주왈 "아제 아제 바라아제 바라승아제 모지사바하"

卽設呪曰 "揭諦 揭諦 波羅揭諦 波羅僧揭諦 菩提娑婆訶"

제1강 반야심경 법문

오늘부터 반야심경 강의를 시작하겠습니다.

먼저 이 강의를 시작하기 전에 구법승들의 불교에 대한 애정과 은혜를 한 번 생각해보시기 바랍니다. 손오공이 등장하는 삼장법사(현장법사)나 신라의 구법승 의정스님등 목숨을 건 구법에 의해 경전이 전해지게 됩니다. 5세기 세계 최초의 종합대학교인 인도의 나란다대학에는 불교를 배우는 승려들이 2만명이 넘었다고 합니다.

반야심경을 배우는 목적이 무엇입니까? 반야심경은 너무 철학적이고 개념적이라서 불교 지식이 없는 사람을 위해서 여러분의 언어로 설명해야만 이해가 됩니다. 모든 종교는 그 종교의 자립심을 펼칠 때 공통점이 있습니다. 첫째 만물의 생성 원인을 설명하고 있습니다. 기독교에서는 하느님, 불교에서는 불성이라는 제일 원인자가 있어 어떤 전개에서든지 당위성이 있습니다. 둘째 그 세계를 바라보는 인식자가 있습니다. 인식에 대해서 설명을 할 수가 있어야 합니다. 기독교식으로 말하면 하느님이 만물을 만들었습니다. 불교식으로 하면 마음이 만물을 만들었습니다. 그 세계를 보고 평가하는 마음, 인식하는 마음이 올바른가 그렇지 않은가, 또 어떻게 보는 것이 참된 인식인지, 객관을 보는 주관의 생각을 모든 종교는 하고 있습니다. 아담과 이브를 만들어 놓고 하느님이 만들어낸 피조물이다 라는 인식에는 두 가지만 있습니다. 여기에 주관과 객관에 대한 밝은 인식이 있어야 올바른 영향을 미치게 됩니다. 어떤 종교를 믿을 때 앞의 두 가지만 있으면 그것을 초월한 세계적인 종교로 성립될 수가 없습니다. 세 가지 측면에서 설명이 되어야 단편적인 지식으로 종교를 곡해하지 않게 됩니다. 본성과 참된 인식, 올바른 실행론을 배울 수 있는 근거가 모두 여기에 있습니다. 여러분이 지금부터 반야심경을 배운다는 것은 세계를 보는 나와 대상을 올바르게 이해할 수 있는 기회이며, 이 기회를 통해 진리를 터득할 수 있는 것입니다. 두 가지 중에 조금 전에 이야기했던 측면에서 이야기하면 실행자가 보는 반야심경입니다.

이번 강의에서는 두 가지를 다 설명하겠습니다. 마하반야바라밀다심경에서 원래는 마하가 없습니다. 반야바라밀다심경으로 번역을 했다가 구역의 여파로 명지견이 모아져서 마하를 집어넣었습니다. 반야심경의 260자는 어떤 내용입니까? 부처님이 평생 설하신 것을 팔만대장경이라고 하는데 경은 부처님이 말씀하신 것이고 율은 윤리적으로 실천해야 하는 것입니다. 부처님 당시에는 사람들이 소박하고 성실하고 곧았지만 후대 사람들은 조직화하고 개념화되고 생각이 많으니까 부처님 당시의 간단한 언어로써 이해 할 수 없기 때문에 풀어놓은 것이 논입니다. 보살의 경지에 도달한 사람이 논에 해당되는데 논까지는 너무 어렵습니다. 유식 같은 것은 논만으로 봐서는 아무도 이해를 못합니다. 보살이 써 놓은 것에 대해 다시 설명한 것을 소라고 하며, 깨달은 스님들의 말씀을 어록이라 합니다. 팔만대장경은 소와 어록까지 포함된 것으로 이것을 260자로 함축했다는 것은 고도의 지식능력이 없으면 불가능합니다. 팔만대장경을 한 글자로 줄이면 마음 '심心'으로 표현할 수 있고, 다른 말로 표현하면 '도를 깨달았다'라고 말합니다.

노력을 하면 숙명이 사라지고 운명이 겹쳐지게 됩니다. 어떤 사람이 좋아 죽겠다할 때 좋아 죽겠다하는 마음을 따지고 보면 숙명에 얽혀 운명이 초라해집니다. 마음에서 그리지 않는 것을 생각이 일어나지 않게 하는 방법이 인연 기도입니다. 누가 나한테 섭섭하게 했을 때 앙금이 쌓이면 어떻게 될까요? 스님이 조금 전에 이야기한 본성과 현실을 여러분들이 자신의 마음에 그리지 않는가를 살펴보세요. 얼마나 많은 것을 그려놓았는지 자신을 들여다보면 알 수가 있습니다. 이것만 알아도 부처님의 법을 이해하는데 좋은 기회를 잡게 됩니다. 마음에 그리지 않는 법을 배우는 것이 반야심경 공부를 통하여 알게 될 것입니다. 마음에 그리지 않는 것이 본론이며, 마음에 그리면 업의 종자가 되어서 숙명에 의해서 또 다른 인연을 만들어 가게 됩니다. 이러한 업을 잘 이해해서 통달하게 되면 오욕죄가 소멸한다고 했습니다. 살생, 투도, 사음, 망어등 열 가지 악을 십악이라고 하는데 이런 악업들이 무엇 때문에 나타나느냐 하면 마음에 그리기 때문입니다. 최초에 그리는 것이 무엇일까요? '나'다'를 그리는 것입니다. 나한테 좋게했다, 나쁘게 했다. 이롭다, 해롭다등 훤히 보이잖아요. 반야심경 내용을 제대로 배우면 오욕죄와 십악등 모든 죄악이 소멸하게 됨을 알게 될 것입니다.

반야심경을 대할 때 두 가지 태도가 있습니다. 먼저 고맙거나 훌륭하다고 생각하는 것입니다. 다음은 인간의 주관에 의해서 객관이 어떻게 보이는지 깨달은 내용을 설명해야 합니다.

법에 대해서 제일 잘 알고 있는 원측스님은 반야심경에 참이라는 것이 있다고 했는데, 이것은 원인에 대한 설명입니다. 반야심경은 무상을 종지로 합니다. 마하반야바라밀을 한문으로 번역을 하면 저 언덕에 도달하는 것이 됩니다. 그 다음 법문을 나눠서 해석하는데 관찰하는 질을 밝히고, 내용을 밝히고, 대상을 밝히고, 과거가 없다는 것을 밝힌다고 했습니다. 교의 입장에서 반야심경을 해석하면 보편적으로 모든 괴로움을 벗어나게 하는 것이 반야심경의 대의입니다. 굉장히 중요한 내용입니다.

불교의 기본 교리에는 삼법인이 있습니다. 삼법인은 불법인지 아닌지를 판가름하는 내용입니다. 무상인과 무아인과 열반적정인입니다. 법에 대해서 이야기하는 것인데 독특하게 세간에도 적용이 되고 진리에도 적용이 됩니다. 무슨 이야기인가 하면 세간에서 보면 나가 있는데 진리의 입장에서는 나라는 것이 없기 때문입니다. 반야심경에서 이야기하는 공이 무엇입니까? 두 가지 속성을 잘 이해해야 앞으로 반야심경을 잘 이해할 수 있습니다. 반야심경은 모든 것을 바로 잡아주는데 특히 중생들의 헛된 것을 바로 잡아줍니다. 공을 제대로 이해하게 되면 제법무아를 제대로 이해하게 되며 불법을 터득할 수 있습니다.

마하는 인도 말입니다. 역대 종사들이 중국말로 번역할 때 하면 안되는 다섯 가지 원칙이 있었습니다.

첫째, 비밀이란 뜻이 숨어있는 비언어는 번역하지 않습니다. 바라밀을 뜻으로 풀이할 수 있지만 신비한 능력을 가지고 있는 비언어이기 때문에 풀이를 하지 않습니다. 아제아제바라아제라는 것도 번역을 안 합니다. 둘째, 한 가지 말에 뜻이 여러 가지인 것이 있습니다. 마하라는 것은 많은 뜻이 함축되어 있기 때문에 원어 그대로 쓰는 것입니다. 셋째, 중국 실정에 맞지 않는 단어가 있습니다. 예를 들어서 염부제라는 표현은 중국에서는 아무도 알아듣지 못합니다. 사바세계는 춥고 괴로운 세계인데 중국 사람들은 낙천적이어서 춥고 괴롭다고 생각을 하지 않습니다. 이런 단어는 번역을 하지 않고 원어 그대로 해야 합니다. 넷째, 옛날부터 번역을 안하고 쓰는 것이 있습니다. 인도말을 중국말로 번역하기에는 중국의 언어재능은 불교처럼 심리적이거나 영적인 언어가 별로 없습니다. 중국말로 번역하기에는 개운치 않은 느낌이 있어 번역하지 않고 그대로 사용

합니다. '보리'같은 것입니다. 다섯째, 번역을 하면 뜻이 가벼워져서 원래 뜻을 훼손시키는 것입니다. 반야라는 말은 번역하면 받아들이는 것이 달라집니다. 신비감이 있고 많은 뜻이 숨어있는 것을 표현할 수가 없습니다. 수행자가 자신이 터득한 경지를 성품적으로 표현한 것입니다.

마하에 대한 표현은 허공입니다. 여러분이 무엇을 생각한다는 것은 인식될 수 있는 대상이 있을 때 이지만 허공은 여러분들이 생각해낼 수가 없습니다. 단어는 있지만 내용은 없습니다. 마음을 생각해보면 단어나 개념은 있지만 도대체 어떤 것이 마음인가? 허공과 같아서 내용이 없습니다. 수행하는 것은 마음에 그리지 않기 위해서라고 했습니다. 생각이 되어지질 않는 것입니다. 육조 혜능스님이 법문을 하실 때 '하늘과 땅이 이것에 의존해서 존재한다'고 했습니다. 여러분의 언어로 표현해 보면 하늘과 땅도 내가 있는 것은 보이지 않고 들리지 않고 작용은 하는데 아무 것도 없는 것입니다. 스님이 설명을 하면 여러분은 스님의 소견이 되어서 이것도 저것도 모르게 되니까 본인 스스로 생각해서 '아 이것이구나' 할 수 있게 내버려두겠습니다. 마하라는 것은 그런 뜻입니다. '크다' '일체다'라고 표현하는 것은 마하를 제대로 설명하는 것이 아닙니다. 다만 우리가 그 존재를 느낄 뿐입니다. 노자는 언제 어디서든지 있고, 변함이 없고, 인식도 없고, 손상되지도 않는 그것이 '천하만물의 어머니다'라고 했으며, 억지로 이름을 붙이면 '도'고 '대大'고 '마하'라고 했습니다. 여러분이 마음의 형상을 끊은 상태가 되면 바로 이 경지에 들어가게 됩니다.

반야에는 세 가지가 있습니다. 실상반야, 문자반야, 방편반야입니다. 스님이 여러분한테 똥과 메주를 설명해서 알게하는 것은 문자반야이며, 똥과 메주의 본래 성품을 나타내는 것이 실상반야이여, 똥과 메주를 활용해서 사용하는 것은 방편반야입니다. 설명을 덧붙이면 은밀하게 설하는 반야가 있는데 옛날에 어떤 큰 스님이 '산의 푸른색이 눈이라고 했으며, 흐르는 물소리는 관세음보살의 귀다'라고 했습니다. 이렇게 볼 때 두 가지 반야가 있습니다. 분별심으로 따져 들어갈 수 있는 생각과 방법이 있는데 '산색이 눈동자다'라고 했을 때 이론으로 들어가는 것이 아니라 체험함으로써 들어가는 것입니다. 여러분이 언젠가는 터득을 해야 하는 것입니다. 반야는 지혜로 번역합니다. 지혜도 크게 두 가지가 있는데 하나는 지식으로 알 지에 알 식자입니다. 이해가 가는 것 그것이 지식입니다. 외부지식을 모아서 머릿속에서 해박하게 알고 있습니다. 그것을 산지식인이라고 하지요. 남보다는 아는 것이 많기 때문에 행동을 할 때 주의가 깊고 사려가 깊지만 근본적인 본성이나 업을 소멸시킬 능력은 없습니다. 자연스럽게 솟아나오는 것으로 배우지 않았는데 스스로 터득하는 지혜가 있습니다. 책을 많이 보고 경험해 얻는 것은 지식인데 지혜는 마음이 맑고 곧고 성실해야 생기는 것입니다. 어떤 사람이 마음이 맑다 했을 때 맑음은 탐욕이 적다는 것이며, 곧다는 헛된 욕심이 없다는 것이며, 재주가 되어 나오는 것이 아니라 평생동안 노력하면서 조금씩 조금씩 터득을 하는 것입니다. 반야심경에서 설했던 것을 적어놓은 것을 '자'라고 하여 반드시 '자'자를 넣었습니다. 씨앗 '자(籽)'자인데 예를 들어서 12지에서 하루가 시작할 때도 자시(子時)부터 시작하지요. 중국의 유명한 예언가가 쓴 운명을 점치는 '황국신수'라는 책에도 인류의 시초를 자에서 시작한다고 합니다. 자를 넣는 것은 모든 것의 시초라는 뜻입니다. 사막지대는 물이 귀하니까 큰 물독을 만들어놓고 빗물을 모읍니다. 마을 아이들이 모여 놀다가 한 아이가 큰독에 빠졌습니다. 아이가 독에 빠졌다고 겁만 낼 것이 아니라 큰 돌로 독을 깨어 아이를 살려내는 지혜를 내는 것이 중요합니다. 세상을 인식하는 데는 두 가지 태도가 있습니다. 지식을 익힌 아이의 태노가 있고, 다른 하나는 지식에 마음이 뺏기지 않은 지혜의 태도가 있습니다. 접시는 깨면 안되고, 항아리는 깨면 안되고 하는 것은 지식을 배운 사람입니다. 아이가 큰 물독에 빠져 허우적거리며 다 죽어가도 구해낼 수가 없습니다. 사물의 가치 중에 생명이 더 귀하고 독은 그 다음이라고 아는 것은 지혜입니다. 독을 깨어서 아이를 구할 수 있습니다. 이것은 지혜입니다. 지혜는 맑고 뚜렷하고 곧아야 생기는 것입니다.

이 반야심경의 출발이 지혜이며, 대의는 마하에서 모두 나타내었습니다.

제2강 반야의 종류

지난번 시간에 지혜와 지식의 차이에 대해서 이야기를 했는데 생활에서 영명하게 사물을 판단하는 지혜를 후득지라 합니다. 마음의 본체가 맑고, 밝게, 깨끗하게 깨쳐도 중생계의 일을 다 경험하고 거쳐야 나오는 지혜가 후득지입니다. 보살이 깨닫고 나서 다시 닦는 수행 즉 중생을 돕기 위해서는 중생들이 갖고 있는 다양한 고통을 풀어 줄 수 있는 후득지를 터득해야 하기 때문에 보살이 만행을 합니다. 즉 중생을 제도하기 위해서는 기본적으로 현실에도 어둡지 않아야 하기 때문입니다. 예를 들면 스님이 컴퓨터를 한다든가 CD 제작 하는 것과 같습니다.

그런데 후득지의 단점은 생사를 벗어나는 지혜가 없다는 것입니다.

나고 죽는 것을 면할 수 있는 지혜는 마음을 깨쳐야 하는데 이것을 근본지라 합니다. 이렇게 지혜는 두 가지가 있습니다. 하나는 삶에 의해서 현명하게 사물을 판단하고 운영하는 후득지는 배워서 경험하고 직감에 의해서도 터득할 수 있는 지혜입니다. 또 하나는 근본지로 남이 나한테 가르쳐 줄 수 없는 지혜입니다. 이것은 무사지

(無師智)로 스승 없이 터득한 지혜입니다.

스승은 증상연으로 즉 깨닫는 조건은 만들어 줄 수는 있어도 깨닫고 못 깨닫고는 본인 마음의 맑기와 노력에 달려 있습니다.

부처님은 무사지와 후득지를 완전히 터득하신 분이십니다. 깨달았다고 해서 다 부처라 하지 않고 보살이라 하는 이유도 여기에 있습니다. 경전을 보면 '아난아 내가 중생을 위해서 몸을 버린 땅을 헤아려보면 바늘 끝 하나 들어갈 틈이 없는 많은 세월동안 몸을 버렸다'고 이야기 했습니다.

다음은 근본지(根本智)에 대해서 이야기를 하겠습니다.

예전에 금강경을 보다가 그 전에 불교경전을 본 적도 없고 읽은 적도 없었는데 홀연히 마음에 대해서 알았습니다. 스승 없이 터득을 했는데 잊어버릴 수가 없었습니다.

후당(後唐)황제 이경이 법안 스님을 모셨을 때 모란이 가득 핀 정원을 거닐며 스님이 읊은 시가 있습니다.

법안 스님이 도를 깨치기 위해서 젊은 시절 도반들과 도에 대해 물어보기 위해 여기저기 찾아다니던 중 어느 날 갑자기 폭우가 쏟아져 어떤 암자에 피신했습니다. 다음 날 비는 멈추고 젊은 스님들이 떠나려하자 그 암자에 계시던 나한 계침스님이 묻기를 "스님들은 무엇하러 돌아다닙니까?"

법안이 대답하기를 "불법이 무엇인지 생각하며 다닙니다."

나한계침이 "어떤 것이 생각하는 일입니까?"라고 다시 물었습니다. 이것은 달마가 서쪽에서 온 뜻이 무엇인가? 라는 것과 같습니다.

계침선사가 "스님들께서는 생각하러 다닌다고 했는데 이 세상이 마음 안에 있습니까? 밖에 있습니까? 세상이 스님들과 같습니까?

다릅니까?"라고 물었습니다.

법안스님이 "같습니다." 라고 했습니다.

다시 법안 스님께 묻기를 "조금 전에 스님이 마음이 세상을 만들었고 마음밖에 아무것도 없다고 했는데 그러면 저기 법당 앞에 있는 바위가 스님 마음 안에 있습니까? 밖에 있습니까?"

법안 스님이 "마음 안에 있습니다." 라고 대답하니

"생각하는 스님이 있는 것도 버려야 하는데 저 무거운 바위를 어떻게 마음에 넣어 다니느냐?"고 묻자 밥안스님은 아무 말도 못했습니다.

그래서 법안스님은 계침선사의 범상치 않음을 알고 이 암자에 한 달동안 머물며 소견을 대답 했으나 그때마다 "아니다"라고 하자

결국 법안스님은 "이제 할 말도 끊어졌고 더 이상 생각해낼 이론도 없습니다." 라고 했더니 계침선사가 "불법으로 말하자면 모든 것이 다 있는 그대로다." 라는 말에 법안이 크게 깨달았다고 합니다.

법안 스님이 후당 황제 이경을 교화하기 위해 읊은 이 시를 잘 이해하게 되면 불법의 한 귀퉁이를 붙잡을 수 있습니다.

가사자락 걸치고 꽃 숲을 마주하니
오고가는 인연이 서로 같지가 않네.
머리털은 오늘따라 희끗희끗 늙어가고
꽃 들은 예전처럼 다시 붉게 피는구나.
아름답고 어여쁨도 이슬처럼 사라지고
저녁바람 불어오면 고운 향기 흩어질걸.
하씰이면 잎이 다진 그때가 되어서야

모든 것이 덧없이 허무한 줄 알겠는가!

이 시는 무상을 이야기하고 공을 이야기 한 것입니다.

우리가 태어나서 지금까지 경험했던 힘들고, 기쁘고, 슬프고, 실감나게 느꼈던 것들이 봄날의 꿈처럼 흔적도 없음을 뼈저리게 느낀 사람은 도 닦는 것 밖에 할 게 없어요. 잘 살아야 백 년인데 이것도 눈 깜짝할 사이 흔적도 없습니다. 여기서 무엇을 배워야 하느냐하면 부처님의 교리 중 첫 번째인 제행무상과 제법무아를 배워야 합니다.

이 두 가지를 알아야 도를 닦거나 배우는데 힘이 됩니다.

꽃을 보면 지금은 화려하지만 석 달만 있으면 추풍낙엽입니다. 즉 오고가는 인연이 서로 같지 않다는 것입니다. 우리 인생이 이와 같아 저녁 바람이 불어오면 고운 향기 흩어지듯 저녁은 황혼이니 곧 죽을 때를 이야기하는 것입니다. 그래서 참으로 지혜 있는 사람이라면 아름답고 번화하고 휘황찬란할 때 그 무상을 볼 수 있어야 합니다.

예전 도반 스님이 나에게 불법이 무엇이냐고 물었을 때 "한번 공을 철저하게 안 사람은 일체에서 공을 본다."라고 이야기한 적이 있는데 어떤 사람도 그 사람의 마음을 움직일 수 없습니다.

그래서 마음을 닦아 공을 터득 하는데, 즉 스승 없이 터득하는 지혜를 얻는데 첫 번째 조건이 무아를 깨달아야 합니다.

공의 다른 표현이 '무아'입니다. 제행무상, 제법무아. 그래서 그 군주에게 가장 필요한 약이 바로 무상과 무아라는 것입니다.

아무리 인품이 좋아도 백이면 백 모두가 좋다고 할 수는 없을 것입니다. 왜냐하면 서로 얽힌 인연이 다르기 때문입니다.

'하필이면 잎이 다진 그때가 되어서야 모든 것이 덧없어 허무한 줄 알겠는가?'

이것을 터득하면 무상의 지혜를 얻는 겁니다. 이것은 스승이 가르쳐줄 수 있는 것이 아닙니다. 자신이 스스로 체득하게 되면 마음을 쉬어 즉 방하착 하게 되는 것입니다.

방하착하는 첫 번째가 무아와 무상을 철저히 아는 것인데 애석하게도 중생은 뼈 빠지게 고생하고 늙고 병들어 죽을 때가 되어서야 무상을 압니다. 그래서 어리석다는 겁니다. 석가모니처럼 호화로운 궁전에 있으면서도 무상을 느낀다는 것은 참으로 상근기입니다.

이 구절에서 이경이라는 군주도 마음을 터득했다는 것인데, 여러분들이 반야심경을 배울 때 무엇에 의지해서 마음을 다스려야 하는가에 대한 가르침으로 이 구절을 넣은 겁니다.

마음을 쓰는 것을 도를 닦는다고 하고 그것으로 인해 나타나는 지혜가 다섯 가지 입니다.

첫째, 실상반야입니다. 진리당체로 말로써는 설명할 수 없고 스스로 터득해야 알 수 있는 지혜입니다. 이것은 모든 것의 본체로, 중생들은 이 본체에 의지하고 있으면서도 자기 생각, 망상, 아집에 덮혀서 실상반야가 있는 줄 모릅니다.

둘째, 관조반야입니다. 관조라는 것은 '비추어 본다'는 뜻으로 수행을 하면서 조금씩 터득하는 반야입니다. 실상반야가 있어 법문이나 교학, 실제 수행을 통해 조금씩 터득해나가는 반야로서 부처와 보살과 중생이 각각 자신의 수준만큼의 지혜가 있습니다.

중생의 지혜는 탐진치 삼독에 묶여 있는 지혜이고, 부처의 지혜는 '나다 너다라는 것'이 모두 끊어진 자리, 허공과 같은 자리가 부처의 지혜인 것입니다.

셋째, 문자반야는 진리를 설명하기위해 문자나 말로 만들어낸 내용입니다. 법문CD, 팔만대장경 같은 것입니다.

넷째, 권속반야입니다. 반야지혜를 드러내기 위한 여러 조건들이 있는데, 중생들의 반야는 탐욕에 묶여있어 참된 반야가 아닙니다. 그래서 탐욕을 없애기 위해서 보시를 행합니다. 이 보시행이 권속반야가 되는 것입니다.

그리고 계율을 잘 지켜 올바르게 사물을 판단하고 행동하는 것, 인욕, 정진, 선정 등 6바라밀행이 권속반야가 되는 것입니다.

보살이 수행을 하는데 권속반야가 매우 중요합니다. 근본지를 드러내는데는 각각의 병에 따라 여러 가지 수행방법이 있습니다. 6바라밀 수행, 8정도 수행, 염불, 참선 등 사람마다 필요한 수행이 다 따로 있게 됩니다.

다섯째, 방편반야입니다. 도를 가르치는 사람이 중생을 제도할 때 쓰는 방법을 이야기하는 것입니다. 각각의 사람을 대할 때 어떻게 가르쳐야 최단기간에 반야를 성취할 수 있는가 수단을 강구하는 것이 방편반야입니다. 여러분들이 방편반야를 자유자재하게 쓸 수 있는 사람을 만나면 공부를 쉽고 올바르게 할 수 있지만, 공부를 안하고 방편반야만 하는 사람을 만나게 되면 본인도 죽고 남도 죽이는 것입니다. 이 방편반야를 실험해보는 화두가 '곡불장직(曲不藏直)'입니다. '꼬부라진 것 가운데 곧은 것이 있는 도리를 일러보라' 하는 것입니다. 이것은 그 사람의 심성의 바탕을 보는 것으로, 거울이 맑으면 있는 그대로 비춰집니다. 공부를 해서 깨달았다고 한 사람에게 이것을 물어 대답을 하면 조금 인정 해주게 됩니다. 공부를 가르치는 사람은 어떤 행위의 결과를 보는 것이 아니라 동기를 봅니다. 마음 바탕이 맑아지면 꼬부라진 것 가운데 곧은 것이 있는 것을 바로 알 수 있습니다.

이 다섯 가지 반야가 부처가 되기까지 거쳐야 되는 것들입니다. 하나는 본체이고 나머지는 그 본체를 쓰는 작용, 방편, 수단이나 이를 기록해 놓은 것들입니다.

우리가 '나' 라고 하는 것에는 세 가지가 있습니다.

첫째 자기가 생각하는 나, 이것이 가장 거친 나입니다. 다음은 인연화합에 의해서 만들어진 나, 즉 전생의 업력에 의해서 만들어진 나입니다. 또 하나는 근본적인 나, 앞의 두 가지에 영향을 받지 않는 '나'입니다. 그래서 '나' 라고 했을 때 세 가지 중 어떤 게 나인지 잘 알아야 합니다. 반야심경에서는 그런 것들이 다 실재하지 않는 것이고, 인연의 성품을 깨달아 공하지 않는 나를 나타나게 해서 진리가 현전, 체험할 수 있도록 하는 것이 목적입니다.

'색의 성품 그 자체가 공한 것이므로 색을 떠나 공이 따로 존재하지 않아서 색즉시공이다' 이것을 간단하게 경의 대의로써 설명 하겠습니다.

내가 가을 단풍을 봤을 때 가을 단풍이 아름답다고 한 것은 내가 일으킨 생각에 의지해서 내가 갖고 있는 욕구만큼 나타낸 것인데 결국 객관적으로 보면 나한테만 있는 것입니다. 때문에 '공'한 것입니다.

그렇지만 인연에 따라 가을이 되면 분명히 단풍이 물들어 있습니다. 그래서 공한 것 가운데 색이 있는 것입니다.(공즉시색)

공즉시색인데 또다시 인연이 닿으면 단풍도 사라지고 겨울 산에는 앙상한 나뭇가지 밖에 없습니다. 필경은 원래 모습은 공한 것으로 이것을 '원성실성' 이라 합니다.

이것을 일상생활에 적용해볼까요. 마음을 닦을 때 어디서부터 마음이 어긋났는지 잘 살펴보라는 겁니다. 내가 다른 사람을 판단할 때 내 욕구에 의지해서 판단하고 있음을 알아야 합니다. 모든 것은 내 판단에 의한 것이고 내 머리 속에만 있을 뿐입니다. 이것을 잘 알면 어디서 자기를 더럽히는지 잘 알 수가 있습니다.

수행을 안 한 사람은 평생을 나는 올바르게 마음을 썼다, 착하게 썼다하지만 지혜가 없기 때문에 실제는 평생 내 마음을 끊임없이 더럽혔다 해야 하는 겁니다. 색 자체는 공한데 여러분들이 색에 마음을 빼앗겨 휘둘린 겁니다.

'차별적 평등'이라는 것은 원래 평등한 건데 여러분들이 차별심으로 대했기 때문에 차별이 생긴 겁니다. 한마음 쉬게 되면 거울과 같이 있는 그대로 비춰지고 평등한데, 마음이 흔들리니 차별이 되버립니다.

'일체 사물은 연기공(緣起空)에 의한 것이므로 공을 떠난 색이 따로 있을 수 없기에 '공즉시색'입니다.

이것이 '변계소집성'입니다. 즉 우리가 망령되게 일으킨 것에 의해서 집착하는 것을 깨뜨리기 위해서 '색즉시공'이라 했습니다.

다음은 존재로서의 공으로 '의타기성'입니다.

공즉시색은 현상이 없는 게 아닌데 어떻게 나타났을까 했을 때, 마음이란 것은 하얀 백지와 같아서 거기에 어리석음을 그려놓으면 인연에 따라 나타납니다. 바깥의 세계라 하여 남이 나와는 별개의 세계라고 해서 남을 원망하게 됩니다. 그런데 불법의 연기관을 깨닫게 되면 내가 쓴 만큼 나에게 펼쳐지게 됨을 알아 한 생각 쉬게 되고 업력이 소멸하게 됩니다. 반대로 쉬지 않고 달라붙으면 업력이 증폭되어 결국은 그 업력에 의해 우비고뇌 즉 괴롭고 슬픈 이런 것들을 다 맛보게 됩니다. 결국 한 생각 쉬는 것이 업력을 소멸하는 방법입니다. 그래서 기신론에서도 가장 큰 참회가 무념을 관하는 것이다 라고 한 것입니다. 일체 사물은 연기공에 의한 것이므로 공을 떠난 색이 따로 있을 수 없다는 것입니다.

셋째는 진리차원의 공으로 '원성실성'입니다.

변계소집성은 망념에 의해 실체라고 믿고 집착하는 것이라 했는데 그것도 공한 것입니다. 공즉시색은 연기법 즉 연기에 의해서 임시로 있는 것인데 영원히 있는 것으로 집착하게 되는데 이 또한 공한 것입니다. 그래서 이 두 가지가 공한 것임을 완벽하게 소화를 하게 되면 우리 마음의 본성 즉 '실상반야'가 바로 드러나게 되는데 이것을 '원성실성' 이라 합니다.

제3강 마하반야바라밀다심경

우리 앞에 나타난 모든 것은 여러 가지 인연이 모여 이루어진 것일 뿐 고정적인 실체가 있어 생(生)하는 것은 아닙니다. 예를 들어 바닷물의 젖는 성품은 증하는 것도 감하는 것도 아니고, 깨끗한 것도, 더러운 것도 아닌데 인연의 힘에 의해 바람이 불면 파도가 일어납니다. 파도가 일어나면 파도에 영향을 받은 만큼 형상이 만들어지는데, 보통 중생들은 파도에 영향을 받은 만큼 낱낱의 실제적인 자아가 있다고 생각하여 집착하다보니 윤회의 고통에 빠져드는 것입니다.

불교에서 말하는 중도는 있고 없고를 다 포섭하면서도 그 있고 없음에 영향을 받지 않는 그 자리입니다. 깨치면 중도가 증득됩니다. 생멸은 관계의 틀에서 연기되어 나타나는 것인데 생멸을 물의 젖는 성품이라고 보면 그 성품은 형상이 없는 것입니다. 마음이나 업력에 의해서 형상 없는 것에서 만 가지 형상이 만들어지기 때문에 이것은 생(生)해도 불생불멸이고 멸(滅)해도 불생불멸인 것입니다.

우리나라 초대 대통령 이승만 박사가 경무대로 각계인사를 초청하여 생일 연회를 하는 자리에서 당시 종정이시던 효봉스님께 '스님은 생신이 언제이십니까?' 라고 물었는데 효봉스님께서는 '태어난 바가 없는데 무슨 생일이 있겠습니까?' 라고 답했습니다. 반야바라밀다는 설할 법을 밝히는 것이기 때문에 윤회를 끊기 위해서는 자기의 본성을 깨달아야 합니다. 자기 본성을 이치적으로 설명하면 불생불멸이고, 태어나되 난 바가 없는 자리입니다. 그런데 보통 태어나서 병들고 늙고 죽는 것이 자기의 전체적인 모습으로 착각하여 거기에 집착하고 마음을 쓰는 것입니다.

바라밀다는 범어인데 번역하면 '도피안'으로 저 언덕에 도달한다는 것입니다. 우리가 있는 이 언덕은 고통과 윤회와 탐욕으로 가득 찬 세계인데 수행을 잘하여 극복하면 저 언덕인 진리의 세계에 도달할 수 있다는 뜻입니다. 저 언덕에 도달하기 위해서는 '지혜'가 필요한데 반야의 지혜란 공의 체험으로 얻는 것이고 공의 체험은 참선 수행에서 나온 것입니다. 공도 사람의 영적인 단계나 지위에 따라 세 가지로 볼 수 있습니다.

첫째, 인식내용으로서의 공입니다. 누가 설악산에 가을 단풍을 보러갔는데 단풍이 좋다는 것을 다시 돌이켜 보니까 저 단풍의 아름다움은 설악산의 단풍에서 나오는 것이 아니라 내 의식의 욕탐에서 나오는 것임을 아는 것이 인식 내용의 공입니다. 여러분이 일상생활에서 이웃사람을 보고, 친구를 대하고, 부모를 대하고, 세상을 보고, 어떤 것을 보고 평가하려고 할 때 마나식이라는 아집에 의해 하는 것입니다. 자기 입장에서 사물을 보고 판단하는 모습에 익숙해져 있기 때문에 설악산 단풍을 보면 좋고 구정물을 보면 싫고 하는 것이 인식 내용의 실체는 없지만 이것을 공이라고 합니다. 우리가 일상생활에서 어떤 대상을 보고 평가함에 있어 제 7식인 마나식이라는 아집에 의해서 자기 입장에서 사물을 보고 판단하는데 익숙해져 있음으로 인해 좋다, 싫다, 괴롭다, 즐겁다 하는 것이 생겨납니다. 이것은 인식내용에 의해서 만들어진 것이고(변계소집성) 실제 하는 것이 아니기 때문에 공인 것입니다.

둘째, 존재로서의 공입니다. 설악산의 단풍나무가 아름답다고 하는 것은 아름답다고 보는데 수행을 많이 한 사람은 사물을 있는 그대로 볼 수 있는 인식 능력이 생기게 됩니다. 거기에서 한 단계 더 들어가게 되면 삼라만상이 영원히 하나의 실체로 머물러 있는가? 그대로 있는가? 를 관찰하게 됩니다. 내 눈에 보이는 것은 전생에 인연만큼 전생에서 사용했는 것만큼 내 앞에 인연으로 펼쳐지는 것임을 알게 됩니다. 없는 것은 아니지만 영원한 것이 아니고 가유 즉 일시적으로 머물러 있는 것으로 결국은 공인 것입니다.(의타기성)

셋째, 진리 차원의 공입니다. 인식차원이나 존재차원의 공은 내가 인식할 수 있는 대상이 있고 본성 차원의 공은 내가 인식을 할 수 있는 것이 아니라 바로 그것이 되어야 비로소 알 수 있는 차원입니다. 즉 주관과 객관을 벗어난 마음자리이기에 스스로 깨쳐야 알 수 있는, 부처나 보살의 지혜가 아니면 알 수 없는 자리입니다. (원성실성)

우리의 몸은 지, 수, 화, 풍의 4대가 인연의 힘에 의해 남자 또는 여자의 모습으로 나타납니다. 6근이 안으로(내부로) 눈이 멀어 4대의 모습이 자기 모습의 실체인줄 알고 그것을 지키고 보호하기 위해 선업도 짓고 악업도 짓게 되는 것입니다. 이것은 도적을 평생 아들로 삼는 마음인데 원성실성을 모르는 상태에서 마음을 썼기 때문입니다.

본성을 알지 못하고 일으키는 마음이 차곡차곡 쌓여 생사윤회를 하는 것이 이 언덕이고, 나고 죽음이 없는 본성을 깨달으면 저 언덕인 것입니다.

경계를 만나도 항상 속지 말아야 합니다. 여러분은 어떤 경계를 만나게 되면 판단하는데 관찰을 해야 합니다. 관찰과 판단은 분명히 다릅니다. 관찰은 옳고 그름을 떠나 제 3자의 입장에서 경계를 보는 것이고 판단은 내 입장에서 상대를 보는 것입니다. 마나식 즉 아집, 아견, 아치, 아만의 입장에서 상대방을 볼 때는 판단이 나오고, 한 생각을 쉰 상태에서 상대를 살펴보면 관찰이 되는 것입니다. 이것이 도 닦는 요령인 것입니다. 금강경에 '머무는바 없이 마음을 쓰라'는 것도 같은 뜻이 됩니다.

누구나 가고자하는 '저 언덕'은 바깥에 있는 것이 아니라 스스로 허망한 생각을 일으킨 것을 쉬는 그 자리에 있는 것입니다.

유명한 스님, 사찰, 영험이 있다는 기도터를 찾아다니는 것은 불법도리로 살펴보면 욕심과 탐욕을 만족시키는 것일 뿐입니다. 이렇게 어리석고, 선악에 물들고 생사윤회를 하는 것은 본성자리를 모르기 때문입니다. 본성의 자리는 대상으로서 파악할 수 있는 자리가 아니라 한 생각 쉼으로써 체험되는 것입니다.

그것을 알기 위해서는 탐, 진, 치 삼독을 쉬고, 변계소집성과 의타기성의 정체를 여실히 알아서 판단하지 말고 관찰하는 마음이 생겨야 합니다.

이제까지 설명한 '마하반야바라밀다'을 간략히 정리하면 '마하'는 '크다'는 뜻으로 마음의 본성, 즉 바닷물의 젖는 성품은 크다, 작다라는 형용사로 평가할 수 없기 때문에 문자로 '크다'라고 표현한 것뿐입니다. '반야'는 변계소집성이나 의타기성에 속지 않는 마음으로 지혜인데 그것을 우리는 작용이라 했습니다. '바라밀다'는 반야를 증득하기 위해 실천하고 수행하는 형태로 이것을 삼위일체로 나누면 체, 상, 용입니다.

그 다음 **'심경(心經)'**은 여러 가지 경전 중에서 '심왕'이 홀로 빼어나고 중요하여 마음이라 했는데 범어에는 마음이라 해석하지 않고 '심장'이라 해석했습니다. 핵심으로서 가장 중요한 것이라는 뜻입니다. 반야경 600부 중 가장 적은 구절로 된 것이 반야심경인데 곧 반야 600부의 골수라는 것입니다.

심'心'이란, 일체중생의 본래 근원으로서의 '마음'입니다. '나'에 대해서 앞 시간에 설명했었지만 자기를 생각하는 나, 몸을 중심으로 위탁하는 나, 이 두 가지에 영향을 받지 않는 나, 세 가지가 있는데 중생의 본원이라는 것은 바로 앞의 두 가지에 영향 받지 않는 나인 마음이 바로 원성실성의 자리입니다. 그래서 일체 법이 마음으로 돌아가고, 마음이 생멸하면 만법도 생멸하는 것입니다.

만공스님이 젊은 시절 절에서 기도를 하고 있는데 절 아래 마을에서 초립동이 올라와서 '스님 만 가지 법이 하나에서 나온다고 했는데, 그 하나는 어디에서 나옵니까? (萬法歸一, 一歸何處)', 하고 물어 본 것입니다. 이것은 여러분이 참선을 통해 깨달아야 합니다.

기독교식으로 하면 하나님이 만 가지를 창조했는데 그 하나님은 누가 창조했는가와 같은 질문입니다. 원성실성의 자리는 인식의 대상이 아니기 때문에 체험하지 않으면 알 수가 없는 것입니다.

일반사람들은 다음 생에 태어날 종자를 마음에 계속 채워 넣고, 도를 닦는 사람들은 그 종자가 마음에 채워지지 않도록 애를 쓰는데, 중생이 책을 보는데 책만 보고 마음은 보지 않는 것과 같은 것입니다.

한국 역사상 가장 위대한 스님이라 할 수 있는 원효스님의 '해골 바가지 물'이야기를 잘 아시겠지만 경계라는 것도 내가 만드는 것이지 원래는 아무것도 없다 라는 것을 스님께서 깨달으신 것입니다. 여러분도 자기가 쓰는 마음을 스스로 잘 알아야 합니다. 자기 스스로 지혜롭다, 착하다, 어떻다 하는 것은 모두 허망한 것입니다. 왜냐하면 '나'라고 하는 것은 여러분들이 일으킨 변계소집성이기 때문입니다. 이것을 모르고 아무리 기도하고 다라니를 외워도 그것은 해서 좋다는 욕탐 때문에 하는 것이지 지혜롭게 마음을 다스리는 것은 아닙니다.

'처처에 성품이 나타나지만 중생은 물질에 막혀 긍정치 못한다. 견성하고자 한다면 굳이 공들일 필요가 없나니, 다만 공부한다는 오만과 소견을 멀리 하여라'는 말이 있는데 이것은 공부하는 자세에 대한 이야기입니다. 여기서 공부한다, 남보다 더 뛰어나다 라고 생각한 것의 기반은 '나다'라는 것을 의식한 마음인데, 이것이 망상인 줄 모르고 원성실성을 막아버린 역할을 한 것입니다.

2조 혜가스님이 경·율·론 3장을 다 섭렵했음에도 도를 깨닫지 못해 달마스님을 찾아가서 '스님 마음이 불안합니다.' 라고 했을 때, 달마스님께서 '그 불안한 마음을 한번 내놔봐라.' 라고 하니 혜가스님은 '내놓을 수 없습니다.' 라고 하니까 '내가 너의 불안한 마음을 치료했다.' 라는 달마스님의 대답에 혜가스님은 깨달은 것입니다.

즉 견성하고자 한다면 밖에서 구하지 말라는 것입니다.

기신론에서는 '삼계유심소작(三界唯心所作)'이라는 말이 있는데 우리가 살고 있는 모양은 마음이 조작해낸 것이고, '이심즉무육진경계(離心卽無六塵境界)'는 망령된 마음을 여의면 모든 업의 경계가 사라진다는 뜻으로 그만큼 마음이 중요하다는 것입니다.

'경(經)'은 범어로 '수다라'입니다. 한문으로는 정경(正經), 관경(貫經)으로 해석하는데 '정경'은 올바른 길, 관경은 하나로 꿰뚫었다는 뜻입니다.

부처님 말씀을 보리수 나뭇잎(패엽)에 새겼는데, 거기에는 설해야 할 바의 의미를 잘 관통했고 중생들을 교화하는 글이 모두 들어 있기 때문에 경(經)이라 하는 것입니다. 원래 우리에게 구족되어 있는 근본지 즉 물의 젖는 성품은 바람이 불면 파도가 되고 구름이 되고 안개도 되지만 물의 본성을 놓치지 않는 것이 후득지입니다. 이 두 가지를 모두 지닌 각자(覺者)가 지혜로써 중생을 이끌어 열반의 세계로 인도하는 가장 중요한 가르침이 바로 '경'입니다.

사람에게 있어서 나고 죽는 것이 가장 큰 일이고 여기서 벗어나는 방법을 가르쳐 주는 것이 '경'입니다.

선(禪)적으로는 '경'을 어떻게 설명했는지 살펴보겠습니다.

운거 도응스님께 학인이 묻기를 '어떤 것이 학인의 경입니까?' 하니 '말하고 행동하는 거기에 분명하다' 라고 답했습니다. '알지 못하겠습니다.' 하니까 '자넨 평소에 무슨 경을 외는가?' '유마경을 읽고 있습니다.' 라고 하자 '나는 유마경을 외는 것을 묻는 것이 아니고 유마경을 욀 줄 아는 그것이 무엇인가를 물은 것이다.' 라고 하셨습니다. 이것은 여러분의 평소에 쓰는 마음을 물어본 것으로 공부를 안하면 변계소집성에 얽매여 정직하게 알 수가 없고, 공부를 하게 되면 한마디 말에도 골수를 꿰뚫게 됩니다.

이것이 바로 수행을 할려면 진실해야 되고 곧아야 되고 성실해야 된다는 이유입니다.

좋은 글귀를 하나 소개해 드리겠습니다.

> **아유일권경(我有一卷經) 불인지묵성(不因紙墨成)**
> **전개무일자(展開無一字) 상방대광명(常放大光明)**
> **나에게 한권의 경이 있으니**
> **종이나 먹으로써 만든 것이 아니고**
> **그 경을 펼침에 한 글자도 없이**
> **항상 대광명이 나오더라.**

이것이 여러분이 가지고 있는 본래 경의 뜻입니다.

옛날 인도의 반야다라 존자가 국왕의 초청을 받아 경을 독송하는 자리에서 경은 읽지 않고 음식만 먹고 있으니까 왜 경을 읽지 않느냐는 문책을 받습니다. "저는 숨을 들이쉬고 내뱉는 것이 경을 읽는 것입니다. 왜냐하면 저는 내쉴 때 바깥경계에 집착 안하고, 들이쉴 때 바깥경계를 마음에 두지 않기 때문입니다."라고 했는데 이것이 경전을 수지 독송하는 요령입니다.

지혜로 중생을 이끌어 열반의 세계로 인도하는 가장 중요한 가르침이 바로 경입니다. "경"이란 다른 말로 설명하면 사람이 가야 할 길을 설명해주는 것입니다. 사람이 가야하는 길을 도道라 하며 도가 길道입니다. 우리가 도 닦는다고 했을 때 사람이 가야하는 길을 닦는 것입니다. 사람이 가야 할 길 중에 가장 큰 길이 나고 죽음을 여의는 길입니다. 중생은 이 길을 가지 않고는 세세생생 윤회에서 벗어나기가 어렵기 때문에 여러분은 여기 모여서 부처님 법을 듣고 나고 죽음의 생사를 해결하기 위해서 그 방법에 따라 수행을 하기 위해서 공부를 하고 있는 것입니다. 내 법문을 듣다가 '뜰 앞에 잣나무'를 알아낸 보살이 있다 해서 어떻게 알았냐?고 물었더니 그것이 평상심을 가리키는 것이라 하는데 말은 맞는 말인데 정말 그 사람이 알았다면 맞는가? 다시 한 번 물어봐야 합니다. 어떤 것이 평상심이냐고? 어떤 것이 평상심일까요? 여러분들은 평상심은 이런저런 거다 하고 설명하는 것은 인식의 대상이 되는 것이고 그것은 평상심이 아닙니다. 그런 것으로 도를 얻었다 하면 도가 망했겠지 아직 까지 전해 내려오겠습니까? 옛날에 어떤 스님이 죽을 때가 되어서 몸이 아파서 아프다고 계속 소리를 지르니까 스님은 도인이시면 아프다고 하십니까? 하니 그 스님이 일반 범부들은 아플 때 이렇게 아프다고 하지 않느냐? 하고 되물었다고 합니다. 참 묘한 것입니다.

오늘 불법을 배우는 보살들이여! 이 경전을 배우면 팔만 장경이 원래 여기에 다 들어있습니다. 여기서 이것을 여러 가지로 설명했습니다. 교리적으로도 설명했고 일상에서 쓰는 마음에서도 설명했고 팔만장경이 마음 심心 하나 설명한 것입니다. 선한 것은 윤회에서 벗어나는 지혜종자라고 가르치고, 악한 것는 지옥에 떨어진다고 가르치고, 중생은 어리석어 내 눈앞에 있는 좋은 것에 빠져 탐욕에 떨어지고, 외도는 교만해서 진리를 알지 못합니다. 잘못된 교리에 의해서 스스로 자신이 다스려야 한다는 것을 몰라 밖에서 구원을 이야기하고 자기에 대해 지나치게 관대하게 사는 교만한 것이 진리를 모르는 자들의 생각입니다.

제4강 관자자재보살

지금부터 반야심경의 본문으로 들어갑니다.

본문의 내용은 중생들이 느끼는 고통의 원인이 무엇인가를 밝혀 그것을 뛰어넘는 방법을 가르치는 것으로 반야심경의 뜻을 설명하는 중요한 내용입니다.

여러분은 이 세상을 살아가면서 가장 험하고 무서운 것이 무엇입니까?

바로 자기의 마음입니다. 지금까지는 다른 사람의 마음으로 생각했었는데 수행을 하면서 내 마음에 들어가 보니 모든 악이나 고통을 만들어 내는 것은 자기 마음이라는 것입니다. 이것이 불법에서 이야기하는 내용입니다.

강물이 모여 바다에 들어가듯이 어떻게 불법에 귀의 했든지간에 최후의 목표는 생사를 뛰어넘어 부처가 되고 일체중생을 제도하는 데 있습니다. 영적으로 덜 성숙한 중생은 자신의 안락이나 고통 때문에 불법에 귀의하지만, 영적으로 깊은 삼매나 깨달음을 얻게 되면 남을 위해 헌신하는 삶을 살게 됩니다. 이것이 안 되면 참다운 수행이 나올 수도 없고 참다운 지혜도 얻을 수가 없습니다. 왜냐하면 고통의 원인이 남이 잘못한 탓이지 나와는 관련이 없는 것처럼 여겨지지만 수행을 하고 기도를 하게 되면 고통의 원인이 결국은 내 마음임을 알게 됩니다. 여러분의 마음을 한 번 들여다보십시오. 내 마음은 내 입장에서 내 입맛에 맞게 쓴 것입니다.

「대지도론」에 보면 성냄에 대한 정의가 있습니다. 분노란 무엇인가? 깨끗하지 못하다고 인식해서 멀리하는 것은 분노이고 깨끗하다고 인식해서 가까이 하려는 것은 탐욕이다. 성냄, 탐욕, 어리석음 같은 것들은 결국 내 마음에서 일어나는 지혜 없음에서 비롯되는데 이 모두가 '나다'라는 한 마음에 의지해서 일어난 것입니다.

반야심경의 대의는 험하고 무섭고 악독한 것이 내 마음이고, 이것의 정체를 알아야 비로소 고통의 바다를 건널 수가 있습니다. 다시 말해서 험하고 악독한 마음을 간파하고 그것을 녹이는 수행을 통해 생사를 뛰어넘어 다른 중생을 제도하는 것이 바로 반야심경의 대의입니다.

다음은 「관자재보살 행심 반야바라밀다 시 조견오온개공 도일체고액」을 설명하겠습니다.

관자재보살은 관세음보살의 다른 이름입니다. 반야심경은 구역과 신역이 있는데 구마라즙이 번역한 구역에는 관세음보살로, 현장 스님이 번역한 신역에는 관자재보살로 되어있습니다. 관세음보살을 범어로는 '아바로귀테-스바라,

Avalokite-svara'인데 아바로귀테를 한역하면 관(觀)이 되고 스바라는 자재(自在)하다입니다. 즉 관찰하는데 자재한 보살이란 뜻입니다.

관세음보살이라고 할 때는 중생의 고통을 관찰하는데 자재한 보살이 되고, 관자재보살이라고 할 때는 중생의 고통의 원인을 관찰

하는데 자재한 보살이 됩니다. 즉 중생을 정적으로 제도할 때는 관세음, 지적으로 제도할 때는 관자재보살이 되는 것입니다.

행(行)은 수행, 실천함으로 반야심경의 내용을 모르고 행하면 모방만 할 뿐입니다.

심(深)은 '깊다', 반야는 '지혜' 바라밀다는 '저 언덕' 시(時)는 깊은 수행을 할 때, 조견은 안쪽으로 비춰 본다는 뜻이고, 오온은 일체중생이 나와 나의 것이라고 착각하는 몸과 마음을 오온으로 표현합니다. '공'은 이런 것들이 다 공하다는 것이고, 도는 건너다, 일체고액은 중생이 살아가면서 겪는 모든 고통을 설명하는 것입니다.

반야바라밀다 수행을 하는 것은 일체 중생이 어떤 삶을 살아야 고통이 없는 저 언덕에 도달할 수 있느냐 했을 때 지혜를 닦아야만 저 언덕에 도달할 수 있습니다. 오온은 인간을 구성하는 다섯 가지 요소를 말합니다. 인간은 영원한 것이고 원래 있는 것이라고 보지만 불법에서는 인연에 의해 펼쳐진 연기의 산물이지 고정적인 실체는 아닌 것입니다. 인간은 죽어도 인간이고 천상가도 인간이라고 착각을 하는데, 이것을 먼저 해체해야 되기 때문에 공하다라고 설명하는 것입니다.

관자재보살부터 설명을 하겠습니다. 관자재보살은 관찰하는 주체를 밝힌 것으로써 수행을 할 때 내면을 관조해보는데, 관자재보살의 입장에서 살펴본다는 것입니다. 왜냐하면 원래는 관세음인데, 중생이 기도를 열심히 하게 되면, 보살은 중생의 소리를 듣고 고통을 관찰해서 없애주기 때문에 관세음이라 합니다. 몸과 마음으로 지은 업을 관찰해서 드러내지 못했기 때문에 이것을 드러내기 위해 안으로 이공(二空)을 증득하고, 밖으로 삼업(三業)을 관찰해서 저절로 자재하게 합니다. 이공(二空)은 아공(我空)과 법공(法空)입니다. 아공은 고통을 없애려면 내가 공해져야 합니다. 세상에서 가장 험하고 악독한 것이 마음이라 했는데 내 마음이 인연의 소산물임을 알게 하여 그것에 속지 않는 마음이 아공입니다. 소승에서는 이것을 아라한과를 얻었다고 합니다.

둘째 법공은 아라한과가 부족하여 인연에 의해 펼쳐진 오온에 의해 '나'라는 것이 나오는데 이것을 법(法)이라고 하고, 이 법도 공함을 알아야 보살의 경지에 들어갈 수 있습니다.

즉 주관이 공함을 알면 아라한이 되고 세계가 공함을 알면 보살이 되며, 나와 세계가 공하다는 견해까지도 공함을 알 때 부처가 되는 것입니다.

쉽게 이야기하면 관세음보살은 중생의 말만 관찰하기 때문에 신앙적인 보살이고, 관자재보살님과 마음과 뜻, 세 가지가 모두 공함을 관찰해서 깨달으면 관자재라 합니다. 그래서 관세음보살이 지혜를 쓸 때 나오는 이름이 관자재보살인 것입니다.

관세음보살은 아미타삼존의 한분으로서 지극히 염하게 되면 현세에서는 고통을 여의고 즐거움을 얻어 내세에는 정토에 태어날 수 있습니다.

자비의 화신으로서 동체대비의 마음으로 중생을 고통에서 구해주시니 불자들에게 가장 친근한 보살이 관세음보살이기도 합니다.

그래서 반야심경에서 중생을 고통에서 구해주기 위해 수행의 방법과 내용을 설해 주시는 것입니다. 음(音)은 소리로서 듣는 것인데 어찌 관(觀:본다)한다는 것인가? 이것은 수행의 아주 묘한 가르침인데 도를 깨달은 사람은 소리를 눈으로 들을 수 있습니다. 우리가 '관세음보살'하고 외울 때 소리를 듣는 줄 알지만, 사실은 한 생각 '관세음보살'하고 일으키는 그 염(念)을 관찰하고 듣기 때문에 관(觀)이라 하는 것입니다. 견(見)이라 했을 땐 눈으로 보는 것이고 관이라 했을 때는 관찰하는 것이 됩니다. 소리를 내지 않아도 마음으로 염을 하게 되면 관세음보살과 서로 소통이 됩니다. 이것은 외형이 아닌 그 본질의 파동을 보는 것입니다.

다음은 보살에 대해서 세 가지로 설명하겠습니다.

보살은 범어로 'Bodhisattva, 보디사트바'의 음역입니다.

첫째 각유정(覺有情), 깨달았는데 아직은 중생이라는 뜻입니다. 실제로는 볼 수 없는 법신보살로 각유정은 중생을 깨닫게 하는데 목표를 두고 있기 때문에 법신보살이라 합니다.

수행을 할 때 '나'라는 상념을 끊을 때 나라는 분별은 초지보살에서 끊어지지만 분별하기 전에 나라는 아상을 끊으려면 칠지 보살에 도달해야 합니다. 여기서 나라는 것은 본능적인 나까지도 소멸되는 것입니다. 팔지 보살이 되면 세계에 대한 집착이 끊어지는데 이때는 불이 와서 태우지 못하고 물이 와도 익사를 못 시킵니다. 법신보살은 팔지 보살 이상이어야 되는데, 우리나라 역사상 팔지 보살의 위치에 도달한 분은 원효스님이 유일합니다.

둘째, 남을 제도하기 위해 태어나신 분을 보살로 이야기하고 셋째는 생명 안에 부처성품이 있음을 자각하고 깨달음의 길을 가는 분입니다.

요즘 여자 신자를 보살이라 하는데 원래는 절에 도움을 주는 여인이라 하여 보살이라고 했었습니다.

마음을 일으키고 생각을 염할 때 관자재보살을 친견하면 같이 기뻐하고 같이 소리칩니다. 알겠습니까? **"눈으로 소리를 들어야 알게 된다."**

근래 있었던 일화를 소개하겠습니다.

청담 스님이 살아계실 때에 우리나라에서 세계 불교도 대회를 한 적이 있어 태국의 승정(종정)을 초청하여 공양을 같이 하게 되었습니다. 태국 스님들은 고기를 먹는데 청담스님이 중이 무슨 고기를 먹느냐고 물으니 태국 승정이 '죽은 고기도 제도 못하면서 산고기는 어떻게 제도할 것입니까?' 라고 되물어 청담스님이 여기서 막혀 버렸습니다.

태국 승정 일행이 범어사를 방문했을 때 당시 하동산스님이 계셨는데 청담스님 이야기를 들은지라 돌사자 앞에서 돌사자를 가르키며 '저 돌사자가 보입니까?'하고 태국 승정에게 물으니 '보입니다' 하여, 다시 '그러면 저 돌사자 울부짖는 소리가 들립니까?' 라고 물었는데, 아무 대답을 못했다고 합니다.

다음은 만공 스님의 법제자인 금봉스님이 열반하실 때 남긴 열반송입니다.

산색문수안(山色文洙眼) : 푸른 산은 문수보살의 눈동자이요
수성관음이(水聲觀音耳) : 흐르는 물소리는 관세음보살의 귀이니라.
금일세연진(今日世緣盡) : 오늘 내가 세상의 인연을 다했으니
의구수동류(依久水東流) : 옛것에 의지하여 물은 동쪽으로 흐르더라.

이렇게 적어놓고 해인사 계곡 옆에 앉아 좌탈입망하셨습니다.

돌사자 소리를 들을 수 있는 사람이면 이 열반 시에서 마음을 알 수가 있습니다. 여러분이 반야심경을 배우고 수행을 해서 험하고 악독한 마음을 벗어나면 지금 한 이야기를 알게 됩니다. 이것을 모르면 아무리 불법을 설하고 외워도 문자승일뿐입니다.

제5강 행심반야바라밀다 시

다음은 '행심반야바라밀다'에 대해 설명하겠습니다.

관자재보살은 관찰하는 주체인데 반야바라밀다로 관찰되는 지혜의 본체를 밝히는 것입니다. 신라시대 고승 원측 스님의 반야심경찬에서 지혜의 본체는 '반야바라밀다이고 지혜의 작용은 일체의 고액을 벗어나는 것이다.' 라고 했습니다. 지혜가 없으면 근원적인 고통을 벗어날 수가 없는데 이것은 신앙이나 믿음, 지식으로 되는 것이 아니고 오직 지혜를 실천할 때만 가능하기 때문에 행심(行深)이라고 한 것입니다. 깊음은 멸진정에 들어가는 것으로 자의식이 소멸한 의식상태, 세간의 언어로 설명할 수 없는 의식인 무분별지로서 지혜의 본체가 무분별입니다.

인간이 왜 가장 악독하고 허망한 것입니까? 고통의 원인은 무엇입니까? 나라는 것을 기준으로 손해와 이익을 저울질하기 때문입니다. 탁 놓아버리면 그 순간 무심인데 손해 보는 것 같은 내 마음 때문에 그것이 잘 안됩니다. 무분별지로 이공을 증득합니다. '나'와 '나의 것'이라는 주관과 객관세계가 실재하지 않은 것임을 알 때 이공을 증득했다고 합니다. 그리하여 행과 행하지 않음을 떠났기에 깊다고 한 것입니다. 왜 떠났느냐 하면 이미 내가 공해졌으므로 행했다는 견해가 없어져 버립니다.

둘째는 경계의 깊음인데 깨달은 경계가 깊다는 것입니다. 범부는 나도 있고 세계도 있고 소승은 나는 없지만 세계는 있으며, 대승은 나도 없고 세계도 없는데 부처는 그 두 가지 조차도 없습니다. 다른 종교에서는 태초에 하나님이 있어 만물이 그때 창조되었다 하여 있음의 원천은 하나님께 두지만 없음의 원천은 둘 수가 없습니다. 부처 없음까지도 여읜 자리인 것입니다. 유무의 상을 여의었고 희론(희롱하는 말, 농담, 궤변 등)도 여의어 버린 반야의 상태를 말하는 것입니다. 관자재보살이 터득한 경지는 우주가 생하고 사라지는 것에 영향 받지 않는 경지입니다. 불교에서 이 우주는 헤아릴 수 없는 오랜 옛날부터 끝없는 성주괴공을 되풀이했기 때문에 어디부터 우주의 시작이라고 말할 수 없는데 그것조차도 마음자리에서 보면 허공 가운데 한 가닥 물거품이 일어난 것과 같다고 능엄경에 나와 있습니다. 참으로 광대한 우주관입니다.

반야(般若)는 한역을 하면 '지혜'입니다. 바라는 '저 언덕', 밀다는 '도착하다'로 행심반야바라밀다는 깊은 지혜로 저 언덕에 도달한다는 뜻입니다. 시'時'는 '때'로써 관자재보살이 마음을 관찰해서 무명의 원인을 제거하는 순간을 '때'라고 합니다.

달마스님은 마음이 모든 수행을 통섭한다 했는데, 수행은 자기 마음을 관찰하는데서 시작해야지 다른 것을 하게 되면 방편만 배우게 됩니다. 오늘날 불교는 승속을 막론하고 방편을 잘 써야 등 따습고 배부르기 때문에 대부분 그것에 치중해 있습니다.

행(行)은 실천한다는 것입니다. 천리 길도 한걸음부터인데 이 한걸음은 어디서부터 시작하는가? 마음은 어디서부터 시작된 것입니까? 내가 마음을 써 본적이 없고 더욱이 눈으로 소리를 본적이 없기에 마음을 써도 마음이 뭔지 모릅니다. 이 한걸음을 알기 위해 여러분께 '부모가 나를 낳기 전에 나는 누구인가?' 라는 문제를 내겠습니다. 다른 말로 바둑의 흑과 백이 나누어지기 전에 어디에서 나누어질까라는 문제입니다.

마음이라는 것은 개념이 일어나기 전을 말하는 것으로 이것을 '마음'이라고 하면 틀립니다. 보통 우리가 마음이라고 할 때 자기가 알고 있는 마음만 이야기합니다. 내가 '마음'이라고 규정짓기 이전에 본성이 무엇인가. 흑백이 나누어지기 이전 '바둑의 한수는 어디서 시작하는가?' 하는 것입니다. 관조반야는 여기서 시작되는 것입니다.

반야심경은 수행을 위해 있는 것이지 중얼중얼 외우기 위해서 있는 것이 아닙니다. 금강경오가해에서 대나무 그림자로는 섬돌 위에 먼지가 쓸리지 않는다 했는데 이것은 우리의 본성자리를 이야기하는 것입니다. 여러분들이 평생 살면서 일으키고 일으켜도 영향 받지 않는 자리가 있는데, 바로 그 자리를 관찰하라는 것입니다. 이것이 **'관자재보살이 행심반야바라밀다 할 때 상태이다.'**

여러분이 불법을 배우는 것은 단지 지식을 배우는 것이 아니고 생사를 뛰어 넘는 지혜를 얻기 위함이기에 어떤 사람을 만나느냐는 세세생생의 삶을 결정하는 굉장히 중요한 공부입니다.

이생에서 탐욕만 만족시키는 불법을 만났기에 다음 생에서는 먼지처럼 흩어져 버립니다. 그러나 지혜를 배우면 다음 생에도 지혜를 배우는데 흥미를 갖게 되듯이 **'세세생생이 지금 이 한순간에 달려있음을 알아야 한다.'**

여러분이 반야심경을 배우는 것은 세간법이 아니고 출세간법을 배우는 것인데 이것을 수행하는 차원에서는 생사 법을 배운다고 합니다. 생사 법은 태어나고 죽는 원인이 어디에 있는가를 명확하게 아는 것입니다.

'**반야**'라 하는 것은 서역의 언어가 중국으로 넘어와서 뜻글자로 번역하니까 지혜의 뜻이 반야가 되었습니다. 사물에 대해서 조금도 미혹함이 없이 이해하는 마음이 지혜(智慧)입니다. 반야는 진리의 본질을 사무치게 보는 지혜라 했는데 불교에서 가장 큰 진리는 인생의 문제입니다. 즉 사람이 어디서 왔다가 어디로 가는가? 또 왜 태어났는가? 이런 것을 꿰뚫어 볼 수 있는 지혜가 가장 근원적인 것입니다.

모든 생명이 어디서 왔다가 어디로 가는지도 모르고 사는 삶은 업보에 의한 윤회의 삶이라고 합니다. 어디서 왔다가 어디로 가는지를 아는 것은 생사를 깨쳤다고 합니다. 사람이 죽었을 때 하는 염불 중에 '생종하처래 사향하처거(生從何處來 死向何處去)'라는 말이 있는데 죽으면 지옥에 간다든가 짐승의 몸을 받는다든가 하는 차원은 틀린 것입니다. 생사의 원인을 몰랐을 때 일으킨 마음에 의해서 편중되어 무거운 쪽으로 떨어지는 것이 천당과 지옥이고, 생사의 원인을 알고 마음이 한 물건에도 속거나 미혹하지 않았을 때 가는 곳이 따로 있습니다. 그 자리가 어디냐고 물어 보았을 때 그것은 날 때는 어디에서 와서 죽을 때는 어디로 가는가하는 화두입니다. 여러분이 불법을 배우는 것은 부처님을 믿으면 마음이 편해서, 집안에 액을 물리치니까 믿는 것도 있지만 그것은 모두 탐욕의 세계 안에 사는 일이고 그것이 있는 한 생과 사의 원인을 꿰뚫을 수 없습니다. 생과 사의 원인을 꿰뚫으려면 탐욕을 버려야 하는데 탐욕을 벗어나려면 생사의 원인을 확연히 알아야 합니다. 생사의 원인을 아는 것이 지혜입니다. 여러분이 생사가 어디서 와서 어디로 가는지를 알려면 지혜를 얻기 위해 수행하고 노력해야 합니다. 지혜가 없으면 눈앞의 것을 쫓아 다니다가 헛되이 늙는 것도 모릅니다.

서산휴정 스님이 북한 보현산에 계셨는데 돌아가실 때 진영을 손수 그려놓고서 '80년 전에는 저것이 나더니 80년 후에는 내가 저것이로구나.' 써놓고 좌탈(坐脫) 하셨습니다. 이것은 생사의 원인을 확연히 깨친 도인이 생사 없는 자리를 생사를 받는 몸에 빗대어 나타낸 말입니다.

그 다음 **'바라밀다'**는 해석하면 도피안(度彼岸)인데 지혜를 깨치면 저 언덕에 도달한다는 것입니다. 우리가 사는 이 세상은 늙고 병들고 죽고, 반드시 변하여 사라지며 우주까지도 필경에는 멈추고 무너져서 괴멸합니다. 어떤 것이든지 만들어진 것은 반드시 사라진다는 곳이 이 언덕입니다

철학적으로는 진리 혹은, 근원적인 자리라 해도 되고, 선가에서는 구멍 없는 피리라고도 합니다. 그래서 도피안이라는 것은 불교에서 얘기하는 궁극적인 자리인 해탈의 자리로 열반의 자리에 도달한다는 것입니다. 미혹한 이는 생사의 근심에 돌고 돌지만 깨달은 이는 윤회의 근심이 사라집니다. 깨닫게 되면 나고 죽는 순환이 끊어집니다. 우리가 선업을 지으면 선업에 따르는 천상 세계도 나타나고 좋은 인간도 만나고 좋은 환경도 만나게 됩니다. 인간이 깨치지 못하면 나라는 것을 모르고, 좋은 환경에 있으면 교만해지고 악업을 지어서 한번은 천상에 갈 업을 짓고 한 번은 지옥에 갈 업을 짓는 것입니다. 아침 종성에 삼계유여급정륜(三界猶如汲井輪)이라 했는데 중생들이 사는 욕계. 색계. 무색계가 우물가에 두레박과 같

다는 것입니다. 복이 없을 때는 두레박을 던지면 우물 밑으로 쭉 내려가서 열심히 복을 닦아 가득차면 당겨서 우물가에 사람이 쓰게 되고, 복이 다하면 다시 우물 밑으로 떨어지게 됩니다. 이것은 우물가의 두레박처럼 인간이 생사를 받아서 윤회하는 것을 비유한 것입니다. 내가 왜 태어났고 죽는가 하는 것을 알면 깨쳤다는 것입니다.

유위법(有爲法)은 인연 따라 왔다가 인연이 다 하면 사라지는 법으로 무엇이든지 하면 만들어지는 법이고, 무위(無爲)법은 무엇이든 할 생각이 없는 법입니다. 옛 부터 배움이 끊어진 사람, 무엇인가 배울 일이 없는 사람을 무위도인이라 했습니다. 금강경에서는 유위법을 일체유위법 여몽환포영 여로역여전(一切有爲法 如夢幻泡影 如露亦如電) 이라 했습니다. 형상에서 만나는 모든 것은 일체유위법인데 돌아보면 꿈같은 것입니다. 환은 거짓과 같고, 거품과 같고, 이슬과 같고, 번개와 같은 이것이 유위법입니다. 말로 깨친 사람과 마음으로 깨친 사람의 차이점은 말로 깨친 사람은 다른 사람에게 설명 할 때 자신이 그 경지에 가면 자기 욕심에 꽉 붙잡혀서 꼼짝을 할 수가 없습니다. 그래서 수행이 필요한 것입니다. 여러분이 무엇을 깨쳤다 할 때에 자연과 세상을 잘 살고 있는가를 알아야 합니다. 그렇지 않고 내가 뭘 알았다고 다른 사람에게 말하는 것은 자신도 속이고 남도 속이는 것입니다.

행심반야바라밀다시(行深般若波羅蜜多時)에서 시(時)는 "때"라는 것입니다. 관자재보살이 자신의 실체가 없음을 관찰해서 확실히 깨달았을 때입니다. 그때에 들어가면 시간과 공간에 얽매였던 마음이 사라지니까 시공이 끊어지는 자리입니다. 이것을 시라고 해도 맞지 않고 시가 아니라고도 말할 수가 없어 시라고 합니다. 과거 현재 미래가 사라지는 곳으로 여러분들이 알아야 할 자리입니다. 다시 말해서 관조반야를 드러내는 것으로 반야를 어떻게 수행하느냐를 말하는 것입니다.

'시(時)란 정견(正見)으로 볼 때 이다.' 이 자리를 형상이나 생각으로 알려고 하면 견치에 떨어지게 됩니다. 관조반야 즉 행하면 관조반야를 드러낸다고 했는데 그것은 한 물건도 보지 않고 여러분이 화두나 염불로 관찰하는 마음이 집중되어서 지금이 과거인지 현재인지 미래인지 그리고 나와 너가 끊어진 자리 그 상태에 들어 갈 때가 바로 '때(時)'입니다.

관조반야라 했을 때 무엇을 관조해야 하는가? 조견오온개공(照見五蘊皆空)입니다. 이 세상에 존재하는 모든 생명체가 가지고 있는 괴로움과 불편함을 없애려면 그 생명체가 의지하고 있는 몸과 마음의 실체성이 실재하지 않음을 깨닫는 방법 밖에 없습니다. 이 세상에 종교는 많지만 부처님 외에는 이것을 설명 한 분이 없습니다. 불법 입장에서 보면 방편일 따름입니다. 하근기는 마음 깨닫는 법을 가르치면 못 깨닫습니다. 그래서 착한 일 해서 선업을 쌓아서 마음을 맑게 하라고 하는 것입니다. 불법이 방편이 아니고 실제 들어가는 종교라고 한다면 다른 종교는 근기에 따라서 방편으로 사람들을 끌어가는 보충수업 정도로 이해하면 됩니다.

지(智)는 공에 대한 지혜와 유에 대한 지혜가 있으며, 우리 마음의 본성은 공성(空性)입니다. 사물의 본질은 항상 있어야 하는데 물의 본질은 젖는 성품이고, 바람의 본질은 흔들리는 것이며, 불의 성품은 뜨거운 것이며 땅의 본질은 견고한 것이며 마음의 본질은 공한 것입니다. 공하다는 것에는 분별지를 없애 주는 것인데 여기서 깨닫는 것과 이해하는 것의 차이가 있습니다. 대부분의 사람들은 공(空)이라하면 아무것도 없는 것으로 아는데 이것은 깨달은 것이 아니고 개념으로 이해 한 것입니다.

숭산 행원스님이 서양에서 가르치다가 우리나라에 와서 제방에서 공부 좀 한다는 사람에게 화두를 돌린 적이 있습니다. 육조스님이 본래 한 물건도 없다 했는데 이것이 허물이 있다 하면 이 허물을 넘을 수 있느냐 란 것이었습니다. 이것을 알아야 공성이 무엇인지 알 수 있습니다.

불법에 들어가는 데는 두 가지가 있습니다. 하나는 마음의 본체 입장에서 깨달아 가는 방법으로 돈법이라 합니다. 보통 선가에서 화두를 깨달아 가는 법이 돈법입니다. 이것이 반야계통으로 '몰록 깨달으면 내 마음이 부처다' 하는 얘기가 여기서 나왔습니다. 그런데 공이다 하니까 하근기는 모두 텅 비어 없다. 쓸모가 없다 이렇게 생각합니다. 이 병을 치료하기 위해서 유(有), 즉 현상으로써 지혜를 닦아 들어가는 방법으로 크게 반야중관부와 유식유가부(唯識瑜伽部)가 있습니다. 반야부는 선의 입장에서 보면 여래선과 조사선이 있습니다. 여래선은 중생의 낮은 근기로 인해서 중생의 번뇌망상을 없애는 것을 목적으로 합니다. 있는 것, 없는 것, 허망한 것의 입장에서 제행무상이나 제법무아를 가르칩니다. 여래선을 하게 되면 소승선이 되고 이세상이 모두 쓸모가 없고 현상이 모두 공 한 것이 되어 인류사회에 과학도 없고 문학도 만들어지지 않는 것을 공에 떨어졌다 합니다. 조사선은 입처개진(立處皆眞), 지금 법문을 하는 이 자리가 진실의 자리다하여 웃으면 웃는 것이 법이고 울면 우는 게 법이라 하여 현상을 긍정하지도 않지만 부정하지도 않고 있는 그대로의 현상을 파악하면서 활동하는 것입니다.

제6강 오온약설(조견오온개공)

'본래 모든 법은 다 공하며 발생하지도 않고 소멸하지도 않는다. 본래 적정하고 우리의 자성이 열반이다. 또는 일체 유위법은 여몽환포영이다. 마음이 분별하기에 모든 법이 모두 바르지 않으며, 마음이 분별하지 않기에 모든 법이 모두 바르다.' 공을 관함에 있어 하근기는 사물의 물질을 관해서 그것이 실체 없음을 관하지만, 오온을 관할 수 있는 상근기는 내게 무엇이 있다는 것이 나의 분별에 의해 만들어진 세계라는 것을 관찰합니다. 중론(中論)에서 불공(不空)이 있기에 공이 있지만, 불공도 없는데 어찌 공이 있겠는가 했는데 여기서 공이다, 공이 아니다 라는 것은 상대적인 개념입니다. 우리가 공이라 하면 상대적 개념 중 한쪽만 취하여 의지해서 그것이 마음이라고 생각하는 것입니다. 이것을 조사선에서는 새가 허공을 나는데 허공을 날고 나면 자취가 없듯이 마음을 깨달아야 공을 깨닫는 것이라고 했습니다. 부처님이 보살이 될 수 있는 근기에게는 아(我)가 실재함을 설하고, 하근기에게는 비아(非我)를 설하는데 그것은 하근기는 짓는 모든 악업의 진원지는 내다 하는 것이기 때문입니다. 비아를 설하시지만 법의 실상에는 아와 비아는 없고 단지 내가 일으킨 개념 뿐 입니다. 인연에 의해서 일어나지도 않고 사라지지도 않는 것은 실체가 없는데, 깨닫기 전에는 설명할 수도 이해할 수도 알아차릴 수도 없고 생기하지 않는 것은 허공에 나타나는 꽃과 같다고 했습니다. 그것이 무위라는 것입니다.

공의 입장에서 중생을 제도 할 때 이렇게 설명을 하고 호법보살은 공의 집착을 드러내기 위해서 유를 설했습니다. 용수보살이 백론, 십이문론, 중론을 설하고 소승불교의 유지 실제하는 개념을 깨트리게 됩니다. 하근기는 공하다는 개념에 떨어져서 모든 것은 다 공하다하여 해탈 하려면 괴로움도 너도 나도 다 끊어지는 자살하는 것이라 생각하는데 이것을 단견외도에 떨어졌다고 합니다. 이것을 치료하기 위해서 공하지만 우리의 생각 생각들이 업으로 형성 되어서 우리를 옥죄어서 잘나고 못나고 하는 것임을 알게 하는데 이것을 유식이라고 합니다.

'식을 세워서 경을 버리고 공을 밝히는 관문에서 사물은 무상이고 무아라고 이야기 하는데 유식의 입장에서는 사물이 그냥 공이 아니고 내가 마음 쓴대로 표현되어 물질화 된 것이다. 사물의 실제 주인공은 마음이다.' 공을 드러내기는 하는데 방법이 틀린 것입니다. 따라서 모든 법은 있음에도 없음에도 통합니다. 유식에서 수행하는 방법으로 중요하게 생각하는 것은 형상인데 반야심경에서 보면 변계소집성이라 합니다. 변계소집성은 자기 입장에서 생각하는 마음입니다. 여러분이 태어나서 불법을 수행하기 전까지 여러분이 사물을 보고 판단하는 마음은 아무리 옳다고 생각해도 자기 입장에서 봅니다. 이것을 깨지 못하면 여러분의 마음에서는 지혜가 나올 수 없고 생사의 근원을 깰 수가 없습니다. 수행이라는 것은 앉아서 마음을 모으면 다 되는 것이 아니고 지혜가 있어서 사물을 볼 때 미혹하지 않아야 됩니다. 변계소집성은 정(情)은 있으나 이치가 없는 것입니다. 즉 지(知)적인 작용은 없고 정적인 작용만 있어서 대부분의 사람은 두 가지를 다 갖추기가 어렵습니다. 지적인 것과 정적인 것에 의지적인 작용이 들어가게 되면 사람은 조화가 되어서 일상생활에서도 그렇게 행동하고 사는 사람을 우리는 부처라 합니다. 오온 중에서 수(受)온은 정입니다. 정은 우리의 느낌에서 나오는 것이니까 좋고 싫음이 거기서 나오는 것입니다. 상(想)온은 지적인 마음이며 행(行)온은 의(意)적인 마음이 나오는 것이고 도는 오온이 공한 자리에서 나오니까 지정의(知情意) 까지도 소멸이 된 자리입니다.

대승불교에서는 기본적인 두 가지 설이 있습니다. 하나는 공을 설하는 용수반야계통이고 다른 하나는 식을 설하는 세친 계통으로 용수반야의 후계자는 청변보살이고 세친 반야의 후계자는 호법보살입니다.

옛날이나 지금이나 종교, 진리, 우주, 인생에 대해서는 만 가지 견해가 있고 만 가지 이론이 있는데 부처님 당시에도 그런 사람들이 많았습니다. 부처님 법 외의 법을 진리라고 믿고 수행을 하거나 믿음을 의지하는 것을 외도라고 하는데 부처님 당시 육사외도가 있었습니다. 육사외도의 공통점은 두 가지인데 하나는 세계가 영원하다 영원하지 않다, 사람은 죽으면 끝이다 죽어서도 영원하다는 생각을 한 것입니다. 이 세계를 누가 창조했냐고 했을 때 전변설 입장에서는 신이 이 세계를 만들었다고 하고 적취설 입장에서는 물질이 모여서 만들어졌다고 이야기를 합니다. 그 당시 부처님이 성불을 하시고 난 뒤 제자들 중 한 사람이 부처님께 14가지 질문을 합니다. 철학적 명제로 자아가 영원하지 않으냐 신이 있느냐 없느냐,

신이 천지를 창조했느냐 창조하지 않았느냐 등과 같은 질문을 합니다. 부처님이 거기에 대해서 일체 대답을 하지 않으시고 침묵을 지키고 계시다가 제자에게 묻기를 네가 출가할 때 이런 것을 가르쳐 주겠다고 하면 출가를 하겠다고 하였느냐? 하고 물으니까 아니라고 합니다. 그러자 부처님은 그런데 왜 그런 것을 나에게 물어보냐고 하면서 비유를 들어 설명을 합니다. 어떤 사람이 독화살을 맞았을 때 독을 먼저 뽑는 것이 중요하냐? 아니면 어디서 날아왔고 누가 쐈는지 알아보는 것이 중요하냐? 라고 물어보면서 그 질문을 물리치는데, 이 이야기는 전유경에 잘 나타나 있습니다. 다른 경전에서는 부처님이 스스로 침묵하는 것으로 해명하는 것이라고 표현 하고 있습니다. 그게 법에 합당치 않고 의에 맞지 않기 때문에 대답을 하지 않는다. 대답을 하지 않는 것을 경전에서는 무기(無記)라고 하는데 이것을 이해하게 되면 부처님과 중생이 세상을 바라보는 입장이 반대라는 것을 알 수 있습니다.

어떤 사람이 스님한테 가서 어떤 것이 부처냐고 물을 때 일반 학식을 가진 스님이나 수행자 같으면 마음이 부처라고 하고, 뛰어난 승려 같으면 대답을 안 합니다. 마음이 부처라는 것과 대답을 안 하는 것의 차이점을 알아야 부처님이 말씀하시고자 한 비밀을 알 수 있습니다. 이 세상의 모든 것은 있는 것과 없는 것으로 파악을 하는 것이 중생의 소견입니다. 가령 세상은 영원하냐? 영원하지 않느냐? 라고 했을 때 만약 영원하다고 하면 그 사람은 세상은 영원한 것으로 결론이 나버리고 영원하지 않다고 하면 영원하지 않은 것으로 결정이 되는데 영원한 것 영원하지 않은 것, 있고 없음이 본인의 분별에 의해서 나타나는 것입니다. 자신이 분별 해놓고 이 분별이 옳으냐? 저 분별이 옳으냐? 식으로 묻는 것인데 부처님 입장에서는 전부 공리공론인 것입니다. 여러분들이 칠흑 같은 어두운 밤에 길을 가다가 하얀 것을 보게 되면 여러분 입장에서는 귀신이라고 하면서 부처님한테 귀신이 있는지 없는지 물어보면 부처님 입장에서 있다고 해도 틀리고 없다고 해도 틀리는 것입니다. 물어보는 사람의 분별에 의해 만들어진 개념이기 때문입니다. 부처님이 어떤 질문을 해도 대답을 하지 않는 것은 질문자체가 잘못되었기 때문입니다. 질문이 잘못 되었는데 영원하다 영원하지 않다고 하는 것은 한 면을 가지고 세계를 정의하는 것으로 결국 분별에 의지해서 정의하는 세계는 실재 하는 것이 아닌데 그런 것을 부처님한테 가서 이게 이렇습니까? 저렇습니까? 물어 본 것입니다. 그렇다면 반야심경을 왜 배우느냐? 관념 적으로 이해하게 되면 보통 중생은 자기가 그것을 알았다고 착각을 하게 됩니다. 그런데 부처님 입장에서는 궤변이므로 그것은 분별하려는 주체의 실상을 알아야하므로 먼저 자아에 대해서 알아야 합니다. 세계에 대해서 끊임없이 사유하고 분별하고 판단하는 그놈을 모르면서 그놈이 판단내린 그것이 옳으냐? 그르냐? 하며 시비하는 것이 다른 종교나 철학입니다. 반야심경에서 이야기 하는 공과 식은 무엇입니까? 공은 분별이 일체 없는 경지에서 그것을 보았을 때 진실이 드러나기 때문에 일체가 공하다고 하는 것입니다. 식의 입장에서는 일체의 분별을 하지 않지만 존재 자체가 없는 것은 아니기 때문에 존재를 인정하면서 존재 입장에서 근본으로 돌아가게 하는 것입니다. 그래서 수행을 할 때도 현상계 입장에서 진리를 파고 들어가는 공부를 가르친 것이 유식계통이고 진리 입장에서 진리 외에는 인정 하지 않는 것을 반야심경에서는 색즉시공 공즉시색이라고 한 것입니다. 만약에 여러분들이 부처님이 침묵한 그 내용을 알려면, 누가 ‘어떤 것이 부처입니까?' 했을 때 전강스님은 판치생모(板齒生毛, 앞 이빨에 털이 났다) 라 했는데 이것을 알려면 여러분의 분별이 쉬어야 합니다. 그래서 우리가 진리에 어떻게 임하고, 참나, 우주의 실상 등을 깨달을 수 있을지 방법론을 제시 한 것입니다.

방법론으로 변계소집성, 의타기성, 원성실성의 세 가지 마음을 설명하겠습니다. 첫째 변계소집성은 정은 있으나 이치가 없는 것으로 여러분들이 나서 죽을 때까지 쓰는 마음입니다. 사람을 보거나 날씨를 보거나 어떤 일을 당했을 때 자기 입장에서 그것을 객유 합니다.

어느 날 산속으로 선비와 사냥꾼, 바람둥이 세 사람이 걸어가는데 갑자기 산속에서 어떤 여자가 튀어나와 도망가는데 옷이 헝클어져 있습니다.

선비는 여인의 옷차림새가 헝클어져 있으므로 예의 없고 버릇없는 여자라고 무시하는 말을 했고, 바람둥이 남자는 여자가 숲속에서 외간 남자와 정을 통하다가 놀라서 허둥지둥 달아나는 것이라고 했고, 사냥꾼은 나물을 캐다가 짐승을 만나 놀라서 도망가는 것이라고 말했습니다. 세 사람이 고개를 넘어 어떤 집에 들어가 보니 아까 산속에서 도망간 그 여인이 약을 달이고 있었습니다. 그래서 아까 달아난 이유를 물어보니까 그 여인은 시어머니를 모시고 사는데 병이 들어서 산에 가서 약초를 캐러 갔는데 약초를 캐다 보니까 불에 약탕기를 올려놓고 온 것이 생각나 바삐 내려왔다고 했습니다. 실은 여인은 약이 탈까봐 산을 달려 내려왔지만 그 여인을 보고 선비와 사냥꾼과 바람둥이는 자기 소견에 맞춰서 개념을 일으킨 것입니다. 이것은 부처님한테 세상이 영원한가?, 영원하지 않는가? 라고 묻는 것과 똑같은 것 입니다.

일체 중생은 마음의 본성을 깨닫기 전에는 이런 마음을 쓴다는 것입니다. 그래서 죄의식이 전혀 없어 업을 지으면서도 업인지 모르고 쓰는데 그 첫째가 변계소집성입니다. 자기감정은 있으나 이치가 없으니 시작부터 다 거짓인 것입니다.

반야심경에서 전도몽상은 이것을 이야기한 것입니다. 여러분들이 일상생활에서 이 마음을 가지고 쓰는 것입니다.

변계소집성은 주관적인 실상에 대해서 이야기를 하는 것입니다. 이런 것을 부처님께 가서 이것이 맞느냐 저것이 맞느냐 라고 물을 때 이미 자기가 갖고 있는 소견만큼 개념을 만들어서 판단해 달라는 것에 대답을 할 근거가 없습니다. 그래서 답을 안 하시는 것입니다. 수행을 하는 사람이 어떤 것이 부처입니까 했을 때 왜 대답을 안 했을까요? 수행하는 사람하고 여러분들이 알고 있는 부처님이 같을까요? 수행을 하든지 하지 않든지 부처에 대한 기본적인 선입견이 있습니다. 내가 가지고 있는 선입견이 무엇입니까? 하고 물어보면 뭐라고 대답을 할 것 입니까? 대답 할 수가 없는 것입니다. 선입견이 일어나기 이전의 마음이 회복되기 전까지는 알 수 없습니다.

기독교의 하나님이 이렇고 저렇고 하는 것은 자기들이 하나님을 다 해석한 이야기입니다. 내가 서울대학교에 법회 하러 다닐 때 한 학생의 아버지가 현직 목사였습니다. 그때 선우회 라는 모임에서 참선을 가르쳤는데 그 학생이 일요일은 수련대회하고 월요일은 교회 어린이 지도를 하러 아침 일찍 가곤 했습니다. 얼마 전에 다시 찾아왔을 때는 불자 부인을 만나 신혼여행을 인도로 가서 부처님을 모셔왔는데 아버지가 현직 목사이므로 부처님을 집에 모실 수가 없어서 나한테 가지고 온 기억이 납니다. 교회에서 가장 큰 문제가 무엇인가에 대해서 이야기를 했는데 목사들이 자신의 뜻을 신의 뜻이라고 전하는 것이 가장 문제라고 한적이 있습니다. 신이 되지 않고서 신의 뜻을 어떻게 인간이 해석 할 수 있겠습니까? 성경이나 좋은 말을 자기가 이해한 만큼 신의 뜻 이라고 가르치는 것이 신을 믿는 종교의 가장 큰 오류인 것입니다.

어떤 수행자가 무엇이 부처냐고 물어 볼 때 부처는 이런 것이라고 설명을 하면 수행하는 입장에서는 몽둥이 30대를 맞는다고 했습니다. 스님이 알고 있는 부처님하고 여러분들이 알고 있는 부처님의 개념이 다릅니다. 그것은 변계소집성에 의한 자기 업력만큼 파악한 부처이기 때문입니다.

변계소집성이 일단 몸에 딱 들어가서 사물을 보게 되면 정이 있습니다. 정이 무엇인가? 사물을 보고 정이 있다 없다 했을 때 나에게 좋게 하거나 나쁘게 하는 것을 말합니다. 좋고 싫은 것 취하고 버리는 마음은 있지만 이치나 진리성은 전혀 없는 것입니다. 우리가 일상생활에서 쓰는 마음은 이런 것입니다. 이것을 알아야 수행을 하는 근거가 생기는 것입니다. 다라니를 오래하고 마음을 모아서 정신을 통일해도 이것은 모두 귀신 굴에 박힌 것입니다.

둘째는 의타기성입니다. 예를 들어서 이것은 목탁인데 우리가 목탁이라고 보는 것은 변계소집성의 입장에서 본겁니다. 불교신자니까 목탁이라고 하지만 그런 개념 욕구가 없을 때는 목탁도 아니고 아무것도 아니지요. 그런데 주관적으로는 실재하지 않지만 객관적으로는 실재합니다. 이것을 설명 하는 것이 의타기성입니다. 이 목탁은 어떤 장인이 나무를 깎아서 만들었는데, 객관적인 실상 즉 우리 눈에 보이는 삼라만상은 연기법에 의해서 만들어진 것입니다. 원인과 결과에 의해서 다시 말해 이것을 필요로 하는 욕구와 조각해서 돈을 벌고자 하는 욕구가 부딪쳤을 때 목탁이라는 것이 나오게 되는데 이것을 의타기성이라 합니다. 부처님이 깨달은 것이 이것이 있음으로 저것이 있고 저것이 있음으로 이것이 있다는 것으로써 서로 의지해서만 존재하는 것입니다. 이 세상도 인연이 있을 때만 나타나고 인연이 다하면 없는 것 입니다. 원래 실상은 없는 것인데 이것을 반야심경에서는 공이라고 하는 것입니다. 주관적인 실상도 공하고 객관적인 실상도 인연이 있을 때만 있고 인연이 다하면 흩어지므로 공이라고 합니다. 인과 연에 생하기 때문에 인연으로 있어서 의타기성입니다. 주관적인 존재는 전부 없는 것이고 객관적인 실상은 인연이 있을 때만 존재하고 인연이 없을 때는 사라지는 것입니다. 주관적인 존재는 인연과 관계없이 허망하게 존재하기 때문에 원래 없는 것으로 허공 꽃이라고 합니다.

셋째는 원성실성입니다. 변계소집성과 의타기성이 완전히 공한 것을 알게 되었을 때 비로소 나타나는 마음의 본모습이 원성실성입니다.

깨달음에도 세 가지가 있습니다. 먼저 수행을 하다보면 아공이 되는 변계소집성을 깨닫게 됩니다. 더 들어가면, 객관적인 세계가 실재 하는가 실재하지 않은가 하는 문제인데 실재한다 해도 틀리고 아니라 해도 틀립니다. 삼매 가운데 깨닫게 되면 인연에 의해서 일시적으로 모였다 흩어지는 것을 알게 되고, 이것을 의타기성을 깨달았다고 합니다. 그다음 변계소집성과 의타기성이 완전히 공한 것을 알게 되었을 때 비로소 나타나는 마음의 본모습이 원성실성입니다.

해심밀경에서는 변계소집성에 의거하여 모든 것은 자성이 없다고 했습니다. 여러분들이 쓴 마음은 다 내 욕구에 의해서 만들어 진 것이고, 지난밤에 꾼 꿈은 여러분한테 입력된 정보만큼 나타나는 것입니다. 보적경에서는 만약 모든 법을 들어서 무성이라고 한다면 나는 그 사람을 도저히 치료할 수 없는 자라 했는데, 이것은 수행할 때 모든 법을 들어서 모든 것이 다 없어 성품이 없다고 하는 것은 물질적인 진리관입니다. 변계소집성에서 보면 이 사물에 대한 유추는 사물에 있는 것이 아니라 그것에 대한 내 욕구에 있음을 알아야 합니다.

수행을 할 때 처지에 따라 나타나는 수행 방법론을 말하는 것이 유가사지론 인데 모든 법은 자성이 없다고 했습니다. 여러분들이 기초 수행을 할 때 이것을 물고 늘어져야합니다. 변계소집성에 의해 내가 일으키는 모든 생각은 자성이 없으므로 일념단속 하라는 것입니다. 아무리 내가 옳고 저것이 틀리다고 해도 나와 저것 사이에 일어난 허공 꽃은 존재의 본성이나 실성이 아닙니다. 이것이 수행의 초기 덕목입니다. **'변계소집성은 모두 분별에 의해서 나타나는 것이므로 허망분별이 있다. 이것은 둘은 전혀 없고 오직 공성만 있을 뿐이다.'** 라고 했는데 여기서 둘이란 옳고 그름, 영원한 것과 영원하지 않은 것과 같이 내가 분별한 후에 나타나는 의식을 말합니다. 즉 의식 되어진 이후에 나타나므로 오직 공성만 있을 뿐이라는 것입니다. 이 공성만 있는 것은 여러분들이 수행을 많이 하게 되면 알게 되는 것으로 화두는 바로 이 공성을 보게 하는 것입니다. 부처님이 침묵하신 내용이 나중에 수행방법론이 되어 화두선이 된 것입니다. 조사가 서쪽에서 온 뜻이 무엇입니까? 했을 때 앞니에 털 난 놈이다 했는데 여기에는 여러분들의 분별이 들어갈 틈이 없습니다.

'그러나 저것에서 이것이 있다는 말에는 모든 것은 공한 것도 아니고 공하지 않은 것도 아니다. 있고 없음이 있는 연고로 중도에 들어맞는 것이다. 유식이십론에서 모든 법이 일체 종자도 없는 것을 아는 것만으로 법무아에 들어간다고 할 수 없다. 그러나 범부가 변계소집의 자성차별에 제법에 아가 없다고 통달하면 법무아에 들어가는 것이다.'

법무아란 보통 수행에 처음 들어 갈 때 나 없음을 깨닫는 것을 목표로 하는데, 어느 정도 수행이 되면 그것보다 큰 문제는 이 세계가 실재 하는 것인가, 실재하지 않는 것인가 하는 철학적인 의문이 생겨납니다. 소승에서는 객관세계는 실재한다고 하고, 대승에서는 객관세계조차도 실재하지 않는다고 하는데 이것이 법무아입니다. 우리가 인식한 내용과 똑같은 세계는 실재하지 않습니다. 여러분들이 누가 밉다고 했을 때 미운 대상의 아가 실재 한다고 믿고 있지만 여러분 욕구에 맞지 않았을 때 밉게 보는 망정만 있다는 것입니다. "아"가 없는데 아가 있다고 믿는 것입니다. 그것을 통달하면 법무아에 들어간 것인데 내가 인식한 내용, 인식한 방법에 의해 결정되는 것이기 때문에 나의 마음을 놓아두고 바깥 세계에서 어떤 고정적인 실체를 보는 것은 잘못된 것입니다. 여러분들이 인식한 세계는 여러분들이 인식한 세계일뿐이지 객관적인 실재 세계와는 관계가 없는 것입니다. 우리가 날씨가 시원하다 했을 때 객관 세계가 스스로 시원하다고 한 적은 없는데 내 입장에서 습도와 온도가 내 욕구에 맞으니까 시원한 날이라고 하는 것입니다. 결국은 여러분들이 도를 깨닫기 전까지는 자기가 인식한 내용물을 객관세계라고 착각하는 것입니다. 이것을 사람에게 적용하면 자기가 미워하고 좋아하는 것이 상대방한테 있다고 생각을 하고, 세계에 적용하면 자기가 인식한 내용만큼 세계가 펼쳐지고 있다고 착각을 하게 됩니다.

'그러므로 색이 공이고 공이 색이라는 것은 서로 보완적으로 모순되지 않는다.'

색이 공이다 했을 때 객관적인 실재 입장에서는 색이 공이지만, 공이 색일 때는 그것이 존재로 펼쳐져 나타날 때를 이야기합니다. 이것은 공도 유도 아닌 중도의 진리에 부합하는 것입니다. 불교는 중도를 깨닫는 것이 목표인데 중도를 가만히 들여다보면 자기의 분별사량이 들어가지 않고 세계나 사물이나 진리가 파악될 때 중도라 합니다.

마음이라는 것은 찾으면 없지만 분명하게 활동을 하기 때문에 공도 아니고 유도 아닌 것입니다. 조견은 안으로 마음의 성질을 비추어 보는 것인데 수행할 때의 마음을 말합니다. 수행을 하고 싶으면 앉은자리에서 '내다.' 라는 느낌이 있는데 그걸 놓치지 않고 비춰보고 실상을 깨달으면 도를 깨닫는 것입니다.

'마음은 경계에 의해 마음일 뿐 경계가 없으면 스스로 사라진다.'
여러분들이 내 마음 하는 그 마음이 언제 사라질까요? 죽거나, 기절 하거나, 잠이 깊어졌을 때 사라졌다고 생각할 건데, 왜 사라진다고 생각 했을까요? 마음이 경계에 대하여 분별을 하지 않기 때문에 사라진다고 생각하는데 마음은 사라진 적이 없습니다. 경계에 대하여 분별을 할 때 그 분별심이 자기 마음이라고 생각하기 때문에 마음이 사라진 것으로 잘못 알고 있는 것입니다. 사라지는 게 아니라 무심이 되는 겁니다. 경계에 의해 요동치거나 영향 받지 않는 상태가 되는데 중생은 그것을 알지 못하니까 사라졌다고 이야기를 합니다. 마음은 의도가 있을 때 마음일 뿐 의도가 없을 때는 이미 마음이 아닌 것입니다. 무심이 도라 했는데 무심은 의도가 없는 마음을 이야기하는 것입니다.

'불법을 분류하면 경전이 비록 많지만 삼법인이 표준이다.'

삼법인은 부처님 법하고 다른 법하고 비교 했을 때 그것이 삼법인에 맞으면 그 사람이 영어로 말을 하든 기독교적인 성경을 말하든 불법이 되고, 삼법인에 맞지 않으면 불법이 아니라는 것입니다.

삼법인은 제행무상, 제법무아, 열반적정입니다. 제행무상은 시간적으로 시간이 항상 하지 않다는 것입니다. 기독교에서는 이런 이야기를 안 합니다. 죽으면 영원히 천당에 있다고 합니다. 영원이란 것은 상(常)인데 부처님께서는 무상(無常)을 설하셨습니다. 이와 같은 것을 상견외도라 부릅니다. 즉 세계가 영원하다, 죽은 후 천당에 태어난다는 등의 생각을 믿고 의지해서 따르고 삶을 영위하는 것이 상견외도의 견해입니다. 그것은 앞에서 말했지만 주관적인 분별에 의해서 나온 내용입니다. 제법무아는 공간적으로 고정적인 실체가 없다는 것으로 이 또한 공을 이야기하는 것입니다. 열반적정은 무상하고 무아한 것, 이 두 가지에 마음을 뺏기지 않으면 마음은 항상 열반적정이 됩니다. 그리고 일체개고는 무아고, 무상이기 때문에 모든 것은 고라는 것입니다. 이 중 제행무상은 오직 유위법만 밝혔는데 유위법은 의도적인 법, 뭔가 욕구가 있는 법을 말합니다. 시간은 항상 하지 않고 늘 변하는데 그래서 현실세계의 법을 바로 밝혔다는 것입니다. 열반적정은 무위법 즉 진리의 세계만 밝힌 것입니다. 여기 한 잔의 물에 커피를 타면 커피색이 되는데 이걸 먹고 소변을 보면 커피색은 없어집니다. 그래서 유위법이라 했고, 그럼에도 불구하고 커피가 됐던 오줌이 됐던 물의 젖는 성품은 변함이 없는데 이것이 무위법입니다. 도를 깨닫는 것은 이 무위법을 깨닫는 것입니다. 오직 제법무아만이 유무에 통하여 있다. 즉 유위법에도 무위법에도 통해 있다는 것입니다. 왜냐하면 무상도 공을 이야기 한 것이고 열반적정도 공을 이야기 한 것인데 제법무아는 둘 다 공을 이야기 한 것입니다. 제법무아인 줄 알면 열반적정이 나옵니다. '나' 없음을 깨달으면 그것이 열반적정의 세계라는 것입니다.

불교에서 현상세계를 분류 할 때 오온, 12처, 18계입니다. 이 세계는 물질과 정신으로 이루어져 있는데 색수상행식입니다. 명색(名色)이라고 하는데 상근기는 이 오온만 듣고도 바로 깨닫습니다. 그것을 듣고서도 깨닫지 못하면 몸뚱이를 기준으로 바깥의 6가지 경계와 안의 6가지 경계를 보는 마음을 묶어 십이처를 설하는데 물질에 미한 중생은 십이처를 설해 마음을 깨닫게 하는데 이는 중근기에게 설명하는 것입니다. 18계는 몸과 마음에 다 미한 사람을 위해 설하는 것입니다. 6근과 6경이 부딪혔을 때 아는 마음(식識)이 일어나는데 이를 18계라 합니다.

오온, 십이처, 18계가 다른 종교와의 차이점입니다. 다른 종교는 이 세계를 브라흐만이나 하나님이 창조했다고 이야기 하는데 이를 전변설이라 하고, 또 하나는 요가계통에서는 물질이 모여서 이루어졌다고 하는데 이를 적취설이라 합니다. 불교에서는 인연에 의해서 연기된 세계이지 실재하는 세계가 아닙니다. 무명으로 연기한 망령으로 본 것이 불교에서 이야기하는 세계입니다. 불교에서는 이 세계는 중생의 업력으로 만들어진 것입니다. 그러므로 우리가 살고 있는 환경이나, 경제적 상황, 아들딸의 모습이 각각 다른 것도 본인이 일으킨 업력이 물질화된 내용이기 때문입니다. 다른 종교에서는 하나님이 그렇게 했다거나 우연히 그렇게 됐다고 이야기 합니다.

근기에 따라 마음이 어리석은 사람은 오온을 설해서 깨치게 하고, 몸이 어리석은 사람에게는 십이처를 설해 깨치게 하고 몸과 마음이 함께 미한 자는 18계를 설합니다.

'오온은 우리들의 아집에 다섯 가지가 있음을 설한 것이다.'

우리 자체가 아집이라는 것입니다. 기독교에서 선악과를 따먹음으로 생긴 원죄가 바로 변계소집성에 의한 분별심이란 것입니다. 우리가 어떤 사물을 보고 선하다 악하다 할 때 자기 입장에서 사물을 본 것일 뿐입니다.

첫째, 신체에 갖추고 있는 6근 6경의 법에 아집을 일으키는 것이다. 6근 6경이 부딪혀 식이 나오는데 이를 18계라 하고, 이 18계에 대해서 낱낱이 색수상행식이 나타나서 취하고 버리는 마음이 생기는데 이것이 일체중생이 쓰는 마음입니다.

둘째, 경계에 대하여 고락을 느끼는 지각적 작용, 심소의 아견을 일으키는 것입니다. 앞의 첫 번째 것은 색에 대하여 아견을 일으키는 것이고 ,두 번째는 수(受, 느낌)인데 이 지각작용은 수의 작용이 우리 마음의 바깥으로 물질화되어 나타날 때 정적인 작용을 나타냅니다.

셋째, 여러 가지 사상에 의해서 온갖 언어 개념에 아견을 일으키는 것입니다. 어떤 개념이 일어났을 때 취하고 버리는 마음인데 이것이 우리 마음의 지정의 중 지적인 마음이 만들어낸 것으로 오온에서는 상온(想蘊)에 해당하는 것입니다. 결국 이것도 수행에 의해 정화되어야 할 부분입니다. 세속에서 얘기하는 지정의가 발달되었다는 것은 불법 입장에서는 그냥 범부일 따름입니다.

네 번째, 여러 가지 선, 불선의 행위를 하면서 아견을 일으키는 것입니다. 기독교 선교사들이 탈레반에 붙들린 것을 보면 그들로 봐서는 봉사활동을 하고 선교활동을 한 것이 자기 종교에 도움이 될 거라고 했지만 거기엔 자신들의 의지가 들어갔으므로 이것이 바로 행온(行蘊)입니다. 그 마음이 전도된 마음으로서, 행온이 일체 중생으로 하여금 업을 형성시키고 업의 사슬에 돌고 돌게 하는 것입니다. 이것은 의도적인 마음이기 때문입니다. 바닷가에서 어떤 어부가 배를 항구에 대다가 게를 치었는데 어떤 스님이 노스님에게 저게 누구 잘못이냐 하니까 어부의 잘못도 아니고 게의 잘못도 아니고 바람의 잘못도 아니고 너의 잘못이 라고 했습니다. 자신이 벌써 거기에 의도를 일으켰기 때문인데 직접적인 것은 아니지만 대상과 인연을 맺음으로써 업이 형성된 것을 가르쳐준 것입니다. 이왕 업을 지으려면 선업을 짓고 도를 깨달으려면 선업까지도 놓아버려야 하는 겁니다.

　다섯 째, 이러한 4온의 의지처가 되는 것이 식입니다. 여기서 대승과 소승이 갈라지게 됩니다. 여러분들이 어떤 것을 봤을 때 수상행식이 펼쳐져 아는 마음, 판단하고 분별하는 마음이 생기는데 소승에서는 여기까지만 이야기 합니다. 그런데 여기에 내가 지은 업은 어디에 머물러 있다가 나타났느냐 하는 문제가 있습니다. 그래서 대승에서는 이 식을 심의식(心意識)으로 나누고 다시 6식, 7식, 8식 세 가지로 나눕니다.

‘식은 심상의 실아에 망정을 일으키는 것이다.’

　내가 이러한 것을 하고 판단을 내려놓고 부처님에게 가서는 이것이 영원합니까? 영원하지 않습니까? 하고 물어보면 부처님이 뭐라 하겠습니까? 부처님에게 묻는 모든 질문이 이런 것들입니다. 즉 오온에 의해 판단된 내용을 가지고 물어 본다는 것입니다. 여기에 불교와 다른 종교의 근본적인 차이점이 있습니다. 실아는 자기에 대한 실아도 되지만 자기가 일으키는 개념에 대하여 실재하다고 믿고서는 그것이 영원하다 영원하지 않다는 등의 이야기를 합니다. 그래서 질문자체도 모순입니다. 둘 중에 하나가 진실이라고 믿고 질문하는 것이기에 모순입니다. 둘 다 자기가 판단해낸 개념일 뿐입니다.

'그래서 범부는 거짓 화합의 몸과 마음에 어리석은 집착을 일으켜서 실재의 내가 있다고 생각하므로 그것이 오온의 인연상임을 가르쳐 그 견해를 끊도록 하는 것이다.'

즉 자기가 어떤 것을 보고서 견해를 일으킨 것임을 가르치는 것입니다. 그것이 사물이나 철학 등이 되었을 때는 실아가 실체가 있다고 믿고 견해를 일으키는 것이고, 자기한테 들어올 때는 자기가 일으킨 그 개념이 자기라고 착각한 것이 색수상행식에 연결되어 원인에 의해 자꾸 연기된 것에 지나지 않다는 것입니다.

'오온은 색수상행식을 말한다.'

색은 물질인데 여러 가지가 있습니다. 부처님 당시에는 과학이 발달하지 않아 우주의 근본 요소를 지수화풍 네가지라 했습니다. 우주를 만드는 4가지 위대한 종자란 뜻입니다. 4대는 견습난동(堅濕煖動)의 성질을 갖고 있습니다. 땅의 견고한 성품, 물의 젖는 성품, 불의 따뜻한 성품, 바람의 움직이는 성품을 이야기하는 것입니다. **'색에는 근경법처(根境法處)의 구별이 있다.'** 색의 종자는 견습난동이고 그것이 물질화 됐을 때 3개로 나누는데 여러분의 몸 6근, 6경인데 우리가 세계를 판단할 때 안의비설신의를 빼놓고 우리가 알 수 있는 세계는 없습니다. 그러나 선정에 들면 안이비설신의에 영향 받지 않는 자리가 나오는데 그걸 공이라고 합니다. 그다음 법처인데 무표(無表)라 하여 색으로 나타나지 않은 세계입니다. 스님이 젊었을 때 천일기도 중에 한 스님과 반야심경의 색에 대해서 이야기를 한 적이 있는데 그 스님은 색이 물질이라고 하는데 물질이 아니라고 한 적이 있습니다. 왜 그랬느냐 하면 색이라는 것은 내가 일으키는 일체 개념도 색에 들어가기 때문인데 이것이 법처를 말하는 것입니다. 우리가 생각을 일으킬 때 마음에 형상이 그려지는 것이 법입니다. 그려진 이미지는 색이고 물질로 보이진 않지만 법으로서 형성되기에 법처인 것입니다.

'놓인 곳을 알 수 있고 다른 것의 장애가 되기에 색이라 한다.'

수는 느낌으로 안이비설신의로 받아들이는 건데, '촉소생수(觸所生受)'라 하여 부딪혀 생하는 것이 수입니다. 6가지의 수가 있는데 이중 의(意)는 눈으로 볼 수는 없고 어떤 사물에 대해 좋고 싫은 판단을 하는데 이것도 고락(苦樂)을 느끼므로 수라고 할 수 있습니다. 수에는 두 가지 종류가 있는데 몸으로 느끼는 수는 고통이나 즐거움이고, 마음으로 느끼는 수는 기쁨, 슬픔, 그리고 아무렇지도 않은 사수(捨受)를 합하여 오수라 합니다.

그 다음 **상(想)**이란 상상하는 것인데 지적으로 사물을 포장하는 것입니다. 가령 저 사람이 누굴까 하는 것은, 상이 발동되기 전에 저 사람이 어떻다 하는 개념으로 정리가 되는데 이것이 상온입니다. 이것도 안이비설신의 촉소생상(觸所生想)입니다. 대상경계를 파악해서 어떠한 개념을 일으키는 작용인 것입니다. 부처님께 세계가 영원한가 영원하지 않은가 등과 같은 질문을 한 것도 상온인데, 상온은 인연에 의해서만 일어나는 것으로 연기법에 의해서만 존재하는 것입니다. 모순된 질문을 하니 부처님이 가만히 계셨던 것입니다. 상은 식이 대상을 접했을 때 나타나는 영상을 취하여 집착하는 정신작용입니다.

행(行)은 색수상식을 제외한 일체의 정신작용입니다. 유식계통에서 보면 심소법이 다 이 행온을 말하는 것입니다. 행온은 의도적인 마음, 포장하는 마음, 어떻게 해야겠다는 조작의 뜻이 있습니다. 이 조작으로 인해 업이 조장되는 것입니다. 소승은 5위 75법 가운데 42심소와 불상응행의 14법까지이고, 대승은 49심소와 24불상응행법까지라고 합니다. 이것도 역시 안이비설신의 촉소생행입니다. 이 행은 유식에서는 사(思)라고 합니다. 생각도 되지만 의도적인 마음도 됩니다. 이것은 마음을 움직여서 선악을 짓게 하는 작용입니다. 만약에 전생에 선한 업을 많이 지은 사람은 선한 쪽으로 해석하고 행동하려고 노력한다는 것입니다.

식(識)은 대상을 파악하고 경계상을 모두 모으는 작용입니다. 색에서 행까지 만들어진 여러 가지를 모아서 이것이 '무엇'이라고 분별을 내리는 것입니다. 이중 소승에서는 육식으로, 대승은 심의식으로 나누는데 심은 오온, 12처, 18계에서 훈습한 일체의 종자를 포함한 아뢰야식이고, 의는 일체 의식 즉 아뢰야식을 반연하여 사량하고 염정을 생각하는 것이며, 식은 6전식으로 봅니다.

온(蘊)은 쌓여 모인다는 뜻입니다. 오온에는 세 가지가 있습니다. 첫째 변계소집성의 오온으로 망정만 있고 진실한 이치는 없는 것으로 인식 내용 자체가 망념인 것을 깨우치기 위해 설해진 것입니다. 다음은 의타기성의 오온으로 일체 존재가 인연 화합에 의해 가유로 만들어진 것임을 이야기합니다. 마지막 원성실성의 오온은 본성 차원의 오온 입니다. 본성 차원의 오온은 공한 것이고, 존재 차원, 인식 내용 차원에서도 모두 공한 것이기에 용수 보살은 일체가 다 공하다 했습니다.

'조견오온개공' 먼저 교리적으로 오온이 공함을 비추어 보고 관찰하는 지혜에는 두 가지 작용이 있습니다. 하나는 자기를 이롭게 하는 작용으로 수행입니다. 염불을 하고 기도를 하고 화두를 들고 경전을 독송 하는 것은 전부 자신을 이롭게 하는 수행입니다. 나와 연관 있는 것을 이롭게 하는 것은 모두 자기를 이롭게 하는 것입니다. 두 번째, 남을 이롭게 하는 작용으로는 나와 관계없는 중생의 고통까지도 없애 주려는 마음을 말 합니다. 지혜는 이 두 가지 작용이 있어야 하는데 첫 번째가 안 되면 두 번째는 과대망상이 됩니다. 다시 말해서 조견오온개공은 오온이 공함을 밝혀 자기를 이롭게 하는 것입니다. 여기서 오온은 정신적인 것입니다. 한마디로 오온은 이 몸과 마음이 "나"인 것인데, 몸에 의해서 일으키는 생각들이 공함을 밝히는 것입니다.

여러분이 스님께 수행은 어떻게 해야 할까요? 물을 때 어느 정도 불교에 이력이 있고 교학적으로 지식이 있는 진정한 스님은 "나"라는 놈이 어디서 일어나는지 관하라고 이야기 합니다. "나" 라는 것은 나에 의해 일어난 것은 삼라만상에 의해서 힘을 잃어버리지만 이것보다 더 큰 힘을 얻는 것은 화두선입니다. 법의 상을 남김없이 버려 공을 관하는 문입니다. 공부를 하려면 나라는 것을 정밀하게 관찰해야 합니다. 관찰하는 것은 오온이 공함을 관찰하는 것입니다. 상근기라면 이렇게 가르치지 않고 너는 누구냐? 딱 한 마디만 물어보면 관찰하는 것이 아니고 내가 누군가 하는 의정을 일으키는 것입니다. 관찰하는 자와 관찰하는 대상이 사라지는 그곳에서 시작하기 때문에 법집이 사라진 상태에서 공부하는 것이 더 심오하다는 뜻입니다.

제7강 공의 용도(조견오온개공)

제7강에서는 공의 분류에 대해서 알아보겠습니다.

공의 분류는 크게 현상이 공한 것과 본체가 공한 것으로 나눌 수가 있습니다.

현상이 공한 것은 여러분이 태어나 죽을 때까지 모든 것이 결국은 자기 생각에 의해서 덧칠해진 것이고 인연력에 의해서 유지됐다가 사라지는 것입니다. 여러분이 알고 있는 이 세상의 어떠한 정보나 지식도 공하지 않는 것이 없음을 설명하는 것이 변계소집성과 의타기성입니다. 그래서 이것을 위주로 수행을 하여 도를 알게 되면 아라한이라 합니다, 그런데 진리적인 공을 깨친 자만이 부처가 된다고 합니다. 그래서 보살이 깨달은 것을 원성실성의 공이라 하여 진리적인 공인 것입니다. 결국 공에도 차원이 있는 것입니다.

여러분이 수행을 하다가 무엇인가 깨달은 듯이 느끼는데 사실은 변계소집성 안에서 허덕이는 것이므로 스승이 없으니 그것을 도라고 착각을 합니다.

'공용(공의 작용–공을 사용하는 법)은 업과 번뇌의 근원이 되는 분별적 사유가 지멸하는 상이다.' 이것은 앞에서 이야기한 진리도 공하고 현상도 공하다고 했는데 중생이 어떤 업을 짓고 어떤 번뇌를 일으켜도 근원이 되는 것은 우리의 분별에 의해서 인식되는 것이기 때문에 그런 것들이 사라진 상태는 공한 것입니다.

결국 이것을 알려면 수행을 해야만 터득되는 것인데 수행자들이 이것을 이론적으로 논리적으로 여러분에게 설명하는 것입니다. 옛부터 많은 수행자가 수행했던 내용이 바로 공을 터득하기 위한 것이었습니다. 이것을 터득하지 못하면 어떤 진리를 들어도 다 독이 됩니다.

그래서 참선이나 수행을 할 때 빠르게 증득할 수 있는 것을 무심이라 했습니다. 누가 나한테 잘해준다고 거기에 홀리거나, 나에게 못되게 한다고 성질을 내는 것은 이미 분별지에 떨어졌기 때문에 무심이 안 되므로 공을 증득할 수가 없습니다. 이것이 공용(空用)을 이야기한 것입니다.

그러니까 여러분의 **원이 어떻게 이루어지냐 하면 기도를 할 때 마음을 하나로 모으게 되면 내면에 들어가서 내면에 있는 여러분의 참된 성품에 있는 여러분의 무한한 능력을 드러내는 것입니다.** 부처님은 다만 매개 수단일 뿐이지 부처님이 여러분에게 무엇을 준다면 기독교의 신과 똑같이 되어 버리는 것입니다. 똑같이 기도를 해도 어떤 이는 성취가 되고, 어떤 이는 성취가 안 되는 것은 그 사람의 마음의 청탁과 지혜에 달린 것이지 부처님과는 전혀 관계가 없습니다. 만약에 부처님이 그것을 다 들어 준다고 했을 때 부처님은 귀가 따가워서 잠도 못잘 것입니다. 이 지구상에 불교신자 중에 애걸복걸 안 하는 신자는 없을 것입니다. 스님만 해도 몇 안 되는 신자들이 집안에 무엇 일이 있으면 스님에게 와서 물어 보는데, 사실은 감당하기 어려운 것입니다. 각자 지은 업을 스님이 책임지라는 것입니다. 이것은 공성을 알지 못하게 되면 일어나는 상태입니다.

 '또 공성은 주체와 객체, 존재와 미존재, 생사와 열반 등의 극단적 상대적 분별이 실제로 존재하지 않는 것을 아는 무분별지의 지혜이다.' 이래서 공을 가르치는 것입니다. 여러분이 공을 체득하게 되면 허망하게 바깥에서 구하는 마음이 딱 끊어져 버립니다. 한 번 마음을 본 사람은 두 번 다시 다른 사람의 언어와 논리에 휘둘리지 않습니다. 상대방의 것은 지식이지만 자기의 것은 체험이기 때문입니다.

 '공성의 의미는 무분별지의 지혜에 의해서 분명하게 나타나는 진의 상을 공의 실상이라고 말한다.' 진의 상을 유식에서는 원성실성인데 이것을 보았을 때 견성했다고 합니다. 결국 이 성품을 보지 않고 이해하지 못하고는 어떤 도리를 이야기해도 자기 입맛에 맞는 것을 끄집어내어 이야기하는 것에 불과한 것입니다. 많은 종교가 있고 종파가 있지만 지금 이야기하는 심종, 마음의 법에 대해서 모르게 되면, 여러분이 좋아하는 반찬을 하나 더 선택하는 것에 지나지 않는 것입니다. 어떤 종교가 되든, 교리가 되든 심종인 공법(空法)을 이해하게 되면 여러분은 자기의 허물을 고치지 않으려고 해도 고쳐지는 묘한 즐거움을 맛볼 수 있습니다.

 '어찌하여 공함을 보면 분별이 소멸하는가?' 삼공이 있습니다. 자기가 일으킨 생각이 망상이라는 것을 깨달은 변계소집성의 공과 내 눈에 펼쳐진 객관세계와 사랑하고 미워하는 모든 것이 인연생, 인연멸이라는 의타기성의 공, 그리고 그런 것이 다 사라져도 그런 것에 영향 받지 않는 자리인 자기의 본래성품인 원성실성의 공입니다. 이것을 알게 되면 분별이 자연히 소멸이 됩니다. 이 세 가지는 분별을 일으키지 않아야 깨칠 수 있는 자리이기 때문입니다. 공을 알게 되면 분별이 저절로 사라진다는 것입니다.

'그것은 공함을 아는 지혜가 일어나면 분별이 소멸하기 때문이다.' 그래서 참선하는 선방에서는 깨치기 전에 수행하는 것도 다 마군의 업이라고 합니다. 극단적인 표현이지만 깨친 자리에서 봤을 땐, 그것도 의도적인 마음이 일어난 것이기 때문입니다. 자기 입장에서 좋기 때문에 수행을 합니다.

'공함을 아는 지혜가 일어나기 전에 모든 법은 공하지 않다.' 이것이 여러분에게 공을 설하는 이유입니다. 공함을 아는 지혜가 일어나기 전에는 누가 여러분에게 잘 대해주면 그 사람이 좋은 사람이라는 마음이 홀연히 일어나고, 빈정대면 나쁘게 생각하는 마음이 일어나는데 좋고 나쁜 것의 기준은 내 입장입니다. 그래서 공함을 알지 못하는 이상 여러분이 일으키는 일체 견해가 공해질 수가 없습니다.

'그러나 법처 자체가 공하기 때문에 지혜로써 공을 요별할 수 있다.' 우리의 마음, 본성 자체가 공한 것입니다. 이런 공을 순간 체득할 수 있는 것이 기대하던 것에 딱 이루어졌을 때, 부족함이 없을 때 자기 견해가 일어나지 않는 때의 그 훈훈하고 행복한 마음이 바로 공의 자리입니다. 그래서 참으로 행복함을 알려면 공을 알아야 합니다.

'공은 감각기관이나 마음 작용으로 파악되지 않는다.'

여러분이 일상생활에서 쓰는 마음은 다 감각기관으로 쓰는 마음입니다.

조금 전 스님이 방에서 책을 번역하고 있는데 밖에서 보살들이 고추에 대해 얘기하는 소리를 들었는데, 맵고, 빨갛고, 어떻게 생겼고 등등 이것이 고추에 대한 상념입니다. 결국 감각기관으로 객관세계에서 물든 상간에 마음자리를 등지고 사는 것입니다. 이것을 '배각합진(背覺合塵)'이라 하는데 깨달음을 등지고 티끌에 합해진 마음입니다. 이러한 마음을 상사심이라 하며 여러분이 평소에 쓰는 마음입니다. 이 공은 감각기관이나 마음의 작용으로 파악되지 않기 때문에 이것을 깨뜨리기 위해 여러 가지 공부 방법이 있는데 가장 뛰어난 것이 화두선입니다. 옛날에 어느 스님이 운문스님에게 어떤 것이 부처냐고 물었는데 '마른 똥 막대기'라 했습니다. 이것은 여러분이 갖고 있는 감각이나, 지식, 이성, 이런 것으로 해결할 수 있는 문제가 아닙니다. 그런데 이 문제를 뛰어넘으면 부처자리가 나옵니다. 그래서 화두법이 가장 빠르다고 하는 것입니다. 스님이 여러분에게 공이 이런 것이라고 설명하는 것은 사실 친절한 것이 아니고, 우는 아이에게 누런 낙엽을 주면서 이게 돈이라 하여 아이의 울음을 잠시 멈추게 하는 것일 뿐이지 밥이나 떡을 주는 것이 아니라는 것입니다. 화두라는 것은 바로 밥이나 떡을 주는 것입니다. 어떤 사람이 조주 스님에게 '달마 스님이 왜 서쪽에서 왔습니까?'라고 물었는데 '뜰 앞에 잣나무'라 했습니다. 여기에 입각해서 여러분이 갖고 있는 감각, 지각, 의식, 논리로는 이것을 알 수 없습니다. 그래서 그 알 수 없는 한 마음으로 의심해서 들어가 이것을 깨뜨리게 되면 바로 공이 체득되기 때문에 화두선을 선호하게 됩니다. 그런데 여러분에게 의심이 일어나려면 교학적으로 준비가 되어야 합니다. 공은 감각기관이나 마음작용으로 파악되지 않습니다. 여기서 감각기관은 색수상행식입니다.

'따라서 공을 체득 하려면 대상의 일반적 모습이나 개별적 모습까지 대상화하지 않는 인식이 필요하다' 이것은 아주 중요합니다. 우리가 도를 못 깨닫고 왜 중생 노릇을 하고 부처가 되지 못하느냐 하면, 우리는 무엇을 보게 되면 자기 마음대로 파악하는 습관이 있는데 그 습관의 중심이 저것이 나에게 좋은가, 나쁜가 하는 것으로 첫째 전제 조건입니다. 나에게 이로운가 해로운가, 이로우면 좋고 해로우면 싫은 것인데, 보통 인간들은 내가 싫으면 다른 사람들도 싫어할 것으로 생각하는데, 다른 사람은 그 사람의 입장에서 이롭고 해로움을 판단한다는 것입니다. 이런 마음으로는 남의 마음을 편안하게 해줄 수 없을 뿐만 아니라 내 마음의 탐욕도 끊을 수 없기 때문입니다. 대상화의 조건이 나를 기준으로 하는 대상화인데 여러분이 태어나서 죽을 때까지 쓰는 마음이 이렇다는 것입니다. 공을 체득하지 않는 이상 어떤 수행을 하고, 어떠한 정신 통일을 해도 소용이 없다는 것입니다. 기독교 선교사들이 아프간에 가서 인질로 붙들렸다 돌아와서도 반성이 없었는데 그것은 내 입장에서만 세상을 판단하고 결정하기 때문입니다. 본인은 좋을지 모르지만 많은 적이 생긴다는 것을 모르는 것입니다. 그것을 깨뜨리는 유일한 방법은 공성을 봐야한다는 것입니다. 그래서 불교에서는 공을 이야기하는 것이지 허망한 공을 이야기하는 것이 아닙니다. 공을 이야기하는 자체는 허망하다는 것이 아니고 우리가 인정하고 있는 탐진치에 물든 그 마음을 깨뜨릴 수 있는 묘한 힘이 공 밖에 없기 때문입니다. 공도 여기에서는 방편입니다. 그 전제조건이 무분별지입니다. 그러면 공을 체득하려면 분별심, 다른 말로 차별심인데 내 입장 때문에 나오는 것입니다. 이것이 있는 한 보살이 되지 못합니다.

'무분별지가 일어나면 공함을 보게 되고 이어서 번뇌의 원인인 희론과 분별이 사라지고 공성이 체득된다.' 무분별지를 체득하려면 어떻게 하느냐? 여기서 수행이 시작되는 것입니다. 수행을 왜 하느냐? 공성을 증득하기 위해서 합니다. 공성을 왜 증득하느냐? 무분별지가 나오기 때문입니다, 그럼 무분별지는 어떻게 증득하느냐? 마음을 닦아야 되는데 그 닦는 방법을 불가에서는 참선수행이라 합니다. 수행을 하지 않는 불교, 이것은 귀신 씨나락 까먹는 소리로써 부처님하고는 아무 상관없는 것입니다. 여러분이 절에 가서 옛부터 내려오는 관습대로 초하루, 무슨 재일 등등해서 불공하고 목탁치고 공양 하는데 부처님이 그것을 받아먹겠습니까? 그 절에 있는 주지스님이 갖다 먹겠지요. 그것은 불교가 아닙니다. 수행을 가르치지 않고 수행하는 법을 모르는 것은 불자가 아닙니다. 그것은 사자 몸의 사자벌레같이 부처님 법을 더럽히는 것입니다. 본인은 어디 가서 불자라고 하는데 행동하는 것은 부처님 법에 대한 아무런 견처가 없기 때문에 다른 사람이 보면 미신이고 기복인데, 불교신자는 다 저렇구나 라고 인식하는 것입니다. 그래서 수행을 하지 않으면서 절에 다니는 사람에게는 부처님께서 말씀하시기를 **'내법 가운데 내법을 망치는 사람은 내법에 대해서 수행을 하지 않는 사람이다,'** 라고 했습니다. '사자신충' 이라는 말은 사자가 힘이 세서 어떤 짐승도 사자를 해치지 못하지만 사자 몸 안에 있는 벌레들이 사자 몸을 갉아 먹는 것입니다. 절에 다닌다 해서 다 같은 불교신자가 아닙니다. 어떤 사람은 부처님을 망치려고 작정하고 다니는 것입니다. 여기서 공을 이야기 하는 것은 수행을 해야 하는 당위성 때문입니다. 자칫 절에 다니면서 본인은 부처님에게 공을 들였다고 생각하지만 부처님 입장에서는 법을 망치는 것이라고 생각하실 것입니다.

기독교에서 보면 선교사들이 선교를 한다고 생각하지만 제 3자 입장에서 보면 기독교를 욕 먹이고 있는 것으로 보입니다. 그런데 본인들은 모릅니다. 제 마음은 안 들여다보고 남의 마음만 닦으라는 것입니다. 스스로 부처님 법을 닦지 않으면서 남에게 이야기 할 수는 없습니다. 닦은 사람은 원만한 지혜와 평등심이 나오기 때문에 광신이 나오지 않습니다. 오늘 배우는 것 중에서 중요한 것은 공을 배우는 것은 수행을 하기 위해서라는 것입니다.

'또 공법을 설하는 것은 악견을 버리기 위함이다'

악견에 대해서는 여러 견해가 있습니다. 악견 중 가장 큰 악견이 '나다'하는 마음에 의지해서 세상을 보는 것입니다. 여러분이 수행이나 참선이 잘 안될 때 일상생활에서 겸손하게 한 생각 쉬는 연습을 하게 되면 악견이 쉬게 됩니다. 다른 말로 내가 감정적으로 손해를 볼 줄 알면 악견이 아닙니다. 그런데 악견은 감정적으로 손해를 안 보려고 하다 보니 생기게 됩니다. 참 단순한데 일상생활에서는 잘 안됩니다. 부부사이, 친구사이에서도 안 되는 것을 보면 참으로 뿌리가 깊다는 것입니다. 악견만 비워도 죽어서 삼악도에는 안 떨어집니다.

우리가 공을 왜 배우느냐? 아공, 내가 실재하지 않음을 알아 악견을 비우기 위해 배우는 것입니다. 보살이 되려면 법공까지도 비워야 되고, 부처가 되려면 일체개공까지 비워야 됩니다.

'그런데 도리어 공에 집착하여 공이 존재한다고 해서는 안 된다'

수행하는 입장에서 가장 큰 문제는 악견입니다. 악견은 기본적으로 해결이 되지만 문제는 공에 떨어지는 것입니다. 공이라는 것이 실체가 있는 것으로 착각하는 것입니다. 공부를 좀 했다고 하는 사람들이 공에 대해서 '텅 비었다' '말할 수 없다.' 등으로 표현합니다. 마음을 못 보았기 때문에 그렇게 이야기 하는 것입니다. 공이란 것은 우리의 번뇌 망상을 없애기 위한 방편으로 공에도 집착하지 말라는 것입니다. 우리의 마음자리는 사실 공하지 않습니다. 우리의 분별입장에서 봤을 때는 설명할 수 없으니까 '공'이라고 이야기할 따름입니다. 그런데 '공'이라는 언어에 떨어져서 다시 '공하다'라고 생각합니다. 이러한 견해에 떨어지게 되면 미친 견해에 떨어지는 것이 되기 때문에 이런 것을 악견이라고 합니다.

'세속제란 일체의 모든 법은 생기하지 않으므로 본성이 공하지만, 중생이 전도되어 있기 때문에 망령되이 집착을 내므로 세간을 진실이라고 하는 것이다.'

이것이 반야심경의 전도몽상을 한마디로 요약한 것입니다. 진리입장에서는 일체 모든 것이 일찍이 난 바가 없는데, 중생은 허망한 허깨비 같은 소견이 붙어 나라는 소견에 의해 세상이 실재하다고 믿고, 그것을 보전하기 위해서 끊임없이 삼악업을 짓습니다. 세속제는 본성은 원래 공한 것인데 여러분들이 일으킨 견해는 여러분 입장에서 애기한 것이니까 공한 것이고(변계소집성), 여러분이 보는 일체 세간은 인연에 의해 잠깐 머물렀다 인연이 다하면 사라지는 실체가 없어 공한 것인데(의타기성) 우리는 그렇게 생각을 하지 않고 영원한 것으로 착각을 해서 내일 모레 죽을 사람이 천년만년 살 것처럼 욕심을 부린다는 것입니다.

세속제가 공한 것을 비유하자면 찬물이 있는데 이 찬물의 본성품은 빨간 것도 아니고 파란 것도 아니고 젖는 성품입니다. 그런데 여기에 커피나 다른 것을 타게 되면 색이 변하게 됩니다. 중생은 감각에 의해 판단을 하게 되므로 물의 젖는 성품을 잊어버리고 변한 그 색깔이 실재한다고 합니다. 그 색깔은 인연에 의해 만들어진 것일 뿐인데 말입니다. 여기서 그 색깔을 세속제라 하는데 이 세속제의 본성은 공한 것입니다. 그런데 중생은 거꾸로 실재하는 것으로 알고 있기 때문에 그것에 의해서 망령된 업이 쌓임으로써 온갖 고통을 다 짊어져야 되는 줄 압니다. 그래서 세간을 진실이라 하는 것입니다. 이것이 일체 중생들이 얘기하는 세속에 대한 견해입니다.

'모든 현성(賢聖)들은 세간의 전도 된 성품을 요달하고 있으므로 본래 공한 것을 안다.' 어떤 사람을 봤을 때 '잘 생겼구나.'하는 생각이 들면 '아, 내가 잘생겼다는 견해로 저 사람을 보는구나.' 하고 금방 알아차려 그 사람은 거울에 비친 형상으로 밖에 보이지 않게 됩니다. 현성들은 어떠한 사람, 어떠한 경계하고 부딪혀도 자신이 잘못 마음을 일으키는 즉시 알아차려 마음이 쉬어버리게 됩니다. 이것을 선가에서는 '돈오법'이라 하는데 몰록 깨닫고 몰록 쉰다는 것으로 돈오돈수법이라고 합니다.

'모든 법은 공하며 자성이 없음을 안다.' 나한테 기분 나쁘게 하는 사람이 있으면 내가 기분 나쁜 생각이 일어나는 상간에 '아! 내 입장에서 이 사람을 판단했구나.' 하는 생각을 쉬어버리면 기분 나쁜 것은 자성이 없어져 버리게 됩니다. 공을 요달한 사람은 세상을 이렇게 판단하는 것입니다. 이 사람은 물을 우유라 해도 맞고 독이라 해도 맞는 사람입니다. 왜냐하면 자기입장에서 상대방을 판단하는 것이 아니고 상대방을 교화하기 위해서 그렇게 이야기하는 것이기 때문입니다. 근기가 낮은 사람에게 그렇게 하면 편협한 생각을 하게 됩니다. 이것은 마음을 쓰는 사람이 어느 위치에서 쓰는지 모르기 때문입니다.

'성인에게는 제일의제가 진실이 되는 것이다.'

우리가 견성을 해서 공을 알아야 되는 이유가 바로 그것을 알아야 마음이 쉴 수가 있고 자유롭게 무심을 증득할 수 있기 때문입니다. 이것이 모든 삼세의 수행인들이 이 마음을 증득하고 이 마음 쓰는 것입니다.

'부처님은 중생을 위하여 이제(二제;진제, 속제)에 의하여 설법을 하신다.'

윤회, 인과에 대한 것은 유치원 수준의 사람들에게 이야기하는 것이고 석사 박사 수준의 사람에게는 한마음을 보여 깨닫게 하는 것 외에는 얘기를 안 합니다. 근기가 안 되는 사람이 반야심경을 들으면 그것을 왜? 해야 하나, 내가 왜 여기에 와 있는가하는 생각을 하게 됩니다. 이런 사람은 다시 세속제를 배워야 됩니다. 부처님 법 가운데 세속제를 설명한 것이 12연기, 오온 입니다. 오온이 공하다 하는 것은 세속의 것은 일체가 공함을 얘기한 것입니다. 오온을 반야심경에서는 나라고 설명했지만 사실은 세상을 설명할 때도 12연기로 다 됩니다. 그래서 12연기나 오온이 실재하다고 하는 것은 제일의제를 모르는 것입니다. 즉 원성실성인 우리 마음자리의 참된 진리를 모르는 것이고, 12연기법에 의해서 나와 내가 만들어져 12연기나 오온이 실재하다고 하는 것은 중생의 고집입니다. 반야심경에서는 이것을 전도몽상이라 합니다.

그런데 반대로 그것이 실재하지 않으면 인과도 없고 선악도 없다고 하면 세속제를 모르는 것입니다. 여기서 이 두 가지를 함께 갈 수 있는 사람만이 중도를 수행하는 사람이고, 한 가지만 취하여 세상은 실재하지 않는다고 하여 관계를 끊어버리면 이런 사람은 밥도 안 먹어야 됩니다. 왜냐하면 밥은 세속사람들이 농사지은 쌀로 지은 것이기 때문입니다. 그렇다고 공에 떨어진 사람이 공의 입장에서 다 허망하다고 하면 인과가 없다고 생각하기 때문에 이 사람은 세속제를 모르는 것입니다.

그래서 용수는 공성의 개념을 **'다른 것에 의하지 않고 적정하며'** 사실 바로 이 한 구절에 마음자리를 다 설명한 것입니다. **'희론에**

의해 분별함이 없다.' 희론은 자기가 경험하지 않고 머리만 굴려 이 것이다 저것이다 이야기하는 것입니다. 소피스트는 희론자입니다. 그러니까 공의 자리는 희론에 의해 분별함이 없음이니 한 생각이라 도 일어나면 그것은 분별입니다. 그런데 공의 자리에서 우리의 참 마음의 성품은 그런 것이 없다는 것입니다.

'여러가지 의미를 나한테서는 나타내지 않는 것, 이것이 진리의 상이다.' 결국 우리가 알고 있는 의미라는 것은 공의 입장에서 보 면 중생들이 제 깜냥만큼 선글라스를 쓰고 세상이 붉다, 푸르다, 검 다, 이렇게 이야기하는 것인데 색깔이 없었을 때 모습이 있는 그대 로의 모습입니다. 그것이 공의 모습입니다. 그래서 공이란 없는 것 이 아니고 있는 그대로의 모습입니다. 있는 그대로의 모습을 보려 면 내가 거기에 내 견해를 넣지 않고 객관적으로 사물을 볼 수 있어 야 하는데 객관적으로 볼 수 있으려면 나 없음을 증득해야 가능합 니다. 그런 것을 증득해야 비로소 현인이고 성인이고 보살이고 부 처라고 할 수 있습니다. 그 외에 책을 많이 읽고, 말을 잘하는 것은 아무 쓸 데 없는 것입니다. 또, 부처님한테 와서 복 달라고 불공을 드리고, 아무개 스님은 염불 소리가 좋아서 복 많이 받을 것 같다느 니 하는 것은 귀신 씨나락 까먹는 소리도 못 됩니다. 그래서 해탈은 업과 미혹을 없앤 것으로 고가 소멸하면 해탈이며 해탈의 전제 조 건은 반드시 마음의 공함을 깨우쳐야 됩니다.

'분별은 업과 미혹을 일으키니 공함을 보면 분별이 소멸한다.'

우리가 반야심경의 공을 배우는 이유가 바로 여기에 있습니다. 이것을 먼저 배우고 나서 수행을 하여 증득하라는 얘기입니다. 수 행의 목표, 방법이 무엇인지 모른채 수행만 하면 외도가 됩니다. 수 행 좀 하던 스님들이 귀신 들려 예언도 하고 큰 박수무당이 되고,

무슨 종파를 만들어서 종정 노릇하는 사람도 많이 봤는데 이것이 수행하다 외도가 된 것이며 마가 든 것입니다. 올바르게 수행한 사람은 마가 들어올 수 없습니다. 한 생각 일어나는 순간 그것이 마인 것을 아는데 거기에는 어떤 것도 달라붙을 수가 없습니다.

공에 대해서 자세히 설명하긴 했지만 이것은 설명으로만 이해되는 것이 아니고, 스스로 알아야 되는 것입니다.

그래서 첫 번째, **'인과 연에 의한 것은 공하다고 중론에서 말한다.'** 즉 원인과 그 원인에 의한 인연, 이것이 부딪혀서 만들어낸 결과는 사라진다는 것입니다. 여러분에게 펼쳐지는 모든 경계는 세간법이기 때문에 여기에 적용이 됩니다. 원성실성을 성철스님은 중도라 그랬는데, 제일의제 즉 공하되 공하지 않는 자리, 삼라만상이 이것의 힘에 의지해서 춘하추동이 만들어지고 우주가 성주괴공하기 때문에 공할 수가 없는 자리입니다. 무궁무진한 자리로 인간의 감각으로는 설명할 수가 없기 때문에 인간의 온갖 견해를 없애버릴 수 있는 유일한 단어인 '공'을 사용한 것입니다.

두 번째, **'삼자성의 오온은 모두 공하다.'** 청변스님은 원성실성, 변계소집성, 의타기성에 의한 오온은 모두 공하다 했습니다. 오온은 여러분이 '나다'라고 하는 정신적, 육체적 현상을 말하는데 이것도 결국 이 논리에 의하면 모두 공한 것입니다.

여기서는 원성실성도 공하다고 했는데 그것은 여러분이 감각이나 지각으로 파악할 수 없는 자리이기 때문에 공하다고 설명한 것뿐입니다. 이것을 다른 말로 진공묘유라고 합니다.

장진론에는 '무위는 실체가 없어서 생하지 않는 것이 허공꽃과 같다.'고 했습니다.

허공꽃은 눈에 병이 든 사람만 보입니다. 병들지 않는 사람에게는 허공에 꽃이 없습니다. 이것은 진제의 입장에서 설명한 것입니다.

세 번째 **'그러나 그것은 즉각적으로 집중된 실재가 수동적일 뿐 아니라, 능동적인 재반응을 통해 더욱 복잡하게 변한다. 이것이 상(想)이다.'**

상이란 생각입니다. 예를 들면 느낌에 대해서 이 스님이 부드러운 줄 알았는데 실제로 보니 강한데 한 발짝 물러설까 하는 이것이 상입니다. 사람들이 순간적으로 이것을 다 씁니다. 이것을 깨트리는 것이 도 닦는 것이니 얼마나 어렵겠습니까? 자기가 편하다고 생각하는 나름대로의 행동지침을 깨트리는 것이 도 닦는 것으로 스님이 일념단속하라는 것이 바로 오온의 상을 말하는 것입니다. 참으로 이것을 닦게 되면 어디를 가든지 진실하지 않을 수 없습니다.

네 번째 **'그것이 최고의 감각 상태에서 자아가 자극을 느끼면 자동적으로 그 자극에 대하여 반응을 한다. 그것이 행(行;의지)이다.'** 여기서부터는 업이 형성됩니다. 조금 전까지는 느낌이나 생각에서 멈춰지는데, 행에 도달하게 되면 취사선택하는 마음이 툭 튀어나오게 됩니다. 이것이 행이며 업력을 형성하는 것입니다. 이전까지는 업력이 형성되지 않는데, 그것은 과거의 습관대로 그냥 나타날 뿐입니다. '행'에서 부터는 자기 의도가 들어갑니다. 이 의도도 엄격히 말하면 과거에 자기가 했던 습관만큼 들어가게 됩니다. 남의 흉 보기 좋아하던 사람은 무슨 애기가 나오면 남을 흉 보게 되는데 이것이 행입니다. **'행은 물건을 모으고 성격과 행위의 패턴을 조성한다.'**

마지막으로 **'모든 인식하는 감각과 마음의 결합인 의식이 있다.'**

색에 대해서 주관과 객관이 벌어지면서 느낌이 일어나고, 느낌에 대해서 자기생각이 들어가고, 생각에 의해서 그것을 실천하는 행 (의지)이 만들어지게 되면 어떤 사물에 대해서 자기 나름대로의 취하고 버리는 마음이 생깁니다. 종합적으로 무엇이라고 결정짓는 마음을 '식(識:6식, 현재 의식)'이라 합니다.

제8강 조견색온(조견오온개공)

반야심경의 핵심은 오온의 극복에 있는데 오온은 집착하는 근본적인 대상이기 때문입니다. 오온을 크게 나누면 정신적인 것과 물질적인 것으로 다른 의미로 우리가 자신이라고 생각하는 몸과 마음이 되겠습니다. 부처님이 가르친 내용을 보면 자신이라고 믿는 몸과 마음이 망상에 의해서 조작 된 것입니다. 연기법에 의한 일시적인 인연의 소산물임을 몸과 마음을 관찰하여 알아 여러 가지 인연에 마음을 빼앗기지 않고 속지 않음으로써, 고통의 원인이 앉은 자리에서 끊어지기 때문에 오온을 이야기하고 공한 것을 이야기합니다.

오온 중에서 첫 번째 **색이라는** 것은 유식에서는 열한 가지로 분류를 하지만 근본적으로 색은 물질을 이야기 합니다. 불교에서는 지수화풍 네 가지를 근본이라고 합니다. 내 몸이 물질에 의해서 이루어지는데 우리의 업력에 의해 조합이 되어서 남자, 여자, 또는 지구가 만들어졌음을 이해하기 위해서 먼저 색을 이야기 합니다.

'사대원소로 이루어진 물질인 육체, 나라고 착각하는 육체도 있지만 내가 보고 있는 것도 색이다.' 두 가지가 공통적으로 의지하고 있는 것이 색인데 색이 그렇게 단순한 것이 아니고 소승과 대승으로 나누어서 색이 실재하는 것이냐, 정신적인 것이냐에 있어서 대승에서는 마음에 의해서 만들어진 형상이라고 합니다. 유령이 물질로 화한 것을 사진으로도 찍는데 엑토프라즘이라는 물질입니다. 유령이나 귀신이 사람의 눈에 보일 수 있다는 것의 근본도 색인 것입니다.

색에는 4대가 있습니다.

첫째가 지(地) 땅의 성품, 둘째는 수(水) 물의 성품이고, 셋째는 화(火) 불의 성품이고, 넷째는 풍(風) 바람의 성품입니다. 이것은 근본물질을 이야기하는 것이기 때문에 사실은 불이다 물이다 하면 틀리는 것입니다. 땅의 성품이라는 것은 우리의 마음이 견고하게 뭉쳐져서 물질화되었을 때 나옵니다. 가령 볼펜은 일정한 형태로 견고하게 머물러 있기 때문에 이것이 땅의 성품입니다. 이 안에 지수화풍(地水火風)이 모두 들어 있는 것입니다. 형상이 이루어지려면 부드럽게 변형이 되어야 하는데 그것이 물의 성품입니다. 물의 성품은 볼펜의 모양에서 볼 수 있습니다. 볼펜이 되기 위해 불이나 그런 것으로 화합을 해서 우리에게 맞는 형상으로 크기나 중량을 조절 할 수 있게 하는 것이 불의 성질이고, 플라스틱이 변질 되어서 쓸 수 있는 것이 바람의 성질입니다. 지수화풍을 우주에서 크게 결정할 때는 흙, 불, 물, 바람이 되지만, 작게는 이러한 사물 하나하나에 인연으로 뭉쳐져 어떤 성질이 많은지에 따라 볼펜도 되고 찬물도 되는 것입니다. 온갖 물질이 지수화풍 4대에서 나왔다는 것에서 큰대(大)를 쓰는 것인데 지수화풍 4대에서도 대승으로 들어가 보면 우리 마음 씀에 의해서 만들어진 것입니다.

그래서 의지가 굳은 사람은 지대의 성품, 지혜가 날카로운 사람은 물의 성품이 많고, 활동적인 사람은 바람의 성품을 많이 타고 났고, 정열적으로 에너지가 많은 사람은 불의 성질을 많이 타고 난 것인데 그런 것으로 사주를 보는 것입니다. 생년, 월, 일, 시만 말하면 어느 날 어느 시에 4대가 어떻게 뭉쳤는지 알 수 있기 때문에 그것으로 여러분이 평생 살아 온 모습을 분별 합니다. 작용을 주로 다루는 것은 술(術), 작용이 일어난 근본 원인을 다루는 것은 도(道)라고 하는데 원래는 도와 술이 체(體)와 용(用)의 관계인데 사람의 입장이 되면 모두 술로 변해버리니까 스님들이 사주보지마라고 하는 것입니다.

오온에는 우주의 본질이 다 들어 있습니다. **'색이 물질의 본질이라고는 하지만 대승적으로 보면 우리가 쓰는 마음에 따라서 물질화 되는 성질이 달라지는 것이다.'** 아무리 먹어도 살이 안 찌는 사람은 화의 성질을 많이 가지고 있고, 조금만 먹어도 살 찌는 사람은 수의 성질을 많이 타고 난 것입니다. 결국 4대가 육체 뿐 아니라 환경까지도 그렇게 이루어지게 합니다. 그래서 물질을 견고히 만들게 하는 지대, 물질을 스며들게 하는 것은 수대, 물질을 따뜻하게 하는 것은 화대, 흔들리는 마음은 풍(風)대가 만든 것이며, 의욕적인 마음은 화(火)대가 만든 것이고, 견고한 마음은 지(地)대가 만든 것이고, 잘 화합하는 마음은 수(水)대가 만든 것입니다.

'색이라고 해서 색이 아니고 최초는 우리 마음이다.'

선가에서는 한 생각이라도 일으키면 그 순간에 사대에 의해 수미산이 나타난다고 했습니다.

사대원소로 이루어진 육체를 오온에서 색(色)이라 합니다.

수(受)는 고통과 쾌락을 느끼는 감각작용, **상(想)**은 그 감각작용에 대해서 나름대로 마음이 움직이는데 감각이 불편하면 노여움을 일으키고 감각이 좋으면 즐거움을 느낍니다. 그래서 젊은 청춘남녀들은 같이 있으면 세상을 다 얻은 것처럼 즐거워합니다. 이것은 수와 상이 뭉쳐져서 '행복하다', '이 순간이 영원하면 좋겠다.'고 하는 상념이 일어납니다. 그것이 상온입니다.

'경계가 없으면 도저히 존재 할 수 없다.' 아리따운 여인이나 잘생긴 남자가 옆에 없으면 나타날 수 없는 마음이 상온이고 수온이며 그것을 지각표상 작용이라 합니다. 눈을 가리고서도 옆에 있는 사람이 미인이라고 하고 돼지 손을 잡고도 따뜻하다고 하는 것은 자기 생각으로 사물에 대하여 가치평가를 내리는 것입니다. 이런 것 하나하나가 우리가 일상생활에서 미혹하게 마음을 쓰게 되는 원인인데 보통 사람들은 이것들 내 마음이라 하고 자기가 판단한 것이 가장 정확하다고 생각합니다. 반야심경에서는 이것을 전도몽상이라 합니다. 허공을 잡으면 느낌이 있을까요? 허공은 색이 아니니까 감지를 할 수 없어서 수나 상도 나타나지 않습니다.

행(行)은 그렇게 상상한 것에 대해서 이끌어가는 마음이 생기는데, 이것을 유지해야겠다, 불편하니까 더 이상 하지 않아야겠다는 생각을 하는데 그것을 행온이라 합니다. 일상에서 이렇게 마음을 씁니다. **행동을 촉구하는 의지 형성 작용입니다.** 기쁜 것에는 사랑을 주고 노여움에는 증오를 일으키고 의지적 충동을 일으키는 마음으로 일체중생이 의도적인 마음을 쓰기 때문에 윤회에 뛰어드는 것입니다. 색·수·상(色受想)온은 업이 형성되는 과정이며, 행온에 의해서 업이 생기게 됩니다.

식(識)은 색·수·상·행에 의해서 체험된 것을 종합적으로 모아서 새로운 판단이 생기고 관념이 생기는데 이것을 식이라고 하고 의식이 형성되는 것입니다. 진선미(眞善美), 위악추(僞惡醜)는

다 상대적인 개념입니다. 그다음 버릇인 식별 작용이 나타나게 됩니다. 만약에 한국 사람이 외국에 가서 그곳 문화를 보고 어떻게 저렇게 살까 하는 식(識)을 일으킵니다. 보고 들은 것이 다르기 때문입니다. 그것을 **식별작용**이라고 합니다. 식별작용도 우리의 경계에 의해서 만들어진 것으로 경계가 없으면 원래 없는 것인데 중생은 그것을 모르기 때문에 자기가 체험한 경계로 다른 사람을 판단하게 됨으로써 반드시 다른 사람을 사랑하거나 미워하게 되어있습니다. 이런 이치를 모르게 되면 마음을 써도 평상심을 쓰는 것이 아니고 차별심을 쓰는 것입니다. 뜰 앞에 잣나무가 평상심이라고 했는데 이 말은 이런 이치를 알고 이야기 한 것인지 아니면 자신이 평소에 쓰는 마음을 평상심이라 했는지 알 수가 없습니다. 이런 의미에서 이야기하는 것입니다. 그럼으로써 이제 오온이 왕성하게 작용을 하는 것입니다. 이렇게 **식까지 나타났을 때 드러나는 것이 '나다' 하는 존재감입니다.** 일단 나타나면 아무리 잘난 사람도 나보다는 귀한 사람이 아니고 아무리 똑똑한 사람을 보아도 내가 우선이라는 생각이 듭니다.

결국 윤회를 멈추려면 이 오온의 성질을 잘 이해하여 하나하나 경건하고 진실하게 닦아나가야 하는데 그렇지 않으면 고통의 원인을 없애 버릴 수 없고 고통이 계속 생겨납니다. 따라서 오온이 공한 것임을 알아야 마음을 다스리는 지혜가 생기는 것입니다. 관자재보살이 조견오온개공(照見五蘊皆空) 해서 일체개고(一切皆苦)를 없애 버렸다고 했습니다. 모든 고통의 원인이 나의 오온에 의해서 생겼다는 것을 알게 되는 것입니다.

지금의 북인도에 있는 계빈국의 왕이 **사자존자**의 목을 쳐버린 일이 있었습니다. 사자존자는 부처님 법을 전해 받은 24대 조사스님입니다. 사자존자가 어느 날 야외에서 수행을 하고 있었는데 계빈 국왕이 잠깐 잠이 든 사이 왕을 모시는 궁녀들이 주변을 둘러보다 가 사자존자가 앉아 계시는 것을 보고 법문을 청해 듣고 있었습니다. 계빈국 왕이 깨어나서 보니 자기 주위에 아무도 없어 고독하고 처량하여 슬픈 생각이 들면서 시녀들을 찾았는데, 시녀들이 스님 옆에 고요히 둘러 앉아 있는 것을 보고 괘심한 생각과 질투가 나서 무엇하는 사람이냐고 물었습니다. 사자존자는 부처님 법을 공부 하 는 사람이라고 하니, 왕은 부처님 경전에 오온이 공하다고 했는데 너는 그것을 얻었느냐 묻습니다. 사자존자가 얻었다고 하자 그럼 내가 너의 목을 쳐도 되겠느냐 하니 쳐도 된다고 했습니다. 그래서 그 자리에서 사자존자의 목을 쳐버렸는데 목에서 흰 피가 나왔고, 십일 후에 전쟁이 나서 계빈국은 전멸했다고 합니다. 오온이 공함 을 알았다는 것은 내 몸과 마음이 공의 소산물이고 망상의 소산임 을 철저하게 깨달은 사람은 나고 죽는 것에 집착이 없다는 것입니 다. 오온이 공함을 깨닫게 되면 우리가 가장 무서워하는 것이 죽음 의 공포인데 그런 공포까지도 초월한 사람이 되는 것입니다. 그만 큼 마음이 평화로워져 바깥에서 들어오는 일체의 경계에 수·상· 행·식을 일으키지 않게 되는데 이것을 무심이라고 표현합니다.

사리불존자는 부처님 10대 제자 중에서 지혜 제일이라 부처님 다 음으로 뛰어난 분인데 하루는 변제천녀라는 천상의 천녀를 만나는 대목이 있습니다. 당신은 그렇게 도가 높으면서 여자 몸을 바꾸지 않느냐고 물어 봅니다. 남자가 되어야 성불을 할 수 있다는 생각이 있었던 것입니다. 천녀는 내가 도를 깨닫고 12년 되었는데 그동안 아무리 찾아봐도 여자 모습을 찾아 볼 수가 없었다고 했습니다. 이 것이 오온을 깨달은 사람의 말입니다. 오온이 공함을 깨닫지 못한 사람은 사람을 볼 때 사람의 형상을 보고 판단합니다. 깨달은 사람은 여자의 모습도 남자의 모습도 인연 따라 만들어졌다가 흩어지는 오직 오온이 공함을 아는 지혜뿐입니다. 남녀 상을 떠난 사람에게 왜 남자모습으로 바꾸지 않느냐고 묻는 말에 그렇게 대답을 한 것입니다.

승조스님은 구마라습(九摩羅什)의 4대 제자 중 한 사람인데 자질이 특이하고 뛰어났습니다. 그 당시 요진(姚秦) 임금이 승조법사를 환속시켜 재상으로 삼으면 천하가 요순시절로 돌아가 태평시절이 될 것이라고 생각하고 구마라습 스님에게 청하고 승조법사에게도 간청했습니다.

그러나 승조법사는 끝내 허락하지 않고 재상이란 꿈같은 것으로 무상대도를 얻어 영원토록 자유자재하여 일체중생을 위해 살 뿐이라고 했습니다. 임금이 간곡히 권해도 듣지 않으므로 마침내 옥에 가두고 끝까지 말을 듣지 않으면 죽여 버리겠다고 위협했습니다. 그래서 승조법사는 꼭 죽이려면 일주일만 시간을 달라고 하면서 그 동안에 보장론(寶藏論)을 지었습니다.

승조 자신은 사대가 주인이 없고 오음은 본래 비어 일체가 다 공함을 깨쳐서 불생불멸하고 대도를 성취했기 때문에, 허공은 열 번 쪼개고 부술 수 있어도 자신도 죽일 수 없다는 것입니다. 몸뚱이는 죽는 것 같지만 실제로 자기를 죽일 수 없다는 것이며, 자성을 확실히 깨쳐서 자유자재하기 때문에 칼로 천번 만번 내리쳐도 자기한테는 상관없다는 말입니다.

창과 칼을 만날지라도 항상 탄탄하다는 것은 승조법사의 이러한 경계를 말한 것입니다.

다시 말해서 조금도 겁내지 않는다는 뜻뿐만 아니라 자성을 깨치면 영원토록 생멸이 없는 경계는 항상 탄탄하다고 표현한 것입니다. 나중에 왕이 후회를 하고 승조 스님의 마지막 모습은 어떠했는지 물으니 승조법사가 죽기 전에 시를 지었다고 했는데 다음과 같습니다.

사대원무주(四大元無主): 사대는 원래 주인이 없음이요
오온본래공(五蘊本來空): 오음은 본래 비었음이라
장두임백인(將頭臨白刃): 머리를 흰 칼날 아래 내미니
흡사참춘풍(恰似斬春風): 마치 봄바람을 베는 것 같도다.

조주스님은 제자가 '스님은 죽으면 어디로 가십니까?'하고 물었을 때 지옥에 간다고 하면서, 지옥에 있어도 아침에 일어나면 차 한 잔 먹는 것과 똑같다고 했습니다. 여러분은 지옥에 간다고 하면 벗어나려는 생각부터 할 것입니다. 그런데 조주스님 같은 분은 그것은 내가 꾼 꿈이다. 꿈 깬 사람에게는 꿈일 뿐이지 나하고는 아무 관계 없다고 했습니다.

중생은 오온의 인연의 화합으로 몸과 마음 자체를 거짓으로 세운다.

오온은 인연에 의해서 만들어진 것입니다. 인연에 의해 만들어진 것을 내 몸이라 하고, 내 마음이라고 하는 것은 경계에 의지해서 나타나고, 경계가 없으면 나타나지 않는 마음입니다. 중생의 판단 기준은 무조건 나에게 이익이 있느냐, 없느냐 입니다. 부모자식이든 부부간이든 다 그렇습니다. 인생을 살아갈 때 사랑하고 미워하는 감정은 인연에 의해서 만들어졌다가 인연이 다하면 흩어져서 실체가 없습니다. 결국 내 마음이라고 하는 것이 순간순간 그렇게 만든 것입니다. 그것을 내 마음이라고 꽉 잡고, 지키려고 상대에게 따라 하라고 하면 상대방도 마음이 있어서 불화가 생기는 것입니다.

 '몸과 마음이 실체가 없다.' 여러분이 마음을 다스리기 어려울 때는 조용히 앉아서 관찰을 해봅니다. 지금 저 사람이 미운데 왜 미울까? 자기 마음에 맞지 않기 때문입니다. 그것은 자기 욕탐에 의해서 상대방을 평가하기 때문이며, 욕탐이 있으면 반드시 상대방에 대해서 사랑과 미움으로 대하게 됩니다. 그리고 결국 고통을 받아야 합니다. 희락과 갈애의 대상이 되는 것을 욕탐으로 탐착하여 살아가는 것이 인간의 실체입니다. 중생이란 바로 이런 것입니다. 만약 도를 깨닫거나 수행을 한 입장에서는

 '내가 욕탐으로 한 경계를 만들고 있구나.' 하는 순간에 쉴 수가 있습니다. 그것이 수행입니다. 선방에 가서 12시간 잠 안 자고 앉아 있는 것은 귀신 굴에 떨어진 것이지 수행이 아닙니다. 지혜가 없는데 그것이 무슨 수행입니까? 선방에 있을 때는 마음이 정화되어서 누구한테도 욕 안하고 잘 할 것 같았는데, 집에 와서 보니 며느리가 설거지도 안 하고 집안이 엉망인 것을 보고 욕을 하게 되면 시어머니는 선방에서 12시간 공부한 것이 한순간에 무너지는 것입니다. 그래서 반야심경에서 관찰하는 법을 자꾸 이야기하는 것입니다. 관찰을 하지 않으면 자기도 속고 남도 속습니다. 여러분은 염불을 한번 시작하면 세 시간 네 시간씩 한다는데 그것이 바로 귀신 굴에 떨어진 행동입니다. 앉아 있고, 염불하고, 절을 한 공덕이 일상생활에서도 적용이 되느냐는 것입니다. 멍하니 있다가 온다면 일상생활에서는 끝없이 좋아하고, 사랑하고, 미워하는 마음으로 업을 짓게 될 것입니다.

그러면 오온의 정체는 무엇인가?

색온은 4대 원소가 인연에 의해서 물질에 대한 다섯 가지 감각 기관인 눈, 귀, 코, 혀, 신체와 거기에 대응하는 외부의 대상인 시각적 형상, 소리, 냄새, 맛, 만져서 느껴지는 촉감과 마음의 대상인 생각과 개념들이 물질적인 색입니다. 이것을 법처소색(法處所色)이라 하는데 우리가 일상생활에서 늘 의지하고 사는 마음입니다. 반야심경에서 '전도 되었다' 하는 것은 이런 것을 말한 것입니다. 불법을 배우지 않으면 꿈에서도 알 수 없습니다. 즉 반야심경을 배우지 않으면 알 수가 없습니다. 윤회를 배워도 알 수가 없습니다. 자기 마음이 어떻게 미혹되고 있는지를 알 수가 없으니 닦을 수도 없고 고칠 수도 없는 것입니다.

생사의 원인이 오온에 대한 미혹에 있고 일상생활에서 오온을 함부로 했으면서도 자기 마음이고 자기 몸이라고 끝없이 보호하려고 악업을 짓고 있는 것입니다.

육근은 우리 몸에 갖춰진 것이며, **육진**은 바깥의 경계입니다. 우리가 보고 듣고 느끼는 것으로 안이비설신 5가지가 있고 종합해서 판단하는 의근이 있어 육근이라 합니다. 그것의 상대되는 경계인 눈에 보이는 색, 소리, 맛 감촉 이런 것들이 마음을 미혹하게 하는 원인이 되기 때문에 육근, 육진이라 합니다. 육근, 육진에 대해서 아견을 일으키므로 어떤 생각이 일어나면 내가 생각하고, 내가 행했다고 하면서 나라는 견해를 추상적으로 일으키는 것입니다. 화두에 나라는 것을 깨트리기 위해 "너는 누구냐?" 라고 물으면 자기 이름을 대거나 '누구 엄마다, 누구 딸'이라고 합니다. 다시 이름을 얻기 전에 누구냐고 물으면 무엇이라고 말을 할 것인가? 이것이 화두입니다. 여러분이 이름을 인식하기 이전, 즉 이름을 얻기 이전에 여러분을 무엇이라고 불러야 바로 부르는 것일까? 제대로 대답하면 인과를 알 수 있습니다. 그것을 알게 되면 오온이 공함을 체득하게 됩니다. 여러분은 일상생활에서 자기도 모르게 습관적으로 나라는 마음을 씁니다. 그때 알아차리고도 자꾸 쓰고 싶어지는 것은 오랫동안 길들여져서 그렇습니다. 그때 나라는 마음을 자꾸 내보이려고 하는데 '과연 나는 누굴까' 하고 반문하라는 것입니다.

'육근 육진에 대한 아견을 일으키므로 색온에 대한 인연을 관찰하여 극복해야 한다.'

이 몸이 나라는 집착은 뿌리가 깊습니다. 몸이 생기자마자 집착한 것으로 이것을 없애기 위해서는 백골관을 합니다. 자장율사가 백골관을 했다고 합니다. 백골관으로 관찰하면서 내 몸을 지수화풍으로 나누어 봅니다. 고름과 침과 타액과 오줌은 수대이고, 딱딱한 뼈는 지대이고, 따뜻한 온기는 화대이고, 끊임없이 움직이는 것은 풍대로 이렇게 4대가 뭉쳐서 내 몸이 되었습니다. 이것은 내가 일으킨 망상만큼 조합이 된 것으로 인연관도 되고 백골관도 되는 것입니다. 지혜가 없는 중생은 백골관을 해야 합니다. 어려서 노스님들이 여자만 조심하면 공부는 잘 할 것이라고 했습니다. 여자를 보면 뚫어지게 보아 그 여자가 팔십이 됐을 때를 상상해 보라는 것입니다. 이것은 형상에 집착해서 마음을 뺏기는 사람에게 백골 체험으로 가르쳐 준 것입니다. 나중에 공부를 해보면 그럴 필요가 없습니다. 생각이 일어나기 이전만 비추면 생각에 영향을 안 받으니까 집착을 하지 않습니다. 칠십, 팔십이 되어 중풍으로 벌벌 떠는 것을 관찰해보십시오. 그리고는 결국 죽습니다. 이렇게 관찰을 해서 자기 마음이 사물에 뺏기지 않도록 하는 이것을 임제 3구에서는 하근기에게 경계를 없애서 도에 들어가게 하는 방법이라고 합니다. 즉 하근기는 경계가 추악한 것을 관찰하게 하였고, 중근기는 경계는 놔두고 마음 즉, 생각을 빼앗아 버리게 합니다. 상대에 대해서 분별하는 그 마음이 실체가 없음을 관찰해서 끊어버리는 것입니다. 상근기는 바탕이 천진하고 맑으며 진실하기 때문에 한마음 딱 지키면 무엇이 나타나도 무심한 것입니다. 상근기가 수행하는 방법이 바로 참선법입니다. 그래서 하근기에게는 소승 수행방법을 가르치는 것입니다. 마음이 불안하거나 욕탐에 물들거나 어리석을 때 진실하게 실행을 해보십시오. 그리고 공부는 공부한 사람한테 배워야 쉽습니다. 여러분이 이 공부를 안 하게 되면 여러분 수준만큼의 이상형이 나타납니다. 스님들이 공부를 하는데 뜬금없이 서울에서 여행 온 여대생이 나타납니다. 그 여학생 눈에는 스님이 가장 멋진 사람으로 보였고, 그 스님은 오랫동안 공부만 하다보니까 외로웠고 따뜻한 말로 위로를 받아보지 못하다가 여자가 교태를 부리니 바로 넘어간 것이었습니다. 그래서 스님은 지금 동대문 시장에서 생선 장사를 합니다. 불법을 정법으로 배우지 못하고 자기가 들은 것을 불법으로 착각했기 때문입니다. 여러분도 수행을 하지 않으면 욕탐은 이길 수가 없습니다. 여러분이 아무리 똑똑해도 여러분의 욕망을 못 이깁니다. 욕망을 이기는 공부를 하지 않으면 세월이나 업력이 마음대로 쥐었다 폈다 하게 됩니다. 신견인 몸이 나라고 생각하는 견해를 없애야 하는데 특히 여자들은 몸이 나라고 생각해서 씻고 바르고 하는데 세월의 힘을 누가 당하겠습니까? 거기서 무상을 느끼고, 내가 남한테 보여줄 수 있는 것이 미모가 아니고 성격과 품위와 지혜라고 생각하면 평생이 편해집니다.

음식은 객관이고 우리 몸은 주관입니다. 그런데 나라고 하는 주관은 객관인 음식물에 의해 유지되고 있습니다. 자동차도 휘발유가 없으면 못 움직이듯이 나의 몸도 똑같습니다. 나의 몸이 아닌 음식도 내가 먹으면 내몸이 됩니다. 내몸이 아니고 바깥에 있는 물질이었는데 내가 먹는 순간 피와 살이 됩니다. 내몸의 세포도 눈물과 오줌으로 배설하면 객관이 됩니다. 집에 있는 쌀을 보고 '쌀이 나일까?' 하고 한 번 생각해 보세요? 나이기도 하고 아니기도 하지요? 여기서 하근기는 경험을 통해서 나에 대한 애착을 깨트리는 것입니다. 이것이 몸을 관하는 것입니다. 그 다음 몸 바깥 것을 관찰해서 나에 대한 집착을 없애는 것으로 나의 몸을 중심으로 배설된 땀을 관찰하는 것입니다.

그래서 **주관과 객관이 서로 뒤바뀌어 어느 것도 나의 주체이고 실체라고 할 수 없음을 관해서 자신이 집착하고 있는 몸은 무상한 것이고 무아임을 자각해서 아견을 극복하는 것입니다. 관자재보살이 '조견오온개공 도일체고액' 했을 때 이것은 오온에서도 첫째 색온인 몸에 대한 집착을 없애는 것으로 관찰을 하는 것입니다.**

이것이 조견색온으로 우리 몸에 대한 미망과 집착을 다스리는 수행입니다.

제9강 수상행온(조견오온개공)

우리가 왜 태어났느냐 하면 이 형상을 나라고 착각한 무지 때문입니다. 그 무지를 없애려면 관찰을 해서 무지에 속지 않는 지혜가 일어나야 하고, 그 지혜가 실행이 되어야 나고 죽음의 사슬에서 벗어난다고 했습니다. 반야심경에서 오온 중에 첫 번째가 색온이라고 했습니다. 어떤 신자에게 반야가 뭐냐고 물어본 적이 있었는데 여러분에게 물으면 뭐라고 하겠습니까? 배운 대로 하면 지혜라고 하겠지요. 그러면 지혜가 뭐냐고 물으면 뭐라고 대답하겠습니까? 지혜는 우리말로 슬기로움인데 만약 확실하게 인과를 알고 선업을 닦아나간 사람이면 지혜란 착한 것은 따르고 악한 것은 물리치는 것으로 답을 할 것입니다. 이것은 불법에 처음 입문했을 때 신도가 마음을 닦아나가는 방법입니다. 만약 중근기에게 지혜가 뭐냐 물으면 배고프면 밥 먹고 졸리면 잔다고 합니다. 이 도리로부터 들어가야 지혜를 올바르게 아는 것입니다. 상근기는 지혜가 뭐냐고 물으면 거꾸로 지혜가 무엇이냐고 되물어봅니다. 근기에 따라서 지혜를 공부하는 방법이 이렇게 틀린 것입니다. 이 세 가지를 다 이해한 사람은 어떤 법문을 들어도 이 세 가지로 다 회향할 수 있지만, 이것을 회향할 수 없는 사람은 자기 근기만큼 불법을 이해하는 것입니다. 불법에서 가장 걸림돌이 되는 것이 몸에 대한 집착인데 그것을 색온이라고 하는 것입니다. 요즘 사람들이 몸에 대한 집착이 대단한데 이것이 다음 생에 태어나는 원인이 된다는 것을 알아야 합니다.

부처님 당시의 경전을 보니까 도를 깨달은 사람의 7가지 특징이 있는데 첫 번째 특징이 생명을 일부러 죽이지 않는 것이고 도를 깨달은 사람은 의식에 속지 않는다는 것이었습니다. 의식은 여러분들이 무슨 일을 할 때의 의례 같은 것인데 공부를 어느 정도 한 사람은 굉장히 단순해지고 명쾌해집니다. 지혜가 생겨나면 일상생활에 있어서 사람을 대할 때는 형상이나 위치를 보는 것이 아니고 그 사람의 심보만 보는 것입니다.

'반야심경의 오온에서 수온은 생사의 원인과 생사의 원인을 벗어나는 방법을 설명하고 있다.' 이 법을 배우고 실천을 하지 않으면 지식일 뿐이지만 그래도 들어두면 이 인연으로 이생이나 어느 생에서 나고 죽음을 벗어나는 수행을 할 수 있기 때문입니다.

수온은 받아들임입니다. 우리가 태어나서 죽을 때까지 경험한 것들이 참 많습니다. 중요한 것은 우리가 경험한 모든 것이 느낌에 의지해서 나옵니다. 그 느낌이 바로 수인데 수는 혼자서 나타나지 않고 반드시 대상이 있어야 나오는 것입니다. **어떤 대상에 대하여 어떻다 하는 것은 다 느낌이고 경험이지만 대상 없이 존재하는가를 관찰해보세요. 대상이 없으면 느낌은 없습니다.** 여러분들이 지난밤 꿈속에 꿈도 없고 생각도 없을 때는 어떤 경험도 일어나지 않는데 그것은 느낌이 없었기 때문입니다. 잠이 깊이 들었을 때는 대상이 없으므로 느낌도 일어나지 않습니다. 결국 수 자체도 공한 것인데, 보통 중생들이 살아가는 방법은 이 느낌이 절대적인 것이라고 생각하여 마음을 쓰게 됨으로써 오탁악세에 물드는 마음이 저절로 나오게 됩니다.

그래서 생사로부터 벗어나는 두 법칙 중에서 앞에서는 물질(색:色)이 자기라고 착각한 것을 깨트리는 법칙이었고 지금은 정신적인 현상(명:名)을 자기라고 착각하는 것을 부수는 법칙을 이야기 하고 있습니다. 반야심경에서 관자재보살이 오온이 공함을 비춰 일체고액을 벗어났다는 이치가 바로 여기에 있습니다. 다시 말해서 여러분들이 태어나지 않았으면 여러분들이 느끼는 고와 락은 없는 것입니다. 느낌의 두 가지 성질은 고와 낙입니다. 사람들은 사물에 대한 느낌을 고와 낙으로 판단을 합니다.

'수온에 의해 아집을 일으킨다.' 느낌은 대상에 의해서 일어나는 정신적인 현상인데 자신에게 고유하게 있는 어떤 것이라고 착각을 합니다. 감각들의 모임인 유쾌와 불쾌 등 육체적 정신적 기관들이 외부세계와 접촉하여 경험한 것으로 모두 6가지가 있습니다. 눈으로 봤을 때 느낌은 밝거나 어둡다, 귀로 들었을 때 소리가 크다 적다, 코로 맡았을 때 향기가 나거나 악취가 난다, 입으로 먹었을 때 맛있거나 맛없다, 몸으로 부딪쳤을 때 좋거나 싫다고 하는 것입니다. 그런데 불법도리로 봤을 때는 이 느낌이 바로 생사의 원인인 것입니다. 이제 세간법이 통용될 수 없음을 이해하시겠습니까? 여러분들이 인과법을 배울 때까지만 해도 그저 남한테 나쁜 짓 안하고 착하게 마음을 쓰면 좋은 과보를 받으니 이런 것이 걸리는 것들이 아니었습니다. 그런데 생사를 벗어나고 불법지혜를 얻기 위해서는 자신의 미묘한 어리석음과 마주쳐야 하는데 그중에서 정신적인 첫 번째 단계가 **수온**입니다. 수온을 닦아가는 방법으로써 첫째는 고와 낙의 성질을 가진 존재가 대상으로써 존재하고 그 존재로부터 그 성질을 수용하는 감정이라는 존재가 있어서 고락을 느끼는 것이 아님을 알아야 합니다. 보통 중생들은 고락이 대상으로써 존재한다고 생각합니다. 그런데 사실은 대상으로 존재하는 것이 아니고, 그 대상을 어떻게 받아들이느냐에 따라 고와 낙으로 벌어지는 것입니다. 원효 스님이 해골 물을 마시고 깨달았다는 것도 바로 수온을 깨달은 것입니다. 해골 물은 눈으로 보지 않은 깜깜한 상태에는 갈증을 풀어준 시원한 물이었지만, 대낮에 보니까 그 물이 해골에 들어 있었고 그것을 마셨다고 생각하니까 구역질이 일어난 것입니다. 경계를 보기 전까지는 청정하고 시원했던 물이 보고난 후에는 더럽고 냄새나는 물이 되어버렸는데 과연 그 대상에서 그런 것이 나오느냐 하는 것입니다. 그것은 바로 대상을 받아들이는 느낌에 의해서 나오는 것입니다. 그래서 수행을 할 때는 자신이 어떤 견해를 일으킬 때 이 견해가 주관적인지 객관적인지를 먼저 관찰 할 필요가 있습니다.

누가 밉다. 왜 미울까? 내 맘에 안 드니까 미운데, 내 마음이란 것이 영원한 것이냐? 눈 한 번 감아도, 잠 한 번 들어도 사라지는 것입니다. 그래서 여기서는 나도 없고 너도 없는 도리를 이렇게 이해하여 깨치면 윤회의 원인 종자가 점점 소멸 된다는 것입니다. 전문적으로 수행을 하고 지혜를 갈구하는 사람한테는 이것은 대단히 중요한 의미가 되고, 대단히 지혜로운 말입니다. 부처님 법과 외도의 법이 여기서 갈라지는 것입니다. 외도의 법에는 이런 것은 없고 그저 즐겁고 행복한 것만 이야기 하고 미래만 약속하여 즐겁고 행복한 것을 받아들이는 느낌에 대한 반성은 없습니다.

'외부대상과 접촉하는 상태에서 고락이 발생하는 것을 관찰하여 나의 느낌이라는 것이 취할 것이 아무것도 없음을 체험한다.' 이것이 느낌을 다스리고 느낌을 뛰어넘는 수행법입니다. 사람들이 스님에게 어떻게 수행을 하느냐고 했을 때 일념을 단속하라고 하는데 여기에는 다섯 가지가 들어 있습니다. 몸에 대한 일념, 자기 느낌에 대한 일념이 있습니다. 그 느낌은 남이 해결해 줄 수 있는 것이 아니라, 자기 스스로가 관찰해서 그것이 무상하고 무아이며 고통의 원인인 것을 판단할 때만 사라지는 것입니다. 이것을 처음 알아 정견이 이루어질 때 수다원과를 얻었다고 합니다. 아는 사람에게는 수다원과가 그리 심오한 경지는 아닙니다. 예류과 즉 성인의 범주에 들어갈 수 있는 첫 단계입니다. 다시 정리를 하면 외부대상과 접촉을 한 상태에서 그에 대한 자기 판단, 느낌이 일어나는데 크게 고통스러운 것과 즐거운 것으로 일어납니다. 같은 물이라도 여름에 손을 담그면 시원하고, 겨울에 손을 담그면 뼛속까지 시립니다. 하나는 즐거움, 하나는 고통으로 느낌이 다릅니다. 그런데 이 느낌이라는 것이 바깥에 실제로 존재하는 것이 아니라 내가 그것을 느꼈을 때만 존재합니다. 이렇게 관찰을 해서 자기 느낌이 실재하지 않음을 깨닫는 것, 즉 자기가 느끼는 고와 낙에 대하여 속지 않는 수행방법은 '수온을 관찰한다'고 합니다. 중년의 여자들이 우울증에 빠지는 것은 수온에 휩싸였기 때문입니다. 수온자체가 고와 낙이고, 고락은 자기 판단, 분별, 경험에 의해서 일어난 것임을 알고 쉬어야 합니다. 이 상태를 도를 닦는 입장에서는 무심이라 합니다. 무심이라하여 마음이 없다는 것이 아니라 마음에서 일어나는 고와 낙의 느낌에 마음이 뺏기지 않은 상태라는 것입니다.

예전에 한 보살이 어떤 스님이 매일 공(空)이다, 공(空)이다 해서 공양때에 빈 그릇을 가져다 주었다고 했는데 저보고 어떻게 하면 여기에 밥을 얻어먹을 수 있느냐고 물었습니다. 이것은 물어본 보살은 그 공이라고 한 의미 자체를 파악하지 못하고 문제를 준 것입니다. 그래서 제가 '나 같으면 그 사람에게 슬며시 그릇을 밀어 넣겠소.' 라고 했더니 거기서 대답을 못했습니다. 어떤 선문답을 하더라도 반드시 연고가 있고 즉답이 있는데 이 느낌은 상당히 중요한 것입니다. 우리는 평생 이 느낌에 의지해서 살아갑니다. 아마도 지금 이 자리에서 일어나면 느낌이 활발하게 여러분들을 지배할 것입니다. 그러나 이 느낌에 대한 생각을 단속하게 되면 도를 닦는 것이고 도의 종자를 심게 되는 것입니다. 구태여 어렵게 화두를 들 필요가 없습니다. 이것은 지혜로써 번뇌를 다스리는 방법이기 때문입니다. 그래서 나의 느낌이라는 것이 취할 것이 아무것도 없음을 체험하는 것입니다. 내가 즐겁고 괴로운 것은 대상에 의해 받아들여진 경험을 내 상태로 정리한 것으로 대상이 없으면 존재할 수 없는 것임을 간파함으로써 느낌에 의지하여 사물을 판단하는 것을 쉬면 정을 다스린다고 하는 것입니다. 내가 어떤 사람에 대하여 좋은 감정을 가지면 좋은 느낌을, 나쁜 의미를 주면 증오하고 미워하는 것이 됩니다. 그래서 수온을 다스리게 되면 정을 다스릴 수 있습니다. 질긴 것이 정이라고 하지만 그것은 정이 아니고 무지라는 것입니다. 그래서 제가 가끔 이야기하지만 여성들은 사람이나 환경을 판단할 때 주로 정에 의해 판단을 하기 때문에 좋고 싫음만 이야기 하고, 남성들은 사회생활을 주로 하기에 때문에 옳고 그름을 먼저 판단하게 되는데 이것은 수온 다음의 상온에 해당되는 것입니다. 수온은 정에 해당하는 것입니다. 우리 마음의 진선미가 지정의입니다. 결국 우리가 마음을 다스리게 되면 마음의 진선미도 이루고 지정의도 완벽하게 이루어지는 것입니다. 느낌이라는 것은 견해입니다. 우리가 어떤 것을 경험 하고 느낀 것인데 경험된 것은 여섯 감각 장소의 접목에서 생기고 느낌은 안·이·비·설·신·의의 여섯 가지가 여섯 대상에 딱 부딪쳤을 때 나타나는 정신적 현상입니다. 화두 가운데에 여러분들이 잠이 들어서 꿈도 없고 생각도 없을 때 법문 듣는 너는 어디에 있느냐고 묻는 것이 있습니다. 잠이 푹 들어서 꿈도 없고 생각도 없을 때는 여섯 감각이 작용을 하지 않을 때입니다. 지금 법문을 듣고 있는 그놈은 어디에 있을까요? 어떤 것이 느낌에서 벗어난 내 마음 상태인가 하는 것인데 이것을 깨치고 나면 도를 통했다고 인가를 받습니다. 이것도 상근기의 공부방법입니다. 불법 지견이 아주 많은 사람에게는 이런 화두를 줍니다. 꿈도 없고 생각도 없을 때 어느 것이 너이며, 너는 어디에 있었느냐 하는 것입니다. 그런데 이런 것에 의심이 생기지 않는 사람은 느낌에 대해 관찰을 해서 느낌을 뛰어넘는 수행을 하는 것입니다. 여섯 가지 감각이 접촉을 하게 되면 12연기법으로 보면 거기에서 갈애가 생겨납니다. 느낌이 생기면 느낌에 대한 애착이 생깁니다. 싫어하는 것도 느낌에 대한 평가이므로 애착입니다. 갈애가 생기면 거기에 대한 집착이 생기고 존재가 만들어집니다. 우리가 왜 태어나고 죽느냐 하는 것이 바로 이것 때문입니다. 존재가 만들어지면 반드시 태어남이 생기고, 또 늙고 죽음이 생기는데 그 사이에 우비고뇌(憂悲苦惱)인 괴로워하고 슬퍼하는 것들이 생겨납니다. 마음을 닦지 않고, 마음의 지혜를 얻지 않고서는 안 태어날 도리가 없습니다. 끈질긴 인연들과 환경때문에 도를 닦지 않고서는 해결되지 않습니다. 눈앞에 극락을 약속하고 좋은 과보를 이야기하는 것은 마치 우는 아이에게 누런 낙엽을 주고 이것이 돈이니까 받고 울음을 그치라고 하는 것과 같습니다. 부처님 법은 그것이 아니라 바로 사탕을 줘서 울음을 멈추게 하는 것입니다. 수온을 수행하는 것은 바로 울음을 그치기 위해서 닦는 것입니다. 여러분들이 평생 동안 이런 부처님 법을 듣는 것은 처음일 것입니다. 이 법을 배워야 생사를 벗어나는 이치를 알고 도를 닦는 발심이 일어날 수 있습니다. 그래서 수온이 공하다는 것입니다.

그다음 **상(想)**이라는 것은 느낌이 일어나게 되면 좋은 느낌과 나쁜 느낌이 일어납니다. 그 느낌에 대해서 우리 마음은 고통스러운 느낌에 대해서는 괴로운 마음이 일어나고, 쾌감에 대해선 즐거운 마음이 일어나는데 이것이 상온입니다. 수온이 더 원초적인 마음의 작용이며 상온은 2차적인 마음입니다. 엄격히 말해서 상온은 수온이 없으면 존재하지 않는 정신작용이며 수온은 색온이 없으면 존재하지 않는 정신작용이기 때문에 공이라고 하는 것입니다. 이것이 말로써 끝나는 것이 아니라 일상생활에서 낱낱이 끊어가야 하는 것입니다.

'상은 지각의 모임, 즉 고통스럽고 즐거운 것을 깨달아 아는 것으로 여섯 가지가 있다. 육체와 정신에 여러 가지 사상에 의해 온갖 언설 상의 아견을 일으키게 하는데 느낌에 따른 마음의 움직임이다.' 여기서 아견은 중요한 것입니다. 느낌이란 것도 나를 중심으로 한 느낌입니다. 색온도 그렇습니다. 그래서 아견을 없애는 것을 수행방법으로 찾으라는 것입니다.

'고통에 대해선 괴로움, 쾌락에 대해선 즐거움을 생각하게 된다.' 느낌에 대해서 생각이 움직이는 것입니다. 이것을 사량분별이라 하는데 분별심이 자꾸 일어나는 것입니다.

'이로 인해 업의 종자가 계속해서 내 마음속에 차곡차곡 쌓여진다. 우리가 대상을 분별하는 의식 즉 마음은 그것이 대상이 없어도 독자적으로 존재하는 것이 아니라 대상에 대한 의식으로써 인식이

라는 하나의 현상을 이루고 있음을 관찰해서 나의 마음이 무상·무아함을 관한다.' 사람마다 이상형인 남녀가 있을 것입니다. 그것을 마음속으로 그려 나타났을 때 잘생겼다, 아름답다, 좋다는 느낌이 생기는데 그것은 일차적인 사물에 대한 경험이고, 아름다우니까 마음이 즐거워지는 것은 이차적인 상온이 발동하는 것입니다. 상온이 발동하면 그것을 유지하려고 하는데 그것이 행온입니다. 즉 아름다운 여자가 있으면 눈이 의도적으로 계속 좇아가게 됩니다. 그런데 내관을 한 사람은 아름다운 여인이 왔을 때 아름답다는 생각이 일어나는 순간에 자기가 그 마음을 일으킴을 알아 문득 쉬어버립니다. 이것은 도인들이 도를 깨닫고 나서 마음을 쉬는 방법인데 보통 사람들은 안 됩니다. 아름다우면 계속 봐야하니까 아름다운 것에 마음의 평형이 깨어지고 집착이 일어나는 것입니다. 이때 수행방법으로써 아름답다는 것이 생기게 된 이유를 찾으면서 관찰하는 것입니다. 아름답다는 것이 어디서 일어났을까요? 느낌에서 일어났구나! 느낌은 대상이 없어도 존재하는 것일까요? 그 사람을 보지 않았을 때는 이런 마음이 일어나지 않습니다. 대상이 없으면 존재하지 않기 때문에 이것은 무상하여 스쳐지나가는 것입니다. 볼 때만 아름답기 때문에 내가 관심을 두지 않으면 아름답지 않습니다. 스쳐지나가는 것은 영원하지 않으므로 경전에서도 고통이라고 했습니다. 이렇게 관찰을 해서 마음을 쉬는 수행방법을 점수법이라고 합니다. 앞에서 얘기한 일념단속을 하는 것은 돈오법이고, 하근기들은 점차적으로 닦아 들어가야 마음을 쉴 수 있습니다. 상근기는 아름답다는 생각이 일어나는 순간에 알아차리고 마음을 쉬어버립니다. 그만큼 마음을 내관하는데 날카롭고 미세하기 때문에 상근기라 합니다. 즉 자기 마음의 번뇌를 쳐다보는 것이 날카로워 생각 마다 자기가 쓰는 마음을 철저하게 감시하는 것입니다. 하근기는 그에 비해 띄엄띄엄 관찰하는 것입니다. 아름다우면 좀 더 보기도 하고 미운 것이 있으면 버려야 하니까 이것은 버려야지 하면서 느슨하게 삼 아승기겁을 닦아야하는 것입니다. 그래서 상온은 주로 지적인 자각을 이야기하는 것입니다. 마음에 지적인 자각이 일어날 때 보통 사람들은 맹신을 합니다. 자기가 어떤 사물을 보고 판단하는 것이 절대적이라고 생각하는데 이것이 지나칠 때 고집불통이라고 합니다. 이것이 장점이 될 수도 있지만 고집불통의 원인이 상온에 있음을 알아서 수행방법을 상온을 관찰하는 것으로 합니다. 일상생활에서 상온의 공함을 무상, 무아, 고, 공(空) 중에서 한 면으로 계속 관찰하여 속지 않으면 일념단속 하는 수행이 됩니다. 이것은 대단히 간단하고 명쾌한 수행 방법입니다.

제10강 행식온(조견오온개공)

'우리가 대상을 분별하는 의식, 그 마음은 대상이 없어도 독자적으로 존재하는 것이 아니다.' 이것이 첫 번째 명제입니다. 우리가 진정으로 마음을 닦고자 한다면 누가 미워질 때 그 대상이 없어도 이 미움이 존재하는지부터 관찰해야합니다. 대상이 있을 때만 나타나는 내 감정은 무상한 것이어서 언젠가는 사라지는 것입니다. 대상이 항상 내 눈앞에 나타나는 것이 아니므로 대상에 의해서 어리석게 밉고 고움을 일으킬 필요가 없습니다. 이렇게 지혜롭게 관찰을 해서 쉬라는 것입니다. 그럼으로써 생사의 근원을 끊을 수 있는 힘이 생겨납니다.

'대상에 대한 의식으로써, 인식이라는 하나의 현상을 이루고 있음을 관찰해서 나의 마음이 무상하고 무아임을 관찰한다.' 즉 내가 일으킨 모든 견해는 대상에 얽매여 있는 것으로써, 도에 들어가는 사람들 중에는 무상을 위주로 해서 도에 들어가는 사람이 있고, 무아를 위주로, 또는 고를 위주로 관찰해서 도에 들어가는 사람이 있는데 결과는 같습니다. 상온은 이와 같이 지적인 것으로써 어떤 사물에 대해서 괴롭고 즐거운 것으로 이해했다고 생각하는 내용입니다.

느낌이 경험한 것을 이해한 것이 지적인 번뇌입니다.

 행온(行蘊), 앞에 두 가지를 뺀 모든 정신작용은 바로 이 행온에 의지하고 있습니다. 어떤 면에서 수행은 행온을 다스리는 것이라 해도 과언이 아닙니다. 짐짓 쓰는 마음이 모두 행온입니다. 의도적으로 쓰는 마음이 행온인데 이것은 과보를 초래합니다. 앞에 일어난 **수온이나 상온은 배후 세력으로써는 작용을 하지만 과보로는 크게 나타나지 않고 행온은 과보로 직접적으로 나타납니다.** 그래서 행온을 다스리는 수행을 잘하게 되면 과보를 멈출 수가 있습니다.

 '행, 의도작용으로서 상온에 의해서 즐거운 것(쾌), 괴로운 것(불쾌)을 생각해낸 그것으로 자기를 이끌려는 정신작용이다.' 아름다운 여인이 나타났을 때 눈이 번쩍 떠지는 것은 느낌이 일어난 것인데 좋다는 느낌이 일어난 것 까지는 좋은데 눈이 계속 그리로 가게 됩니다. 이것이 행온입니다. 행온을 닦은 사람이 제일 초보 도인이고, 상온을 닦은 사람은 조금 깊은 도인이고 수온을 닦은 사람은 대단한 도인이라고 보면 됩니다. 유행가 노랫말 중에 '보고 싶다 보고 싶다' 하는 것이 있는데 이것이 바로 행온을 이야기하는 것입니다. 그래서 계율에 출가한 수행자는 노래하고 춤추지 말라 한 것입니다. 이것이 불법도리로 보면 생사 업이기 때문입니다. 지금 세상은 이런 생사업이 당연한 것으로 되어있기 때문에 전도몽상이 되어 모르는 것입니다. 누가 한번 미우면 계속 미워지게 작심하는 것이 행온입니다. 여러분들 모두가 써봤고 지금도 쓰고 있는 것입니다. 결국 내 마음을 들여다보지 않고서는 도를 닦을 수도 없고 진보도 있을 수가 없습니다. 그냥 들여다보는 것이 아니고 위빠사나 즉, 지혜로써 들여다봐야 합니다. 선정에 들지 않고 관찰만해서 경험한 것을 마른 지혜라 하는데 그것도 도를 깨닫는 한 방법입니다. 거기에서 선정이 들어가게 되면 몸과 마음에 함께 변화가 오게 됩니다.

의도작용의 결과는 새로운 업이 나타나는 것입니다. 어떤 스승과 제자가 바다에 갔다가 게가 파도에 일렁이는 배에 부딪혀 죽는 것을 보고 제자가 스승에게 누구의 죄냐고 물었습니다. 이에 스승은 '배도. 바람도, 배에 탄 사람도 아닌 바로 너의 죄다.' 라고 했습니다. 이것이 바로 행온을 밝힌 것입니다. 의도 없이 봤을 때는 무심히 지나가는 것이었을 뿐이기 때문입니다. **'의도를 가지고 사람을 대하게되면 의도에 의한 결과가 나온다.'** 여기서 인과법이 나오는데 세속법으로 봤을 때 의도를 가졌을 경우에 선한 의도를 가져야 하는 이유가 여기에 있습니다. 그러나 도를 닦을 때는 선한 의도 자체도 생사의 원인이 되니 일으키지 말라고 한 것입니다.

'새로운 업의 효과를 만들어낸다. 여러 가지 선악을 정의하여 그것에 집착하는 욕구이다.' 선이 좋은 것이긴 하지만 생사의 입장에서 보면 다시 태어나는 원동력이 되는 것입니다. 단지 천상이나 안락한 곳에 태어날 수는 있겠지만, 여러분들이 불법을 배우는 것은 태어남을 멈추려고 하는 것이기 때문에 선악의 욕구가 다시 태어나는 원동력이라고 한 것입니다.

'취할 수 있는 것은 아무것도 없음을 체험하여 의도의 작용에서 벗어난다.' 이 의도가 참으로 벗어나기 어렵습니다. 이것이 한 생에서만 익힌 습성이 아니고 이 우주가 수없이 생성을 거듭하는 과정 동안 익혀온 것입니다. 우리가 흔히 얘기하는 바이러스 같은 것들도 의도가 있습니다. 얼마나 끈질긴 심리작용입니까? 그런데 이것을 녹이지 않으면 도를 깨닫지도 못하고 생사를 없앨 수 없으니까 의도를 정면으로 맞대응해서 정체를 갈파해야 합니다. 그 방법이 취할 수 있는 것이 아무것도 없음을, 즉 스쳐지나가는 것임을 알아서 한 생각 쉬라는 것입니다. 이것이 옛 도인들이 망상피우지 말라고 한 것입니다. 망상이라는 것이 앉아서 일으키는 생각만이 아니고 일상생활에서 자기가 사람을 자기 의도대로 움직이려고 하는 것이 다 망상입니다. 모두가 생사업이기에 관찰해서 쉬라는 것입니다. 그래서 공부를 시작할 때 선방이 필요하고 일정기간 좌선이 필요한 것입니다. 습이 원체 덕지덕지 붙어있기 때문입니다. 한 생각 한 생각이 자기 견해임을 알아서 쉬어야 합니다. '아! 이것도 내 견해이지.' 하고 쉬고 또 쉬어서 더 쉴 것이 없을 때 이놈이 녹아 없어진다고 했습니다. 아라한들은 멸진정에서 이것을 녹인다고 합니다. 그래서 행온이 공함을 이야기 했습니다.

 '식온(識蘊), 이런 네 가지를 모아서 마음에 일정한 형상을 만들어서 내가 실제로 있다는 견해를 일으킨다.' 판단이 만들어지는 것입니다. 눈이 아름다운 여인을 보면 번쩍 떠지고, 좋다는 느낌이 일어나며, 좋다는 느낌에 의해서 즐거운 생각이 일어나고 그것을 자기 것으로 취하기 위해 눈이 계속 따라가게 됩니다. 이때 아름다운 여인이라고 판단하는 것은 바로 식입니다. 명색에서 명은 정신적인 것이고, 색은 물질작용인데 몸과 마음의 흐름을 종합해서 이 여자는 어떠한 사람이라고 결정을 해서 즉 자기가 결정을 해놓고 만고 불변의 법칙이라고 생각을 합니다. 그래서 칭찬을 하면 좋아하고, 험담을 하면 싫어하게 되는데 이것이 식입니다. 이것이 다 공한데 여러분들이 감당을 할 수 있을까요? 시장에서 물건 하나 가지고도 시시비비 하듯이 마음을 늘 흥정하듯이 쓰면 안 됩니다. 생사를 벗어날 수 없기 때문입니다. 이런 네 가지를 모아서 마음의 일정한 형상을 만들어서 내가 실제로 있다는 견해를 일으킵니다. 이런 네 가지를 모은다는 것 자체가 내가 실제로 있다는 전제하에 한다는 것입니다. 내가 실제로 아공(我空)이 된 사람 같으면 아름다운 여인이 와도 아름답다는 생각조차 없이 그냥 여인이 왔다는 그 이상도 그 이하도 아닌 것입니다. 수·상·행·식이 진행이 되지 않기 때문입니다. 그래서 대상이 나타나면 같이 이야기하면 이야기하고, 수처작주(隨處作主)가 되어야 하는데 대부분의 중생들은 곳곳에서 도적이 되어 버립니다. 여러분들이 겉은 화장을 하고 예쁘게 하고 왔지만 마음속은 끊임없이 도적질을 하고 있습니다. 여러분들이 왜 생사의 업에 머물고 있는지 이해가 되었으리라 봅니다. 선방에서는 도를 깨닫지 못하면 모두가 마군이라 했습니다. 마의 일을 당연한 것처럼 실행을 하기에 그런 말을 하는 것입니다. 그것을 끊는 법이 마음을 관찰하는 법입니다.

  '모든 법, 의미, 개념은 마음의 기억작용에 의해서 기억된 것을 모아서 구성된 것으로 그 실체가 없는 것이다. 그러므로 이것은 무상하고 무아이며 고인 것이다.' 그런데 이것은 소승법에서 한 것이고, 대승법에서는 일념이 본래 실재하지 않음을 알아서 딱 깨달으면 되는 것입니다. 금강경에서 머무는 바 없이 마음을 쓰라고 한 것이 바로 이것을 이야기 한 것입니다. 그것을 깨달은 사람은 예류과에 바로 들어갑니다. 다시는 형식과 같은 것에 얽매이지 않고, 견해에 사견이 들어가지 않으며, 의심이 없어지게 됩니다. 이것이 수다원과입니다. 지견이 바로 서게 되면 수다원과인데, 일곱 번만 인간 세상에 나고 죽으면 영원히 윤회에서 벗어난다고 했습니다. 이 수다원과를 얻은 사람은 다시는 악도에 떨어지는 일을 하질 않습니다. 오온이 이런 것을 확연히 알기에 어찌 종을 얻으려고 주인을 버리겠냐는 것입니다.

  여기서 법이라는 것에 대해서 여러분들의 이해를 돕기 위해서 설명을 하겠습니다. **'법이란 의식의 대상, 즉 객관의 총칭이다.'** 법에는 두 가지가 있는데 출세간법과 세간법입니다. 출세간법은 진리자체를 드러낸 법이고, 세간법은 육법전서를 이야기 하는 것이 아니며 중생이 인식한 내용물이 중생에게 실재로써 다가오기 때문에 법이라고 이야기하는 것입니다. 색·수·상·행·식이 서로 연결되어서 하나의 개념이나 존재가 형성되기 때문에 그러한 법칙을 법이라고 하는 것입니다. 그래서 불교에서는 객관세계를 존재라고 하지 않고 법이라고 합니다. 여러분들이 지금 알고 있는 객관세계는 마음에 비친 법인 것입니다.

 '그런데 이법은 모든 마음 작용에 의해서 법으로 만들어진 것으로 그 자체로는 존재하는 자성이 없는 것이다.' 마음을 관할 때 이렇게 하라는 것입니다. 원효스님이 깨달았다는 것도 시원한 물이라고 마셨는데 해골 물을 보는 순간 시원하다고 정의 내렸던 어제의 물이 실재하는 것이 아니고 내 마음이 만들어낸 것이었음을 깨달았다는 것입니다. 이렇게 들어가는 사람은 대승보살이 되어서 하나하나 관찰도 안합니다. 물론 선정 수행 과정에서 업이 녹고 수·상·행·식이 녹아지는 경계는 있습니다. 돈법으로 깨달은 사람은 원효 스님처럼 깨닫고, 점법으로는 하나하나 관찰해서 끊어나가는 것입니다.

 '이것을 살펴 관해서 제법이 무아임을 깨닫는 것이다.'

 불법과 다른 법의 중요한 교차점이 있는데, 무상·무아·고를 말하면 불법이고 그렇지 않고 반대로 이야기하면 외도법입니다. 우리 마음을 깨달아 보면 무상하고 무아임이 고통의 원인인데 중생들은 그것을 움켜쥐고서 한평생 행복하려고 하니까 악업을 짓고, 곧 사라질 것인데 오래오래 살 것을 생각해서 돈과 사람 등 무엇을 계속 긁어모으려고 합니다. 여기 앉아 있는 사람들도 삼사십년 뒤에는 남아있는 사람이 아무도 없을 것입니다. 눈이 밝았을 때 젊을 때 깨닫게 되면 마음이 그만큼 밝아지고 지혜로워지는데 이런 것을 반야라고 합니다.

'법이란 무엇인가? 법이란 어떤 사물을 알아볼 수 있도록 하는 법칙이며 이것은 사물에 존재하지 않고 의근(意根)에 있다.' 대승에서는 제 7식을 의근이라고 합니다. 의식이 나타나기 위해서 근이 있어야 하는데 그것이 의근입니다. 쉽게 이야기하면 자의식입니다. 자의식에 의지해서 보고 듣고 느끼기 때문에 내가 실재한다고 착각을 함으로써 악업을 짓습니다. 법칙이 사물에 존재하지 않고 의근에 있다는 것은 바로 모든 것은 내가 조작해낸 법이라는 것을 말합니다.

제11강 존재의 본질(도일체고액 사리자)

오온과 법에 대하여 설명을 했습니다. 불교에서 사람의 신체를 오온이라 했고 그 오온은 색·수·상·행·식이라 했고 색에 의해서 수가 일어나고, 수에 의해서 상이 일어나는 것입니다. 주관적인 느낌, 주관적인 상이 일어나고, 상에 의해서 무엇을 하고자 하는 의도가 일어나고, 이어서 식에 의해 분별심이 정립됩니다. 이것이 불교에서 왜 중요한가를 알아야합니다. 이것을 모르면 불경을 아무리 많이 외워도 소용이 없습니다. 내가 평소 착하게 마음을 쓰거나 지혜롭게 마음을 써도 항상 거기에는 무언가 남게 되는데 그것이 '나다'하는 마음입니다. 이 나다하는 마음, 교리적으로 봐서 악한 것을 끊고 선하게 사는 마음은 욕탐을 벗어나는 행위는 되지만, 이것은 '유루(有漏)'로써 생사의 원인을 벗어나게 하는 공부가 되지는 못합니다. 같은 공부와 수행을 하더라도 생사를 벗어나고 싶은 사람은 욕탐을 벗어나는 것 이외에 지혜를 얻어야 하는데 이것은 오온에 대한 확실한 고찰로써 얻을 수 있습니다. 자아가 어떻게 형성 되는가 보면 **우리 몸이 바깥 경계에 부딪히는 것을 촉(觸)이라 하며 여기서 자동적으로 일어나는 것이 수·상·사(受·想·思)입니다. 이**

것이 오온에서 수·상·행·식인데 이렇게 오온이 전개되어서 하나의 분별심이 일어나게 되면 지혜가 없이 마음을 썼던 사람은 거기에 대하여 자동적으로 애착을 일으키고 그 순간에 그것이 자기라고 집착을 합니다. 나라고 하는 것을 세밀히 관찰하게 되면 촉이 없으면 일어나지 않습니다. 어떤 사람을 보고 있으면 촉이 일어납니다. 안 보면 촉이 아닌데 봄으로써 촉이 생기고 그에 따라서 느낌(受)이 일어납니다. 저 사람은 왜 한산·습득(당나라 선승)처럼 머리카락을 촌스럽게 하고 있을까하는 생각이 일어납니다. 한산·습득까지 갔을 땐 이미 상이 전개된 것인데 그것은 스님이 예전부터 한산 시를 많이 읽어서 거기에 나오는 그림을 많이 보았는데 그것하고 비슷하게 생겼으니까 거기에 대해서 상이 일어나고, 그 순간 여자가 왜 머리를 저렇게 하고 다닐까 하고는, 그것을 보기 싫어하는, 즉 좋고 싫은 마음을 일으키는 순간에 '행(行)'이 되어버립니다. 의도하는 마음이 들어가게 되는 것입니다. 자기식으로, 그것도 억겁동안 내려온 자기가 좋아하는 습관만큼 보는 견해인 것입니다.

'생명 현상은 육근이다.' 아침에 눈을 떠서 세수하고 밥 먹고, 날씨에 맞춰 옷을 입는 것 등 모든 것이 우리의 육근이 거기에 작용을 하기 때문입니다. 안·이·비·설·신·의가 없으면 생명 활동을 할 수가 없습니다. 이런 것들을 감각기관이라 합니다. 대다수의 중생들은 감각기관을 자기라 생각합니다. 아까 오온을 고찰하기 이전 색에 대한 집착입니다. 오온 중에서도 색에 집착해서 자기 몸이 자기라고 착각하는 것인데 가장 거친 상태의 망상입니다.

'의식 현상은 육입처(六入處)이다.' 처라는 것은 존재의 바탕이 되는 영역을 의미합니다. 이것은 우리가 알고 있는 모든 세계는 우리 마음이 인식했을 때만 존재로서 나에게 다가오는 것입니다. 그래서 마음이 여섯 가지로써 작동을 하여 여섯 가지 존재의 영역이 만들어지기 때문에 의식 현상은 육입처라고 말합니다. 보통 중생들이 내 마음이라고 하는 것은 이 육입처를 말합니다. 이 우주에 있는 온갖 것을 부처님은 12입처라 했습니다. **12입처는 6가지 기관이 6가지 대상에 부딪혔을 때 우리가 만들어내는 이미지이며, 이것이 모든 존재입니다.** 망상을 쉬게 되면 이 세계도 사라지는데 그것은 선정에 들게 되면 자연히 나타나는 것입니다. 그전에는 이 세계가 실재 하는가, 아닌가를 물어봤을 때 불교에서는 이 세계가 실재 하다고 하는 것도 우리가 인식한 내용일 뿐이고, 실재하지 않다고 하는 것도 우리가 인식해서 분별해 낸 내용일 뿐입니다. 이 세계가 실재하고 안하고가 중요한 것이 아니고 그것을 인식한 내용이 어떠한 가를 판단하는 것이 더 중요한 것입니다. 그래서 부처님께 제자가 찾아와서 세계가 영원한가? 아닌가를 물어왔을 때 부처님께서 무기(無記)로 일관하셨습니다. 물어보는 사람이 알고 있는 세계는 그 사람이 인식하는 내용물 안에서 이야기합니다. 그런데 대답하는 사람은 물어보는 사람이 인식하는 내용에 대해서 알지 못합니다. 그것은 마치 시집을 가면 때리는 시어머니 보다 말리는 시누이가 더 밉다고 하는데 시누이가 미운 그 감정을 부처님께 와서 시누이가 왜 밉냐고 묻는 것과 같습니다. 부처님은 시누이가 없기 때문에 밉다는 것이 존재하지 않습니다. 결국은 일체 중생이 어떠한 질문을 하더라도 자기가 인식한 것 밖에 질문을 못하고 자기가 인식했다는 것은 자기가 만들어 낸 개념이라는 것입니다. 이것을 알아야 부처님께 세계가 영원한지 안한지 이러한 질문 자체가 거북의 털이나 토끼 뿔과 같다는 것을 알 수 있습니다. 그래서 **생명현상은 육근이고 그 신체를 움직이게 하는 의식현상은 육입처라 해서 우리**

가 알고 있는 모든 우주는 우리의 의식에 의해 조립되어 나에게 알려준 것입니다. 그래서 의식이 쉬면 여러분들이 알고 있는 세계는 사라집니다. 참선을 잘하는 사람들이 화두를 들고 있으면 몸이 사라지는데 왜 그런지 물어올 때가 있습니다. 그 사람이 조립해 놓은 육체에 대한 감각이 사라졌을 때 몸이 사라지는 것입니다.

'수명과 따뜻한 기운, 그리고 식이 사라지면 몸은 죽는다.' 부처님 제자 중 사리불 존자가 있는데 부처님을 제외한 일체 중생이 사리불 존자 지혜의 16분의 1도 못 갖고 있다고 했습니다. 사리불 존자에게 아난 존자가 생명은 무엇에 의존하고 있느냐고 물어왔을 때 바로 위와 같은 대답을 했습니다. 따뜻한 기운이 사라진 것을 귀신이라 하고, 따뜻한 기운이 남아 있으면 사람인 것입니다. 따뜻한 기운은 몸뚱이가 있어야 깃드는 것입니다.

'육근은 몸에 붙어있는 인식기관이 아니라 살아있는 사람의 인식활동에 대하여 붙여진 이름이다. 육근은 우리 삶의 행동이다.' 보통 육근이라 하면 안·이·비·설·신·의 라고 하지만 근본적으로는 사람이 생명활동을 할 때 나타나는 여섯 가지 특성을 이야기합니다. 눈이 있어서 보는 것이 아니고 보기 때문에 눈이라는 것입니다.

'중생은 보고 들어서 보이고 들리는 것이 있으면, 보고 듣는 것은 몸 안에 있는 자아이고 보이고 들리는 것은 몸밖에 있는 세계 속에 존재라고 생각한다.' 일체 종교와 일체 중생이 이 감각으로 세상을 사는 것입니다. 그런데 오온에서도 말했지만 보는 것은 자아가 아니고 보이는 것은 바깥에 있는 것이 아닌 자기가 의식한 내용물이란 것을 먼저 깨달아야 합니다.

일체 중생은 자신이 느낀 감정이 바깥에 그 실체가 있다고 생각하는 것입니다. 더럽다고 생각해서 기피하는 마음은 바깥에 있는 것이 아니고 내 안에 있는 분별심에 있습니다. 모든 수행의 기초는 먼저 일념이 단속되어야 합니다. 그냥 단속하는 것, 그냥 쉬는 것은 도를 닦는 것이 아닙니다. 지혜가 없는 사람은 마음을 닦아도 멍청하게 마음 닦는다 생각하고 지혜가 있는 사람은 마음을 닦으면 무심을 하게 됩니다. 지혜가 없으면 무심과 멍청함의 차이를 알 수가 없습니다.

'외도는 외부 대상이 존재한다는 생각에서 그 대상의 존재의 본질을 문제 삼는다.' 외부대상이 실재한다고 생각하니까 그것이 언제 시작이 되었을까 했을 때 지혜가 없는 외도들, 기독교의 경우는 하나님이 6,000년 전에 만들었다고 하고, 과학자들은 빅뱅에 의해 200억 년 전에 형성되었다고 이야기합니다. 불교에서는 외부에 있는 대상은 내가 인식한 내용물일 뿐이지 실재하는 것이 아닙니다. 이렇듯 들어가는 문이 다릅니다.

'그런데 이것은 유무이견이다.' 그래서 외도들이 갖고 있는 우주나 진리에 대하여 갖고 있는 견해가 두 가지인데 큰 범주로써는 존재하는 것과 존재하지 않는 것인데 그 존재라는 것은 인식되어진 내용물일 뿐입니다. 신이 있다 없다고 하는 것도 인식 내용물을 갖고 이야기 하는 것이고 인식 내용물은 어떠한 개념에 의해서 나타난 것입니다.

'인식된 내용이 어떻게 인식되는 가를 관찰해서 존재의 본질을 아는 것이 지혜이고 중도이다.' 이것이 불교적인 세계와 진리에 대한 태도입니다. 가령 신이 있다고 했을 때 과연 신이 있다고 주장하는 그 마음이 무엇인가 하는 것이 더 선결되는 문제입니다. 신이 없다고 했을 때도 마찬가지입니다. 사리불 존자가 마승 비구에게 부처님 법이 뭐냐고 물었을 때 **'단 한 가지로서 모든 것은 연기 즉 인연**

에 의해 나타나기 때문에 인연이 있으면 나타나고 인연이 없으면 사라지는 것이 모든 법의 실체다.' 라고 답했는데 이 말을 듣고 깨달은 것입니다. 신이라는 것도 사람이 신이라고 이름을 붙여줬을 때만 존재하는 것입니다. 신이 있고 없다고 하는 그 놈은 있고 없는 것과 관계없는 자리라는 것입니다. 불교는 여기를 들어가는 것입니다. 외도들은 있고 없음에 집착해서 바깥에 인식 내용과 따로 떨어진 객관적인 실체가 있다고 이야기 합니다. 이 내용이 이해하기 어렵겠지만 언젠가 마음이 맑아지면 상당히 중요한 것임을 알게 됩니다. '존재의 본질은 분별심이다.' 여러분들이 잠이 푹 들어 꿈도 없고 생각도 없을 때 여러분들이 알고 있는 일체존재가 존재 하던가요? 여러분도 사라지고 여러분이 알고 있던 이 세계가 다 사라져 버립니다. 수행자는 선정 중에서 이것을 체험합니다. 그런데 그것을 알지 못하는 사람은 여러분들이 지금 눈을 딱 뜨고 있으니 폭포수처럼 분별이 일어나 밖에 있는 것과 나와 관계없는 것 같고 그것이 실재하는 것 같다고 이야기 합니다. 그렇지만 여러분들이 깊은 잠에 들었을 때는 나라고 했던 그 느낌까지도 사라져 버립니다. 만약에 그것이 참으로 있는 것이라면 아무리 깊은 잠이 들어도 사라지지 않아야 합니다. 여러분들이 나라고 하는 것은 여러분들이 눈이나 귀로써 대상을 촉(觸)할 때 수 · 상 · 행 · 식으로 오온이 발동하면서 그것이 식까지 전개되어 그것에 대한 애착을 느끼면서 '이것이 나구나.' 라고 하게 됩니다. 이것이 나의 본래 정체라는 것입니다. 이것을 깨뜨리지 않으면 전도몽상된 삶에서 벗어날 수가 없습니다. 다른 종교와 불교의 차이는 여기서부터 차이가 납니다.

 '존재의 본질을 아는 것이 바로 지혜이며 중도이다.' 불교에서 중도는 양끝의 중간이 아니고 오온의 본성을 꿰뚫어 봤을 때 마음이 어떤 것에도 빼기지 않고, 집착하지 않아 자아라는 느낌에 조차도 마음을 빼기지 않았을 때를 중도라 합니다. 그래서 존재란 망념에 의해서 허구적으로 구성된 것입니다. 여러분들이 알고 있는 존재는 여러분의 밝지 못한 마음에 의해서 허구적으로 구성된 것입니다. 그것이 어떤 사람이나 대상이든지 마음을 깨달은 사람이 해탈한다는 것은, 깨닫게 되면 여러분들이 지난 밤 꿈속에서 온갖 것들을 만들어 놓았지만 꿈을 깨고 나서 부처님께 가서 '지난밤 꿈속에서 나타난 것들이 영원한 것입니까 영원하지 않는 것입니까?' 라고 물어보는 것과 같음을 아는 것입니다. 이것을 경전에서는 허공꽃과 같다고 했습니다. 여러분들이 눈에 병이 들면 눈앞에 희뿌연 것이 어른거리는 것을 보게 되는데 그것이 허공꽃입니다. 중생이 보는 세계는 중생의 망념에 의해서 허공꽃을 보듯이 펼쳐진 세계가 우리가 알고 있는 세계인 것입니다.

제12강 도일체고액(度一切苦厄) 사리자

관자재보살이 조견오온개공 해서 도일체고액 한다는 뜻입니다. 여기까지가 반야심경의 대의인데 이것을 알아야 수행을 하더라도 수행의 목표가 확실해집니다.

오온이 공함을 보고 어찌해서 일체고액을 벗어나는가?

근본적인 욕심은 대상 즉 색에 대하여 무명으로 인해 밝지 못한 마음을 깨닫지 못했을 때는 누구나 보는 마음과 보이는 마음으로 대립함으로써 보는 것은 나고 보이는 것은 대상(색)이라는 분별을 갖고 마음을 봅니다. 그렇게 보는 순간 과거에 자기가 갖고 있던 정보에 의해서 그것을 처리합니다. 처리를 하면 욕탐이 일어납니다. 여기서 욕망이란 꼭 소유하고자 하는 것을 말하지만 싫어하는 것도 욕망입니다. 저것은 내가 싫어하는 것이므로 갖기 싫다하는 것도 내 욕구입니다. 이러한 욕구가 주관과 객관의 마음에 부딪혔을 때 쌓여있던 업력만큼 일어나게 되는데 전생에 고결하게 마음을 썼던 사람이면 취하고 버리는 마음에 무심하려고 그 순간 자기 마음을 들여다 볼 것입니다. 그런데 대부분의 사람들의 습관이 좋은 것은 취하고 좋지 않은 것은 버려야겠다는 생각을 갖고 있기 때문에 사랑이 원수가 되고 원수가 사랑이 되기도 합니다. 그 마음을 이생에서만 익힌 것이 아니고 수억 겁 동안 무명의 마음으로 살았기 때문에 그 마음에 담겨있는 정보가 그렇게 처리를 하게 됩니다. 처음에는 주관과 객관이 없이 다만 보는 마음만 있다가, 그 다음 단계에서는 보는 마음과 보이는 것이 있는데, 아직 업이 형성되지 않았기 때문에 여기까진 괜찮습니다. 그 다음에는 자기 안에 있던 정보가 그것에 대해서 간섭을 합니다. 여러분들이 일상생활에서 사물에 대하여 뭔가 의미로써 파악하려는 경향이 있는데 그것이 욕탐입니다. 아주 끈질긴 마음이기에 깊은 수행과 명철한 지혜가 없으면 여기서 헤어날 수가 없기 때문에 부처님의 법을 듣고 수행한 제자 외에는 아무도 없습니다. 과거나 현재, 미래에도 근본부터 잘못 된 것임을 철학이나 뭇 종교인들은 모르기 때문입니다. 그래서 주관과 객관의 마음까지도 무명에서는 괜찮은데 거기에 자기의 욕구가 붙게 되면 비로소 내 마음이라고 하는 식이 만들어집니다. 그 식을 분별심이라고 합니다. 분별심이 만들어지면 새로운 상태의 정보를 마음에다 저장을 합니다. 대상 즉 색에 대하여 느낌이 일어나게 되는데, 여기서 아주 중요한 것은 그 느낌의 정체가 대상을 존재로서 파악한다는 것입니다. 이 의미를 잘 알게 되면 앉은 자리에서 마음을 깨달을 수가 있습니다. 대상에 대해서 마음이 부딪쳐 욕탐을 가진 마음으로 대상을 쳐다봤을 때 최초로 일어나는 정신적 현상이 느낌입니다. 느낌이란 참으로 위대하면서도 애매한 것입니다. 이 느낌을 가질 때 비로소 여러분들이 세계, 대상, 경계에 대한 존재감을 가질 수 있습니다. 대상에 대한 존재감이 없는 것은 수온이 사라졌을 때입니다. 이것은 대단히 깊은 경지의 수행을 했을 때 가능합니다.

앞에서 수의 느낌을 가짐으로써 존재감이 형성된다고 했습니다.

그 존재감이란 것이 무엇일까요? 여러분들이 알고 있는 세계, 사람, 성향, 선악 등은 마음이 대상에 부딪혔을 때 욕탐에 의해서 느껴지는 그 느낌을 있다거나 없는 것으로 판단하게 됩니다. 이것을 수행자의 입장에서는 있다 없다로 판단합니다. 그것은 느낌에 의지하고 있는 것입니다. 느낌에 영향 받지 않는 자리는 있고 없음과 전혀 관계가 없습니다. 사람이 죽으면 영원한가 아닌가 하는 것은 자기가 느낀 개념에 대하여 그것이 영원한지 아닌지 판단하는 것입니다. 그런데 이것을 부처님 입장에서는 희론일 따름입니다. 개념을 위한 개념, 대답을 하든 안하든 희론이 되기에 침묵을 하신 것입니다. 그것은 있고 없는 것으로 설명할 수 있는 것이 아닙니다.

'모든 것에 대한 있고 없음의 존재감이란 수(受)라는 부딪혀서 일어나는 느낌에 의지해서 벌어지는 것이다.' 세계가 영원하고 안하고 하는 것도 수에 의해서 만들어지는 것입니다. **수**에 의해서 벌어지는 자기 업력만큼의 생각은 이차적인 것이고, 그다음 부딪힘에 대한 느낌이 좋고 싫은 **생각(상, 想)**이 일어나고 그것에 대한 취하고 버리려는 **의지**인 **행(行)**이 일어납니다. 행이 일어나면 대상에 대한 확고한 개념이 형성되는데 그것이 **식(識)**입니다. 즉 분별하는 마음이 만들어지는데 이 마음이 여기서 끝이 아니고 최초로 사물에 대한 욕탐을 일으켰던 그 마음에 정보를 하나 더 첨부해 주게 됩니다. 그래서 마음을 단속하지 않으면 계속 정보를 모아서 허구의 세계를 만들어내는데 그것이 중생들이 갖고 있는 세계에 대한 정체입니다.

그래서 오온이 공함을 깨닫지 않는 이상, 아무리 학식이 뛰어나고 건강하고 잘생겼다 하더라도 존재감에 의지하고 있고, 이 존재라는 것이 느낌에 의지하고 있는데 느낌은 무상한 것입니다. 무상하고 무아인 것은 반드시 나에게 고통으로 돌아온다고 했습니다. 불법을 수행하려면 먼저 무상하고 무아인 것을 관하라고 하는 이것이 삼법인이 제일 먼저 나오는 이유입니다. 이와 같이 오온이 공한 이유를 알아야 합니다.

수행하는 입장에서 일상에서 내가 쓰는 하나하나의 마음이 생사의 원인이고 그것이 밝지 못함에서 나온 것임을 알게 되면 그것을 관찰해서 일념을 단속할 수가 있습니다. 그래서 관자재보살이 반야심경에서 한 최초의 언구가 조견오온개공 일체개공입니다. 오온이 공함을 비춰보니 내가 존재라고 알고 있던 일체가 내 마음에서 느껴진 바로 그 느낌에 의해서 만들어진 현상임을 알고 이것에 속지 않는 것이 일념 단속하는 수행이 됩니다. 내가 내 마음이라고 했던 것이 이렇게 존재감에 의해서 만들어진 허구임을 알게 되면 그것에 속하지 않는 자리는 무엇인가 하게 되고 그것이 바로 '이뭣고' 하는 화두에 들어가는 것입니다. 여러분들이 여태까지 내 마음은 공하고 또 어떠하다고 한 것들이 내 마음의 개념에 대한 존재감 이외에는 아무것도 아닙니다. 이런 것으로는 수행을 할 수가 없습니다. 그래서 오온이 공함을 앎으로써 일체고액을 벗어난다는 것입니다. 일체고액을 기독교식으로 말하면 원죄인데 사람이 태어난다는 것 자체가 죄악 덩어리라는 것입니다. 근본이 무명의 마음을 쓰기 때문에 내가 편하려면 반드시 남이 괴롭게 되어 있습니다. 이러한 것들이 원인이 되어서 다시 고액을 받는 것입니다. 이것을 이해하지 못하면 수행이나 공부를 아무리 오래 해도 외도가 되거나 악인이 됩니다. 불법과 외도의 분원점을 모르게 되면 고액이 떨어지기 때문에 반야심경의 대의가 조견오온개공 도일체고액이 되는 것입니다.

일체고액의 단서가 오온이 공함을 지혜로써 여실히 깨달아야 하는 것입니다. 그렇게 되면 일체 고와 액이 떨어진다는 것입니다.

원측 스님이 오온이 공함을 아는 것이 첫 번째 이로운 것이고 그 공함을 알게 된 공덕으로 일체 고액을 다 벗어버리는 것이 두 번째로 이로운 것이라 했습니다. 중생들이 갖고 있는 일체 고통의 원인을 간단히 말하면 느낌에 의해서 모든 것을 존재로 파악하여 실재하는 것으로 착각하는 전도몽상 때문이라는 것입니다. 이것을 깨닫게 됨으로써 고액을 벗어나는 것입니다. 고액에 대해서 세 가지로 풀이하겠습니다.

첫째, '고는 곧 액이기 때문이다. 유루의 법은 고가 아닌 것이 없기 때문이다.' 액이란 위험한 것을 말합니다. 유루의 법은 앞에서 말한 오온에 의해 창조된 일체의 존재감과 같은 것을 실재한다고 착각하고 마음을 쓰는데 이런 것은 무상하고 무아이기 때문에 유루인 것입니다. 결국 이러한 것은 고통으로 돌아옵니다. 쉽게 애기하면 여러분들이 갖고 있는 소견, 능력, 경제력, 건강 등과 같은 것들이 현재 상태만 유지해줘도 좋을 텐데 수십 년 뒤에는 지금이 좋았다고 그리워하게 됩니다. 지금은 20년 전이 좋아 보이고 20년 뒤에는 지금이 좋아 보이게 되는 것입니다. 이것은 옛날이 지금보다 좋았고 지금은 옛날보다 고통이라는 것입니다. 이것이 중생의 삶의 법칙입니다. 시간과 공간에 얽매어 사는데 이것이 고입니다. 일체 중생이 가지고 있는 것은 유루법으로써 결과적으로 나에게 고통으로 돌아오게 됩니다.

'이것이 부처님께서 삼계가 고라고 정의하신 이유다.' 여기에는 3고, 4고, 8고가 있습니다. 삼계 즉 욕계, 색계, 무색계는 인연에 의해 나타났다가 인연이 다하면 사라지는 것인데 나는 인연에 관계없이 지금 이상태가 행복하고 영원하니까 붙들고 싶은데 아무리 붙들고 싶어도 인연이 다하면 사라지는 것이 중생 세계의 일생입니다. 그때 우리가 느끼는 것이 고통입니다.

언젠가 서울의 어느 재벌 집에 갔었는데 안주인이 40 여살인데 말기 암환자였습니다. 그런데 그 사람 입장에서 보면 돈이면 모든 것이 다 될 수 있는 것으로 알고 살았는데 전생의 업과 이생에서 일으켰던 습관들 때문에 암에 걸려 죽게 되었습니다. 이 사람의 희망과 관계없이 인연이 다해서 복을 지은 인연이 다하고 나쁜 인연이 자기에게 돌아오게 되니까 고통을 느끼는 것입니다. 그래서 인간 세상은 인연생 인연멸이기 때문에 부처님께서는 고통이라고 하신 것입니다. 아무리 부자일지라도 자기가 지은 만큼만 복을 받고, 아무리 가난한 사람이라도 자기가 지은 만큼만 괴로움을 받습니다. 어리석은 사람은 부자가 되더라도 부자로 있는 동안 그 복을 쓰는데 치중해서 복을 짓지 않고, 가난한 사람은 자기 살기에 급급해서 복을 짓지 않게 됨으로써 악순환을 반복합니다. 그래서 삼계가 고통인 까닭이 인연생 인연멸이기 때문입니다. 그런데 이 인연이 최초로 어디에서 일어날까요? 최초의 자기 마음 씀에서 일어납니다. 다른 사람이 내 인생에 관여할 수 있는 것은 불법도리로 보면 아무도 없습니다.

그래서 **부처님께서 인연생 인연멸을 다른 말로 무상과 무아라고 하신 것입니다. 무상은 시간적으로 항상 하지 않는 것이고, 무아는 공간적으로 영원히 존재하지 않는 것입니다.** 여러분들을 볼 때 한 살 때 나이가 오육십이 되었으니까 시간적으로 무상하게 변했고 또 한 살 때 여리고 예쁘고 선한 모습이 지금은 평생 자기가 쓴 마음대로 추하고 악한 모습으로 변했는데 이것은 공간적으로 무아인 것입니다. **이렇게 시간과 공간적으로 변하는 법칙이 인연생 인연멸인데**

이것은 유루법이고 그렇기 때문에 고통인 것입니다. 이것은 개념이 아니고 여러분들이 살아온 것을 비추어보면 다 이런 것입니다.

둘째, '고액은 네 가지 액이다.' 이것은 중생들을 위험한 상태에 이르게 하는 4가지 근본적인 욕탐입니다. 첫째가 **욕**으로써 의도를 말합니다. 욕심이 생겨 그것은 하고자하는 마음, 얻고자하는 마음, 바라는 마음 등인데 불교적으로 말하면 의도이고, 오온에서는 행에 해당하는 것입니다. 오온에서 말했듯이 의도에만 속지 않으면 업으로 형성이 되지 않습니다. 수ㆍ상까지만 진행되면 업으로 형성이 되지 않습니다. 의도가 개입이 될 때 업으로 형성이 됩니다. 둘째가 **유(有)**인데 유는 존재입니다. 존재하는 것 자체가 고액을 불러오는 것입니다. 여러분들이 알고 있는 존재는 수에 의해서 형성된 것입니다. 좋고 나쁨, 길고 짧음, 아름답고 더러움 등과 같은 모든 것이 느낌에 의해 만들어지는데, 이 느낌은 정신적 흐름의 맨 첫번째 단서입니다. 셋째는 **견(見)**인데 사견을 말합니다. 오온이 공한데 오온이 영원하다거나, 죽으면 실재하지 않는다고 하는 사견을 말합니다. 넷째는 **무명(無明)**인데 앞에 언급한 것들을 모르고 마음을 쓸 때의 밝지 못한 마음입니다. 오온이 무조건 나쁜 것이 아닙니다. 무명이 들어가서 오온을 쓰게 되면 다음에 다시 태어나는 업을 만들지만 깨달은 밝은 마음으로 오온을 자유롭게 쓰면 업이 형성되지 않습니다. 그래서 자유로울 수가 있습니다. 만약 마음을 쓴다고 무조건 업이 형성되면 죽어야 됩니다.

'이것들이 유정(자기 의지대로 무언가를 하려는 생명체)을 얽매어 고를 벗게 하는 것이 수레의 멍에와 같다.'

셋째, '고와 액을 따로 지칭하는 것이다.' 일체고액에서 그 고액을 교학에서는 하나하나 분석을 했는데 선가에서는 일념이 망념인 것을 깨달으면 멈춘다고 했습니다. 여러분들이 일으키는 생각이 밖에 있는 것이 아니고 그 생각이 경계인 것을 알아야 마음을 쉽게 다스릴 수 있습니다. 그 대상에 대하여 선하고 악한 존재감(개념)을 일으킨 것을 알면 그것에 속지 않습니다. 결국은 자기가 일으키고 자기가 속는 셈입니다. 화두는 선악을 내가 만드는데 과연 만드는 이놈은 무엇인가 하고 근본적으로 찾아들어가는 것입니다.

이제 일체개고에서 고를 설명하는데 **3고는 행고, 괴고, 고고입니다. 이것을 보면 사는 것 자체가 고통입니다.** 행고는 일체 중생이 살아 있는 한 뭔가 행하지 않으면 안 되는 고통입니다. 무엇을 해야 살아갈 수 있기 때문에 행고입니다. 보통 부부가 같이 살다보면 권태감이 일어나는데 이것의 정체가 행고입니다. 또 똑같은 것을 반복함에 따른 우울증이 일어나는데 이것이 행고입니다.

두 번째 **괴고**, 평생을 노력하고 무엇을 했는데 결국엔 다 무너져 버립니다. 젊어서 살찐다고 온갖 방법으로 다이어트를 했지만 몇 십 년 뒤면 쪼글쪼글해져 버립니다. 시대를 막론하고 누구에게나 적용되는 말입니다. 무상하고 무아인 것입니다.

세 번째 **고고**, 삶 자체가 고통이라는 것입니다. 그래서 부처님이 인생이 고라고 정의하신 것입니다.

이것이 근본적인 3고입니다. 일체중생 누구나 겪는 고통입니다. 젊은 사람들은 이해를 못합니다.

다음은 4고 인데 생·노·병·사입니다. 그런데 생이 왜 고통일까요? 태어남으로 인해서 이제까지 얘기한 모든 고통을 다 겪게 되기 때문입니다. 불법도리로 보면 태어난 것도 전생에 제대로 닦지 못해 다시 태어난 것이라 축하 받을 일은 아닌 것입니다. 태어나고 죽는 것도 여러분의 존재감에 의지하고 있는데 그 망념이 깨어지지 않으면 다시 태어나는 것입니다. 그런데 불법을 잘못 배울 경우 불법을 깨닫게 되면 아무것도 없는 것이 되는 것으로 착각하게 됩니다. 여기서 아무 것도 없게 된다는 개념은 존재감을 만든 것이고 그렇게 말하는 것을 뭐라고 설명할 수가 없습니다. 있다거나 없는 것으로 한쪽으로 개념을 몰고 가는 순간 불법하고 멀어지는 것입니다. 그래서 선가에서는 불립문자라고 표현한 것입니다. 문자나 개념을 세우지 말라는 것입니다. 그것은 다만 체험할 뿐이지 무엇이 영원하다거나 어떻다거나 단정적으로 말한 것은 모두 개념에 의해서 존재화 된 것입니다.

팔고는 생노병사의 큰 네 가닥에 네 가지를 더한 것입니다. **구부득고(求不得苦)**는 구하는 것을 다 얻지 못하는 고통입니다. **오음치성고(五陰熾盛苦)**는 오음이 치성하는 것을 중생들은 행복이라 생각하는데 엄격히 말하면 TV, 오락 같은 것들이 천마와 같습니다. TV 드라마를 통해 보여 지는 세계가 실재하는 것으로 착각하게 만들기 때문입니다. 만약 오온이 공한 것을 아는 사람이면 그런 것을 봐도 속지 않습니다. **애별리고(愛別離苦)**는 좋아하는 사람이나 아끼던 물건을 항상 곁에 두고 싶은데 언젠가는 떨어져야하는 고통입니다. **원증회고(怨憎會苦)**는 싫어하는 경계와 부딪쳐 미워하고 증오하고 분노하는 고통입니다.

이제까지 말했던 모든 것 중에 여러분들이 살아오면서 맛보지 않은 것은 없습니다. 그런데 문제는 이런 것들이 고통인 줄 모른다는 것입니다. 마약에 중독된 것처럼 이런 것들이 고통인 줄 모르기 때문에 벗어나기 위해 발버둥을 치지 않는다는 것입니다. 부처님은 이런 것들이 고통임을 깨달아 벗어나려고 한 최초의 사람입니다. 오온이 공함을 깨달으면 이러한 것들이 끊어집니다. 앞에서 말한 모든 것이 오온에 의지하고 있기 때문입니다. **오온의 실마리는 수(느낌)입니다. 우리가 알고 있는 존재감은 느낌에 의해 만들어졌기 때문입니다.** 눈이 많이 오면 즐겁고 행복한 사람이 있는 반면 괴롭고 힘든 사람도 있습니다. 똑같은 현상에 대해서도 자기가 일으킨 존재감에 자기가 취사선택한 업력이 다르기 때문에 서로 다르게 보여지는 것입니다. 여러분들이 알고 있는 세계는 여러분들이 만들어 놓은 세계입니다. 그래서 오온이 공함을 깨달아야 한다는 것입니다. 기도를 하다가 광명이 보이고, 마음이 고요해지고 하는 따위도 다 느낌일 뿐입니다. 깨달음은 자기 마음에 미혹함이 없어야 하는 것으로써, 산을 보면 산이 보이는데 그전에는 내 느낌에 맞는 산만 보이게 됩니다. 가령 좋은 차를 갖고 싶은 욕구가 있으면 길을 가면서도 차에 계속 관심을 두는 것과 같습니다. 오온에 속은 것으로 이런 마음으로는 세상이 있는 대로 보이질 않습니다. 자기 소견만큼 보니까 그 만큼 업력이 쌓여서 그것이 다시 태어나고 죽는 원인이 되는데, 다시 태어나더라도 선업을 지었으면 그나마 지낼만하겠지만, 악업을 지었으면 평생 동안 무수한 시련을 당해야 합니다.

누가 공부를 제대로 했는지는 말을 얼마나 잘 하는 것과는 관계없이 그 사람 행동을 보면 알 수 있습니다. 행동이 그냥 나오는 것이 아니고 자기가 느낀 만큼 나오는 것입니다.

'이상이 경의 대의로써 오온의 공성을 파악하고 수행하여 그 이익을 얻음을 설한다.' 오온의 공성을 파악하면 일체고액이 다 떠난다고 했었는데 그것이 바로 열반입니다. 열반의 4덕이 있는데 상락아정(常樂我淨)입니다. 반야심경에서 모든 것이 공이라고 하니까 근기가 낮은 사람은 체험이 아닌 머리로 헤아림으로써 불교는 아무것도 없다는 소견을 일으키게 됩니다. 수행을 하게 되면 평화롭고 여유로우며 적적한 경지를 체험하게 되는데 그것을 언어로써 표현할 수가 없습니다. 그래서 수행을 안 하고 글공부만 하게 되면 공에 떨어지거나 귀신굴에 떨어지고 합니다.

이제 수행하는 목표와 주제가 무엇인지 분명해졌으리라 봅니다. 여기까지 대의를 설명했는데 상근기는 여기서 깨닫습니다. 마음을 한번이라도 철궤를 한 사람은 번뇌가 저절로 끊어집니다. 마음을 쓰다가도 가짜임을 알기에 쉬어버릴 수 있습니다. 그래서 선방에서는 깨닫지 못한 사람이 도를 닦는 것은 마구니 짓이라 하는데 깨닫지 못한 입장에서는 어떤 수행을 하든지 자기소견이 덕지덕지 붙기 때문에 불법과는 거리가 멀다는 것입니다.

오온개공에서 깨닫지 못한 중하근기 사람들을 위해서 다시 부연 설명을 하는 것이 파사분(破邪分)입니다. 중생의 삿된 부분이 무엇인지를 하나하나 열거해서 깨뜨리는 것입니다. 우리가 중생이면서도 무엇이 삿된 것인지 알 수 없는 것은 지혜가 없기 때문입니다.

맨 처음으로 '사리자(舍利子)야!' 라고 했습니다. 사리자는 교화받는 사람을 표방한 것입니다. 관자재보살이 법을 설하기 위해서 '사리자야' 하고 부른 것입니다. 왜 십대 제자 중 지혜 제일의 사리자가 나왔느냐 하면 **반야심경의 가장 큰 가르침은 지혜로써 번뇌를 깨뜨리는 공부이기 때문에 이 공부를 감당할 사람은 사리자 밖에 없기 때문입니다.**

선구로 얘기하면 **'사리자야!'** 하는 것은 제가 여러분들에게 **'여러분!'** 하고 부르는 것과 같습니다. 부르는 자가 있고 듣는 자가 있습니다. 달리 표현하면 **부르는 자리가 있고 듣는 자리가 있습니다.** 선으로는 '사리자야!' 하는 소리 끝에 깨달을 수가 있습니다. 고려 보조국사께서 정혜사에 계실 때 보조국사의 법을 이은 진광국사가 처음으로 보조국사를 찾아가는 길에 보조국사를 보기도 전에 깨달았다고 했습니다. 보조국사가 토굴에서 시자를 찾는 고함소리를 멀리서 듣고 그 자리에서 깨달아 버렸다는 것입니다.

둘째로 '관찰자는 대상을 밝힌다. 앞의 사구에 의해 공성(空性)을 밝히고 뒤에서는 여섯 가지 의미로 공상(空相)을 밝히는 것이다.' 파사분의 전체 내용을 어떻게 설명할 것인가를 밝히는 것입니다. '사리자'에서부터 뒤에 색불이공 공불이색 색즉시공 공즉시색 사구는 공의 근본성질과 정체성을 밝히고, 수상행식 역부여시는 공의 여러 가지 현상적인 모습을 밝히고 있습니다.

그래서 앞에서는 교화 받는 사람을 나타내고, 뒤에서는 공성을 바르게 밝힌 것입니다.

제13강 색불이공 공불이색

반야심경에서 가장 유명한 4구인 **'색불이공 공불이색 색즉시공 공즉시색'**에 대하여 공부를 하겠습니다. 4구는 반야심경의 핵심이고 이 내용을 제대로 이해하게 되면 팔만대장경에 들어있는 내용을 일목요연하게 이해를 할 수 있기 때문에 상당히 중요한 것입니다.

먼저 색불이공에서 간과하기 쉬운 것은 '색' 이란 것이 물질적인 모습만 말하지만 반야심경의 색은 오온의 다섯 가지 중 첫 번째 것으로서 나머지 네 가지까지 공하다고 이야기한 것입니다. 다른 말로 하면 반야심경에서 이야기하는 색불이공의 색은 우리가 내 몸이라고 하는 몸 자체를 말하는 것입니다. 이것을 더 이어 가면 수불이공이 되겠지요. 그래서 수상행식 네 가지가 공과 다르지 않다 했을 때 '수'는 정신적인 것을 말합니다. 물질적인 것과 정신적인 것이 나에게 적용이 될 때 소위 말하는 내 몸과 마음이라는 것입니다. **색불이공을 풀어서 말하면 '내 몸과 마음이 공과 다르지 않다.' 라고** 해석을 해야 맞습니다. 만약 색 하나만 넣고 공과 다르지 않다고 하면 정신적인 우리의 마음의 흐름에 대해서는 설명을 할 수가 없게 됩니다.

'색의 근원은 공이다.' 빌 공(空)자 하나를 제대로 알면 불교를 알게 됩니다. 색은 공에 의지해서 나타난 것입니다. 색은 몸뚱이라고 했는데 이 몸뚱이의 최초의 근원이 현대 과학적으로는 어머니 뱃속이라 하겠지만, 어머니 뱃속에 들기 전에는 어디에 있었느냐고 물었을 때 무엇이라 할 것입니까? 어머니 뱃속에 들기 전엔 형체가 없기 때문에 실재하지 않는 것이지만 어머니 뱃속에서 생겼으니까 이것은 인연에 의해 존재하는 것이 됩니다. 그래서 이것을 공이라 하는 것입니다. 색의 근원을 더듬어 가면 공인 것입니다.

공에 대하여 3 가지 차원에서 이야기 하는데 범부의 형상에 얽매어 집착하고 욕탐을 내는 마음을 치료하기 위해서는 범부 차원에서 공을 이야기 하고, 그 다음 형상에 얽매이는 차원은 벗어났지만 죽어 있는 경계가 있습니다. 이것을 소승 나한의 경계라 하는데 그러한 경계의 공을 취득한 사람에게는 다시 그 공까지도 부정함으로써 대승의 진공묘유를 취득하게 합니다. 처음에는 범부의 견해를 끊어야 하기 때문에 몸뚱이가 자기의 실체가 아니고 인연화합물임을 관찰하게 하는 것, 즉 우리가 내 몸이라고 하는 것은 밥 한 끼만 안 먹어도 무너지는 것인데 과연 그것을 나라고 집착할 수 있는가? 하여 내 몸, 내 것이라는 견해를 깨뜨린다고 했습니다.

공의 이해가 분명하지 않은 보살에게 세 가지 의심이 있습니다.

첫째는 변계소집성의 공입니다. 누가 밉다. 왜 미울까? 상대가 나에게 잘해주지 않아서 밉다고 생각하지만 그것을 명상이나 지혜로써 찾아들어가 보면 내 욕구에 상대가 맞추지 않기 때문에 미운 것입니다. 내 욕탐이 선재해 있기 때문입니다. 이것이 범부들이 늘 쓰고 있는 마음으로 변계소집성이며 공한 것입니다.

둘째는 의타기성입니다. 연기법으로서 일체가 인연의 소산물인데 그것을 모르고 이것이 영원한 실체라고 착각을 하여 그것을 좋아하거나 싫어하는 마음을 내는데 이것이 범부 중생들이 갖고 있는 의타기성의 공입니다.

세 번째 반야심경에서 말하는 것은 바로 근본적인 공, 원성실성의 공입니다. 참선을 하거나 명상을 통해 깊이 들어갔다 나오게 되면 이 세계가 안 보입니다. 이것은 세계에 대한 분별이 꺼진 상태를 말합니다. **'우리가 알고 있는 일체의 세계는 나의 분별에 의지하고 있다.'** 깊이 한 조각으로 들어갔다 나오면 세계를 대하고 있지만 세계가 보이질 않는 이치가 있습니다. 우리 앞에 큰 거울이 있는데 그 거울에 사물을 비출 때 흐린 거울에 비추면 흐린 만큼 비추게 되고 깨끗하면 있는 그대로 비추게 됩니다. 중요한 것은 **'있는 그대로 비출 때는 존재가 아니다. 그것을 표현 하자면 불성이라 하고, 여기서는 원성실성이라 한다.'** 이것은 여러분들이 한 조각으로 깊이 들어가 툭! 하고 눈을 뜨게 되면 세계가 없어지게 되는데 그 상태를 반야심경에서는 공이라 합니다. 그냥 공이 아니고 진공, 참된 공이라 하는 것입니다.

재미있는 사과 이야기가 있는데 어리석은 범부들이 봄날에 사과가 먹고 싶어 사과밭에 갔는데 사과가 없으니까, 사과나무를 쪼개면 사과가 있을 것이라고 생각하여 나무를 계속 쪼개었지만 그 속엔 사과가 없었습니다. 쪼개고 쪼개도 사과가 없는 그 상태가 공입니다. 그런데 원성실성 입장에서 봤을 때는 인연이 성숙되어 원인과 결과가 부합이 되면, 즉 가을이 되면 사과가 열리는 것입니다. 이 사과라는 물질은 색인데 그 근원은 저 없는 자리에서 나왔기 때문에 색불이공이라 하는 것입니다.

그래서 여기서 이야기하는 것은 범부의 의심을 끊는 것입니다.

범부의 의심은 한마디로 있는 것에 집착하는 욕탐이기 때문에 그 욕탐을 끊어주기 위해서는 그것이 의지하고 있는 색·수·상· 행·식에 대한 견해가 잘못된 것임을 알기 쉽게 하기 위해서 공이 라 하여 그것을 깨닫게 하는 것입니다.

 '색 밖에 따로 있는 공을 취하여' 보통 색불이공 하면 색밖에 따로 공이 있는 것으로 착각하여 공에 대한 세 가지 입장을 취하게 됩니 다. 즉, 정지견이 없거나, 수행에 의한 공에 대한 깨달음이 없는 사 람들이 갖는 세 가지 견해입니다.

 첫째, '물질 밖에 따로 있는 공을 취해서 현상의 세계와 별개로 있는 공을 세우기에' 여기서 공을 세운다는 것은 공을 깨닫는 것으 로 대승에서는 늘 공을 얘기하고 하니까 **우리가 알고 있는 이 세계 외에 공의 실재적인 자리가 따로 있는 것으로 착각을 합니다.** 이렇 게 따로 있다고 생각하여 만든 것이 유신론입니다. 인간 외에 따로 전지전능한 존재가 있다고 생각하는 것인데 이러한 것을 불교에서 는 상견외도라 합니다. 항상 공이 존재한다고 생각하는 것인데, 범 부의 망념에 의해 만들어진 것은 실재하지 않는다고 했습니다. 그 리고 인연에 의해 만들어진 것도 실재하지 않는 것이고, 세계의 근 원이지만 실재로서 파악할 수 없는 것을 공이라고 했습니다. 현상 과 별개로 존재하는 신이라든가 하느님, 극락, 지옥 등이 있다고 이 야기 하는 착각을 없애기 위해서 색과 공이 다르지 않다고 하는 것 입니다. 즉 현상을 떠나서는 얻어질 수 없는 것입니다. 사과가 사과 나무를 떠나서는 존재할 수 없는 것과 같은 것입니다. 그래서 첫 번 째 **지혜가 없고 어리석은 사람이 색이 공이다 했을 때 공을 잘못 이 해하는 병을 고쳐주기 위해 색과 공이 다르지 않다 했는데, 교리적 으로는 대부분의 범부들이 갖고 있는 상견외도의 견해를 깨뜨리는**

것입니다.

어떤 보살의 남편이 관음기도를 2년가량 했는데 어느 스님이 관음 기도는 많이 했으니 그만두고 이제 비로자나불을 하라는데 어찌하면 좋으냐고 물은 적이 있습니다. 이것은 관세음보살과 비로자나불이 따로 있다고 생각하는 견해인데 이것이 상견외도의 견해입니다. 여기에 밝지 못하면 미혹해집니다. 남편이 관세음을 부르든 비로자나불을 부르든 무엇을 부르든 변하지 않는 것은 한가지 밖에 없습니다. **'부르는 놈은 하나지만 부르는 대상은 여러 가지 이다.'** 부르는 대상이 아무리 거룩한 대상일지라도 부르지 않으면 존재하지 않지만, 부르는 놈은 부르든 부르지 않든 항상 존재하므로 공부를 하거나 수행을 하려면 마음을 따라가야 되기에 부르는 놈 입장에서 염불을 해야 되는 것입니다. 어떤 보살을 부르면 좋고, 하나님이 낫고 하는 것들은 부르는 사람의 망념, 개념, 변계소집성인 것입니다. 이러한 것을 잘 모르면 여기서 이야기 하는 현상과 별개로 존재하는 공, 이것을 진리라고 해도 되고 하나님이나 관세음보살이라고도 하는데 이런 것들이 실재한다고 믿게 되는 것입니다. 그래서 **색 밖에 따로 있는 공을 취하는데 그 첫째가 현상과 별개로 있는 공이 있다는 견해를 없애기 위해서 색불이공을 이야기 하는 것입니다. 즉 상견을 다스리는 것입니다. 그래서 현상이 진공임을 밝히는 것입니다.**

둘째, '공의 경계는 색을 다 멸하여 없앤 단멸의 공인가 하는 의심에 대해서' 물질적 현상이 본질이고 진공임을 나타내기 위해서 색불이공이라고 이야기합니다. 예전에 동국대학교에 다니던 시절에 고 익진 교수라고 계셨는데 그분께서 '사람들은 공이라고 하면 물질이 다 닳아서 없어져 사라지면 공이라고 하지만 내가 깨쳐보니 그것이 아니고 보고, 듣고, 느끼는 것이 다 공이더라,' 라고 하셨습니다. 이것은 보통 사람들이 공하다고 하면 있는 것과의 반대의 개념에 떨어집니다. 그런데 깨달은 사람의 입장에서 보면 **'있다는 것과 없다는 것 모두 자기가 일으킨 개념이라는 것을 알고, 있고 없음을 일으키는 개념 자체는 있고 없음을 판단할 수 있는 것이 아님을 알게 되는데 이것이 공이다.'** 즉 색불이공입니다. 여기 구슬이 여러분들 눈에는 있는 것으로 보일 것이고 만약 구슬을 감추어 버리면 사라지는데 그렇게 없어지는 것이 공이라고 생각하는데 그것은 잘못된 견해입니다. 구슬이 눈에 보여서 있다고 하는 것과 안보여서 없다고 하는 것조차도 그것을 지켜보는 자의 분별에 의지하여 존재하는 것일 따름입니다. **'색과 공이 다르지 않다는 것은 색이다, 공이다 하는 것 자체가 분별망상인 것이다.'**

셋째, '공이 물질처럼 있는 것이 아닌가 하여 공을 하나의 존재로 인정하려는 의심을 꺽기 위해서,' 반야심경이 공을 이야기 했을 때는 중생의 망념이나 연기에 대한 무지와 같은 것을 끊기 위해서 공이라고 했는데, 공이라는 것이 어떤 물질처럼 어디에 따로 존재하는 것이 아닌가 하고 착각을 하는 것입니다.

고려시대 때 보조스님이 마지막 확철대오 한 단계를 보면 어느 정도 경지에 이르러 마음이 지극히 고요해지고 경계에 대하여 무심해졌지만 이것이 수행의 마지막이 아님을 알고 있었기에 마음이 조금 불편한 단계에 있었습니다. 그러던 중 대해스님의 어록 속에서 '선이란 견문각지(見聞覺知:보고, 듣고, 깨닫고, 아는 것)에 있지 않고, 견문각지를 여읜 곳에도 있지 않다.' 라는 구절을 보고 확철

대오를 했습니다. 즉 공이라는 것을 있다 없다는 것으로 이해를 하면 공을 영원히 알 수가 없습니다. 이것은 스스로 '아, 바로 이것이로구나.' 하고 박장대소를 해야 하는데, 이것을 다른 말로 원성실성이라고 합니다.

엄마가 뱃속에 아이를 잉태했을 때 아홉 달 동안 음식을 잘 먹고 조리를 잘하게 되면 엄마가 관여를 하지 않아도 때가 되면 밖으로 박차고 나오려고 산통을 일으키고 세상에 태어나게 됩니다. 뱃속에서 머리가 생기고 손발이 생겨 자라나며 때가 되어 밖으로 나오게 하는 그 힘은 엄마가 할 수 있는 것이 아니고 바로 공의 힘입니다. 그런데 이러한 공은 말로써는 설명할 수가 없습니다. 이것을 있다 했을 때는 볼 수가 없습니다.

요즘 금값이 많이 올랐는데 사람들이 금을 좋아하는 것은 예나 지금이나 변하지 않기 때문입니다. 오래된 무덤을 파보면 금은 그대로 있거든요. 이러한 금의 변하지 않는 성품을 있고 없음으로 설명할 수가 없습니다. 보통 사람들이 있다고 하는 것은 금반지를 보면 있다고 합니다. 그런데 금반지를 녹여 금팔찌를 만들면 금반지가 없어졌다고 말합니다. 우리가 보통 알고 있는 있고 없음은 이 수준입니다. 반야심경의 공은 금반지가 있다고 해서 이것은 더하지도 않고 금반지를 녹여 팔찌를 만들었다 해도 덜하지 않습니다. 변하지 않는 성품을 반야심경에서는 공이라고 하는 것입니다. **'금의 입장에서는 변하지 않는 성품이 공이고 사람의 입장에서는 한 물건도 걸쳐있지 않고 망상이 없는 상태가 공이다. 이 상태를 실재하다고 해도 틀리고 실재하지 않다고 해도 틀린 것이다.'** 우리는 있고 없음으로 모든 것을 판단하는 습성이 있기 때문입니다. 그래서 공을 하나의 존재로 인정하려는 의심을 끊기 위해서 색불이공을 이야기 하는 것입니다.

색불이공은 색이 곧 공이라는 것입니다. 예를 들면 죽비를 개나 고양이에게 보여주면 죽비로 인식하지 않습니다. 그것은 죽비에 대한 개념이 없기 때문입니다. 개나 고양이에게는 죽비라는 것이 실재하지 않습니다. 그래서 공한 것입니다. 이처럼 처처에 공인데 우리는 처처의 공을 무너뜨리고 산다는 것입니다. 이것이 공이 아닌 이유는 여러분이 욕탐으로 죽비를 인식하기 때문입니다. 만약에 **'마음에서 욕탐만 제거하게 된다면 바로 산하대지가 공이 된다. 모든 것이 공이다. 그래서 색과 공이 다르지 않다는 것이다.'** 일심으로 간절하게 마음을 파고 들어가면 문득 '툭' 하면서 다 끊어집니다. 그리고 나서 세상을 보면 다 공이더라는 것입니다.

이러한 것들을 알아야 지긋지긋한 생사가 끊어집니다. 생사가 무엇에 의지하고 있느냐하면 능엄경에서는 공을 모르기 때문에 중생의 생사가 벌어진다고 했습니다. 그래서 이 공을 아는 것을 견성했다라고 하는 것입니다. 있고 없다는 마음의 개념에 떨어지지 않았을 때의 상태를 공이라 하는 것입니다. 다른 말로 평상심이라 해도 되는데 일심으로 간절하게 들어가야 알 수 있습니다. 들어갔다 탁 터져 보면 세계가 있음에도 공입니다. 여기서는 천하의 부처님까지도 공인 것입니다. 예전에 해인사에서 어느 스님이 200여 명의 대중을 모아 놓고 법문을 하는데 '삼세제불이 다 내 입에서 나왔다.'라고 했습니다. 그때 해인사 도인이었던 스님이 사미였는데 '그러면 스님의 입은 어디서 나왔습니까?' 라고 되물었습니다. 거기에 대답을 못하고 창피해서 법상에서 내려왔다고 했습니다. 이것이 공에 대하여 말로 이해한 사람과 깨달은 사람의 차이입니다. 이해하기는 쉬워도 자기가 그 경계에 들어가 보지 않으면 다른 사람이 다른 식으로 찔렀을 때 모르게 됩니다. 삼세제불이 내 입에서 나왔다는 것은 맞는 말입니다. 다 내가 만들어낸 개념이기 때문입니다. 그런데 내 입이라는 개념조차도 사라져야하는데 그것은 안 사라졌으니까 내 입에서 나왔다 그랬거든요. 스님의 입은 어디서 나왔느냐고 물었을 때 뭐라고 답할 것입니까? 이런 것을 깨트렸을 때 도인이라고 하는 것입니다.

이상에서 **'색불이공 공불이색, 이것은 종지 즉 반야심경의 대의를 말하고, 뒤의 색즉시공 공즉시색은 바깥의 의문을 끊어주는 것이다.'**

색불이공을 다시 물질로 비유를 들겠습니다. 태평양에 바람이 불면 파도가 일어나는데 여러분들은 그것을 보고 파도가 있다고 생각을 하고, 바람이 멈추어 잔잔하면 파도가 없다고 합니다. 그런데 파도가 일든 일지 않든 거기에 영향 받지 않는 자리가 있습니다. 그것은 태평양 자체입니다. 바람이 부는 것과 관계없이 태평양은 사라지지 않는 것입니다. 바람에 의해 일어났던 거품과 파도는 그때그때 인연에 따라 생겼다 사라지는 것입니다. 그래서 자연적으로 일어나는 것을 작용이라 하고, 바람이 부는 것과 관계없는 변하지 않는 것을 본체라고 합니다. 반야심경에서 말하는 공은 이 본체입니다. **'일체 중생이 생사를 받고 미혹한 것은 본체를 놓아두고 작용에 집착해서 작용에 따라서 선악을 일으켜 그 업보를 받기 때문이다.'** 작용에 미혹한 이는 본체를 몰라서 그런 것이기에 본체를 먼저 깨닫지 않는 이상 누구도 생사의 갈림길에서 자유로울 수가 없습니다.

'중생이 파도를 자기 모습이라 주장하여 아견을 세워 무수한 악업을 짓지만 파도 자체가 물을 떠나지 못한다.' 이것이 색불이공의 뜻입니다. 여러분들이 나라고 하는 것은 여러분 마음자리에 일으킨 하나의 흔적이 여러분들이 나라고 하는 그 생각인 것입니다. 이것을 세심하게 잘 관찰을 해보십시오. '내가 아무개다.' 라고 한 것은 바람 없는데 파도가 일어난 것입니다. 명상을 할 때 내가 누구라고 하는 것이 파도인 것만 알아도 견처가 생기는 것입니다. 내가 아무리 누구라고 해봐도 숨이 딱 끊어지면 내가 나라고 했던 것은 사라져 버립니다. 그럼 어디로 갈까요? 본처로 돌아가는 가는 것입니다.

예전에 장자가 아내가 죽었을 때 관 앞에서 웃으며 노래를 불렀는데 친구들이 의아해 하면서 물었습니다. 거기에 장자는 '살아 있는 동안 수많은 것을 짊어지고 좋아하고 싫어하고 하던 것을 이제는 인연이 다 소멸이 되어 본처로 돌아가는데 그 얼마나 편안 하겠는가!' 라고 대답을 했다고 합니다. 파도가 일어났다가 사라졌다는 것입니다. 온갖 바람에 휩쓸리다가 파도가 사라지니 물의 본원으로 돌아갔다는 것입니다. 그런데 사실 이것은 공에 편중된 견해입니다. 그렇지만 범부의 병을 치료하는 데는 이것이 특출한 견해입니다.

여러분들이 내다하는 것은 우리 마음의 본처를 나다 하는 것이 아니고 우리 마음의 작용의 모습을 파악해서 이것을 내 모습이라 하여 집착하는 것입니다. 그래서 악업이 일어나고 악업이 일어나니까 다시 일파만파의 결과를 초래하게 되는 것입니다. 한 파도가 일어나게 되면 그것을 원인으로 해서 만 가지 파도가 일어날 결과가 만들어지는 것입니다. 그래서 끊임없이 나고 죽는 것입니다. 나고 죽는 것은 착한 일을 아무리 많이 해도 소용없습니다. 생사를 여의기 위해서는 파도가 곧 물임을 알아야 하는 것입니다. 이것이 색불이공입니다.

'허망한 분별이 있다. 그러나 거기에는 분별을 취하거나 취할 대상은 없다. 그 허망한 분별 가운데는 공성이 있다.' 우리가 알고 있는 일체 것은 분별에 의해 만들어진 것이기 때문에 그 분별이 쉬게 되면 그 쉰 자리를 공성이라고 말합니다.

숭산 행원스님이 미국에 계셨을 때, 어느 부부의 7살난 딸이 있었는데 그 아이가 키우던 고양이가 죽었습니다. 그 아이가 엄마에게 고양이가 죽어서 어디로 갔느냐고 물었습니다. 예전에 제가 대학 졸업 후 천일기도 할 때 우리 스님과 같은 방을 썼는데 정전이 되어 촛불을 켰다가 다시 전기가 들어와 촛불을 끄게 되었습니다. 우리 스님께서 저에게 **'야, 촛불이 어딜 갔냐?'** 하고 묻길래, 스님께서 알고 묻는 줄 알고 **'촛불이 어디로 갔지요?'** 하고 되물었더니, **'어디로 가긴 어딜 가, 꺼졌지 이놈아.'** 라고 하셨습니다. 그래서 그때 그 스님의 경계를 알고서는 제가 **'스님은 꺼진 것만 봤군요.'** 라고 말했습니다. 이와 비슷한 경우입니다.

위에 경우 엄마가 아이의 질문에 할 말이 없으니까 숭산 스님께 여쭤보라고 했습니다. 아이가 숭산 스님께 여쭙자, 스님께서 아이에게 몇 살이냐고 물으니 7살이라고 했습니다. 다시 7살 되기 전에 어디 있었냐고 물으니 엄마 뱃속에 있었다고 답을 해서, 또 다시 엄마 뱃속에 있기 전에는 어디 있었느냐고 물었습니다. 만약 그 아이가 10살이 넘은 아이였다면 대충 '천국에요,' 라고 대답했을 것입니다. 그것은 마음이 이미 물든 것입니다. 그런데 아이는 아직 어려서 천국이라는 개념도 없고, 대답할 말이 없어서 마음이 쉬게 된 것입니다. 그래서 스님께 가르쳐 달라고 하였는데 **'네가 만약에 생각을 내면 모든 것은 다 이름과 모양을 갖는다.'** 고 말씀하셨습니다. 여러분들이 알고 있는 것 중에 이름이나 모양을 갖고 있지 않는 것 찾아보십시오. 아마 없을 것입니다. 여러분들이 알고 있는 내용들은 다 여러분이 이름과 모양이 주어졌을 때 파악한 내용입니다. 그리고 **'내가 생각을 내지 않으면 모든 것은 다 똑같다.'**고 하셨습니다. 여러분들이 여기 까지 오는 과정에서 많은 사람을 만나고, 이야기도 하고, 다양한 광경도 봤을 텐데, 만약 잠이 깊이 들어 꿈도 없고 생각도 없을 때 여러분들이 알고 있던 일체가 어디에 있을까요? 이것을 면밀히 생각해보면 **'있다고 하는 것은 내가 존재할 때만 있고, 없다는 것은 내가 존재하지 않으면 없다. 내가 생각을 일으키면 내 욕구만큼 이름이 붙는다.'**

제14강 색즉시공 공즉시색

색즉시공 공즉시색에 대해서 설명하겠습니다. 반야심경에서는 이 것을 두 가지 차원에서 해설합니다. 하나는 이치로써 헤아려서 이 해시키는 것이고 하나는 직관으로써 자기가 체득하게 하기위해 있 습니다. 처음에는 이것이 효과가 있을까 했는데, 어느 날 어떤 보살 에게서 전화가 왔었는데 이 공부를 열심히 하다 보니 속았다는 것 을 알았다고 말하는 것을 듣고 깜짝 놀랐습니다. 나는 말로써 이것 을 깨달을 수 있는 것이 내 밖에 없는 줄 알았는데 깊은 깨달음은 아니지만 스스로 말을 토설해놓은 것을 보니 자기가 마음 쓰는 것 이 지금 어떤 것인가 이해한 것을 알게 되어 기쁩니다. 앞으로도 선 적인 것, 직관적으로 이해할 수 있는 쪽으로도 해볼 것입니다.

'색의 근원은 공이고 공의 나타남이 색이다.' 여기서 공이라 했을 때 공이라는 것이 따로 실체가 있는 것으로 아는데 색의 근원이 비 어 없음인데 비어 없음이란 것이 그냥 비어 없는 것이 아니고, 인연 이 닿으면 의타기성으로 온갖 사물을 다 만들어내는 연기성을 공성 이라 합니다. 그래서 어떤 색이든지 그것을 따져보면 공성으로 귀결이 됩니다. 어제 제천에 일이 있어 같이 동행한 보살이 기독교 신자와 얘기를 하다 말이 막혔다고 했습니다. 기독교 신자는 일체가 하나님이 만들었는데, 불교에서는 일체유심조라 하여 왜 마음이 만들었냐고 묻는데 대답을 못했다고 했습니다. 여기서 모순점이 만약에 하나님이 있어 일체를 만들었다면 컵이나 죽비 같은 것도 하나님이 만들었을 거고 이것은 객관적으로 고정적 실체가 되고 컵이나 죽비에 대하여 짐승들도 같이 컵이나 죽비로써 인식해야 되는데 그렇지 못하다는 것입니다. 불교에서는 왜 마음이 만들었냐고 하면 정확한 언어로는 우리가 사물을 볼 땐 자기 욕심을 보는 것입니다. 내가 좋아하는 것이든 싫어하는 것이든, 남자든 여자든 기준이 있지요. 내가 만든 기준으로 보는 세계를 남이 만들어 낼 수 있을까요? 고양이가 컵을 컵이라고 할 수 없습니다. 그렇다면 컵은 하나님이 만든 것이 아닙니다. 이것은 굉장히 중요한 것으로써 이 도리를 깊이 깨달아 들어가면 색즉시공을 깨닫게 됩니다. 그래서 이 공은 흔적 없는 자리에서 흔적을 만들어 내는 것이 인간의 욕탐이고, 그 욕탐이 실체 없음을 가르쳐주는 것이 공이기 때문에 색즉시공이라 합니다.

'색의 근원은 공이라 했을 때 이 공은 연기성을 말한다.' 가령 죽비라는 색의 근원이 왜 공이냐? 스님이 조금 전 연기성이라고 했습니다. 죽비가 있고 죽비를 보는 내 욕탐이 부딪혔을 때 이것의 용도에 의한 내 개념이 생긴 것이 '죽비'라는 것입니다. 그것이 컵이건, 남자건, 여자건, 좋든, 싫든 이렇게 만들어진 것입니다. 그래서 색의 근원은 공이고 공의 나타남이 색이라 한 것입니다.

'공을 거꾸로 더듬으면 색, 색을 거꾸로 더듬으면 공이다. 자아는 모두 참 성품의 작용이다.' 이것을 더 직관적 선적으로 이해시키기 위해 일화를 소개해드리겠습니다. 제가 동국대 2학년 시절쯤, 군에서 제대한 스님이 들어왔는데 고산스님의 상좌였습니다. 이 스님이 어느 날 아침 공양시간에 발우를 펴고는 대중들 앞에서 저보고 '～를 잘하세요.' 하더니 선배 스님들에게도 말을 막 했었는데 평소에 그런 분이 아니었거든요. 그런데 점심시간 쯤 같은 방을 쓰는 스님이 방에 들어가 보니 그 스님이 숨을 쉬지 않고 잔다는 것이었습니다. 죽은 것입니다. 고통으로 몸부림을 치다가 죽었던 것입니다. 이 일이 있은 후 그 방이 어두운 뒷방인데 아무도 그 방에 들어가려고 하지 않았습니다. 그런데 저는 절에 들어오기 전에 금강경을 읽고 한 경계를 얻었었고, 대학 4년 동안 '율사'라는 별명도 있었을 정도로 아무런 거리낌이 없었던 터라 제가 그 방에 들어갔습니다. 어느 비오는 여름날 밤 누워 있는데, 머리를 산발한 여인이 문을 쓱 열더니 저를 보고 웃기에 누굴 찾느냐고 물었더니 씩 웃고는 문을 닫아 버리는 것이었습니다. 이상해서 문을 열고 나가서 누굴 찾느냐고 다시 소리를 쳤는데 기숙사 복도 저 끝에서 다시 씩 웃고 있었습니다. 그때 불교방송에 나오는 성본 스님이 동기인데 문을 열고 나오더니 '어, 미친년 또 왔네.'라고 하더군요. 비만 오면 머리를 산발해서 기숙사에 와서 아무방의 문을 열고는 씩 웃고 나가곤 했다는 것입니다.

색즉시공이 뭐냐 하면 만약 사람이 죽은 방에서라든지, 비오는 날 밤에 산발한 여인이 방에 들어왔을 때 귀신이나 괴이한 생각을 하게 되면 색이 공이 되지 못합니다. 이것은 일상에서 마음을 어떻게 써야 되는지 말하는 것입니다. **색이 공이 되는 이치가 마음에 욕탐이 없고 마음이 청정하고 떳떳하게 되면 어떤 경계에 있더라도 사물을 왜곡되게 보실 않습니다.** 마치 거울이 깨끗하면 있는 그대로 비치는데 티끌이 묻어 있으면 해석을 하게 됩니다. 저게 귀신일까, 뭘까 하게 되는데, 이렇게 되면 색이 공이 되지 않고 색이 색으로서 온갖 장난을 치게 됩니다. 이게 마음 쓰는 요령이라는 것입니다. 그 당시 우리는 젊었고 4년 동안 율사 소임을 했기에 부처님이 와도 쳐다보고 싶은 생각조차도 없었던 때였습니다. 그러니까 누가 와도 있는 그대로 보게 되는데 이것이 일부러 그러는 것이 아니고 스스로 그렇게 하는 것입니다. **색이 공이 되려면 마음 바탕이 떳떳하고 밝아야 되는 것입니다. 그러면 어떤 세계든지 있는 그대로 비추게 되고 비춤이 끝나고 나면 다시 옛 자리로 돌아가 고요해 지는데 그 자리를 '공'이라 하는 것입니다. 그러니까 공을 여의고는 색이 나타날 수도 없지만 색을 여의고는 공을 인식할 수 없는 자리이기 때문에 이것을 스스로 보게 하기 위해서 견성법을 말하고 마음을 깨달으라고 하는 것입니다.** 이것을 잘 알아듣게 되면 전에 어떤 분이 뭔가 알게 된 것이 무엇인가 궁금해서 물어온 것인데 자기가 알았다는 것이 진짜 맞는지 틀린지는 제대로 알면 스스로 알게 됩니다. 왜냐하면 가슴이 시원하고 천근이나 되는 짐이 쑥 내려가는 것 같습니다. 그런데 앞에서처럼 귀신 상념이 일어나거나 겨우 한 생각 경계에 의해서 분별심이나 시비심이 일어나게 되면 일체가 망상이 아니고 일체가 자기 욕심이 되는 것입니다. 그래서 마음을 깨닫기 전에는 여러분이 남자를 보든 여자를 보든 자기 욕탐을 먼저 보는 것입니다. 결국은 자기 욕심을 보는 것입니다. **여러분이 누구를 평가하는 것도 자기욕심을 보는 것입니다.** 그것을 마음을 다스려서 '아! 욕심 없이 살아야지.'하는 것은 안 됩니다. 깨달으면 됩니다. 왜냐하면 자기가 마음을 잘못 쓴 줄 스스로 깨달아야 비로소 마음자리가 드러나기 때문입니다. 그것을 설명하는 것이 '색즉시공'인 것입니다.

 '몸과 마음은 근원적 법칙의 표현이다.' 이런 식으로 표현하는 것은 하근기들이 공을 이해할 수 없으므로 어리적(語理的)으로 이해를 시키기 위한 것인데, 사실은 말은 전부 어리입니다.

 '이 법칙을 체험하는 수행이 중요하다.' 몇일 전에 날씨가 따뜻해서 뒷산 대밭에 올라갔다가 땅에 싹이 나는 것을 보다가 '싹이 난다.' 하는 순간에 '아! 내가 여기서 속았구나.' 하면서 또 경계가 달라졌습니다. 이런 것들이 자기 마음이 어떻게 흘러나가서 사물을 규정짓는가 알게 되면 이런 것들이 순간순간 보이는 것입니다. 그래서 정확히 말하면 **여러분이 사물을 보는 것이 아니고 욕심을 보는 것이라는 것을 알 정도가 되어야 비로소 마음을 닦는다든가 수행을 하는 것에 대한 진보가 있고 그것이 아주 평범하다는 것을 알수 있습니다.** 그런데 옛 사람들이 너무 과대 포장을 해서 수행한다는 것을 대단히 뛰어난 어떤 다른 것으로 착각을 하게 만들어 놓았습니다. 왜냐하면 거기에 여러분 욕심이 먼저 선행이 돼서 그 단어 자체는 여러분 식으로 다시 포장을 해서 이해를 하기 때문입니다.

 색즉시공 했을 때 색의 근원은 공임을 설명하는데 어머니 뱃속에 여러분이 있을 때 어머니가 여러분을 키운 것도 아니고, 자기 자신이 자란 것도 아니며, 바로 인연의 힘, 공의 힘이 여러분을 키웠다는 것입니다.

 '공의 파동은 생명의 근원적인 힘이다. 그래서 이 자리를 깨달으면 일체 고통이 없다.' 일체 고통이 무엇에 의지하고 있느냐를 내면으로 살펴보면 아주 단순하게 자기 한 생각 일으킴에 의지하고 있습니다. 그래서 생각 일으킴이 자기 욕탐인 줄 알게 되어도 이것이 사라지기 때문에 일체 고통이 여기서 사라집니다. 아주 간단하게 수행하는 방법이 두 가지 있습니다. 머리로 '아! 그렇구나.' 하고 기억하는 사람이 있고, 이것을 이해했어도 그렇게 하기가 싫어하는 것입니다. 지금이 편하고 행복하다고 생각해서 수행을 안 하는 것입니다.

'자의식으로 ego(몸이 나라는 생각)가 싹트고 ego에 의해서 근원적 생명이 무너질 때' 여기서 근원적 생명이 무너진다는 것은 생명 자체가 따로 무너지는 것이 아니고 여러분이 사물을 욕탐으로 볼 때 여러분의 참마음을 가리므로 근원적 생명이 무너질 때라고 한 것입니다. 그때 고통이 싹틉니다. 왜냐하면 욕탐으로 보게 되면 자기보다 잘난 사람이 있으면 어떤 식으로든 한번은 헐뜯습니다. 반대로 자기보다 못나 보이면 바로 교만해지고 오만해집니다. 이 ego에 의지해서 세상을 살기 때문에 고통이라는 것입니다. 도를 깨닫는 것은 이것을 기약하고 깨닫는 것이 아니라 끝없는 노력과 성실히 했을 때 어느 날 스님의 법문이나 내면의 생명의 작용에 의해서 툭하고 '아! 내가 여태 이렇게 마음을 썼구나.' 하고 그 마음이 탁 쉬게 됩니다. 그 다음부터는 마음을 쓸 때 자기가 구태여 어떻게 살아야겠다는 이런 생각을 쓸 필요가 없게 됩니다. 그냥 자기가 쓰는 마음이 보이거든요. 그렇게 마음이 일어나려 하면 문득 쉬는 것입니다. 이런 걸 전문적으로 하는 것이 위빠사나 수행입니다. 위빠사나가 관찰인데, 선에서는 하나하나 분석 관찰을 하지 않습니다. 하나하나 분석하는 놈이 아직 남게 되기 때문입니다. 그래서 몰록 뛰어넘는 것을 말하기에 선에서는 **'한번 뛰어넘어서 여래의 지위에 들어간다.(일초직입여래지:一超直入如來地)'** 이렇게 표현합니다.

불교에서는 무심하고 분별하지 말라고 합니다. 그냥 무심하고 분별하지 않을 수 없으니까 무심하지 못하고 분별하기 이전의 내 마음 자리를 한번이라도 맛보라고 해서 깨달음을 이야기 하는 것입니다. 깨닫기 전까지는 무엇을 하든지 자기의 욕심을 보기 때문입니다. 여러분들이 TV를 보면 부잣집 여인이 자기 자식을 인형처럼 키우는데 나중에는 자식들이 부모에게 반발하는 모습을 자주 볼 수 있을 겁니다. 자기욕심으로 상대방을 보게 되니 상대방 욕심하고 부딪히게 되는 것입니다. 아담과 이브가 타락을 한 것은 바로 자기라는 입장에서 사물을 봤기 때문입니다. 선악 이전에 '나'라는 ego가 있습니다. ego는 무명에 의해 나온 것이고 그래서 편안하고 행복한 세계에서 축출당한 것인데, 불교에서는 그것을 무심으로 다스려야 된다고 한 것이고 그런데 무심이 쉬운 것이 아니라서 이해도할 수 없으니까 우선 그것을 맛보라고 불교에서 모든 것에 우선해서 선악에 물들기 이전을 깨달으라고 한 것입니다. 그것이 공성이라는 것입니다. 그래서 **무아와 어긋나기 때문에 고통이 생긴다.**'고했습니다.

 '색즉시공'을 한 이유는, 범부는 눈앞에 있는 것을 욕탐으로 보는데, 그 욕탐을 쉬어야하기에 먼저 공을 얘기하여, 색이 공하다고 한것입니다.

 만약에 나를 주장하게 되면 내 욕탐이 자동적으로 발동하고 그러면 세계는 내가 좋아하거나 싫어하는 두 가지로 나눠지게 됩니다.

 그런데 만약 무심을 증득하게 되면 **'눈은 색을 능히 보지 못하고 다만 진공이 능히 보고, 귀는 소리를 능히 듣지 못하고 다만 진공이 능히 듣고, 코는 냄새를 능히 맡지 못하고 다만 진공이 능히 맡고, 혀는 능히 맛을 보지 못하고 진공이 능히 맛을 보고, 몸은 스스로 감촉하지 못하고 진공이 감촉하고, 발은 스스로 걷지 못하고 다**

만 진공이 능히 걷고, 손은 스스로 쥐지 못하고 다만 진공이 쥔다.'

진공이 보고 듣고 맡고 감촉하고 걷고 쥔다는 것은 욕탐으로 여러분이 사물을 보지 않고 마음을 쓸 때의 상태를 설명한 것입니다. 진공을 다른 말로 무심이라 할 수 있습니다. 무심이란 내 욕구 없이 사물을 본다는 것인데, 있는 그대로 볼 수 있는 것입니다. 만약 그렇지 못하면 앞의 예처럼 비오는 날 기숙사에 산발한 여자가 들어와 씩 웃는 것을 보면 내 욕탐에 의해 고통이 일어납니다. 그런데 경계에 대해서 욕탐이 없으면 경계가 비치는 대로 반응을 합니다. 문을 여니까 누굴 찾아왔냐고 묻는 것입니다. 이것이 마음을 증득하지 못하면 결국 고통에 휩쓸리게 됩니다. 그래서 가장 큰 고통이 생사입니다.

태어나고 죽는 원인이 사물을 볼 때 욕탐으로 보는데서 비롯된 것입니다. 그래서 불법을 알지 못하면 내가 아무리 똑똑하고 순수하고 깨끗해도 소용이 없습니다. 지혜가 없기 때문에 결국 순수하다는 욕탐, 이것이 가장 이상적이라는 생각으로 살 뿐입니다. 그래서 깨닫지 못하면 생사를 못 벗어나는 이유인 것입니다.

'색이 공인 줄 알면 공이 곧 색이다.' 색이 공인 것을 아는 것이 소승 아라한인데 거기서 끝나게 되면 '깨달아 보니 일체가 꿈이고 쓸데없다.' 이렇게 되어 일체 세상 사람이 사는 것을 부정해 버리는데 이것을 공에 떨어졌다고 하는 것입니다. 그런데 올바르게 깨닫게 되면 공이 곧 색이 됩니다. 공즉시색이 됩니다,

'색을 색이라고 하면 참색이 아니다.' 색은 스스로 색이라고 한 적이 없습니다. 스스로 자기 욕탐에 맞춰 어떤 색이라고 하는 것입니다. 좋은 사람이나 나쁜 사람이라 하는 것도 색입니다. 그러니까 색을 색이라 하면 참색이 아닌 것입니다. 성철스님이 '산은 산이다.'

라고 해놓고 그 망상을 깨뜨리기 위해 '산은 산이 아니다.' 라고 했습니다. 여기까지가 아라한의 단계이고 보살들은 다시 '산은 산이다.'라고 한 것입니다.

'공을 공이라고 하면 참공이 아니다.' 그런데 소승은 공을 공이라고 하는 것에 빠져 버립니다. 그래서 공부를 할 수록 산속에 숨고 고귀한 명예욕에 떨어집니다. 제 도반들 중에 공부를 별로 안 한 것 같은데 본인은 대단한 도인으로 착각한 사람이 있습니다. 그것이 공에 떨어진 것입니다.

옛날에 반산 보적선사가 계셨는데 이 스님의 제자가 포대화상(布袋和尙)입니다. 포대화상은 원하는 것을 자루 속에서 다 끄집어내어 준다고 하여 미륵 부처의 화현이라고 합니다. 반산 보적선사는 두 차례에 걸쳐 도를 깨달았다고 합니다. 첫 번째는 하루 종일 방안에서 참선만하다가 저자거리에 나간 적이 있었습니다. 정육점 앞을 지나가는데 어떤 사람이 여주인한테 고기를 주문해서 받아보니 자기 맘에 안 들었던지 좋은 고기는 없냐고 물어보았습니다. 여주인이 언짢아서 남편에게 **'어떤 것이 좋은 고기냐?'** 하고 물었는데, 남편이 **'어떤 것인들 좋은 고기가 아니겠습니까?'** 하는 소리를 듣고 스님은 마음이 탁 쉬어 버렸습니다. 무심지를 체득한 것입니다. 이 말은 잘 이해해야 됩니다. 이 말을 이해하게 되면 일단 입문구, 마음자리의 체성을 깨닫게 됩니다.

보적스님이 마음을 깨닫고 난 뒤 어느 날 다시 산을 오르다가 상여행렬을 만났습니다. 상두군이 상여 소리로 **'북망산이 어디 매냐, 인제가면 언제 오나. 북망산이 멀고먼데 지금 어디까지 가고 있느냐'** 하고 죽은 고인에게 묻는 소리에 따라가는 상주가 **'아이고 아이고'** 하는 소리를 하는 순간 다시 홀연히 마음을 깨달았습니다.

앞에 깨달은 것과 뒤에 깨달은 것은 차이가 있습니다. 앞의 것은 마음의 체성을, 뒤에 것은 마음의 작용을 깨달은 것입니다. 죽은 사람에게 지금 어디가고 있냐고 물었는데 상주가 '아이고' 하는 소리를 듣고 반산 보적선사는 공에서 빠져 나온 것입니다.

대개 마음을 닦게 되면 처음엔 공에 떨어지게 됩니다. 공이 곧 색인 도리를 알지 못하면 공부하다 모두 귀신 굴에 떨어집니다. 일 없고 고요함에 빠져서는 스스로 큰 공부했다고 헛소리를 하는데, 거기까지도 알음알이가 들어간 것임을 본인이 모르는 것입니다. 왜냐하면 마음이 편하고 시원하기 때문입니다. 그런데 자유롭진 못합니다.

그래서 옛 스님은 성문(공을 깨달은 사람)은 숲속에 있어도 마구니가 틈을 보는데 보살은 저자거리에 있어도 마구니가 틈을 못 본다고 했습니다.

옛날 어느 큰 스님이 우물가에 떨어진 쌀알을 보고 누가 그랬느냐고 하면서 쌀알을 주우려 하는데 웬 노인이 나타나 절을 하기에 누구냐고 물었더니 그 절을 수호하는 토지신인데 십년 동안 스님을 찾다가 오늘 처음 뵙는다고 했습니다. 이 스님이 쌀에 대해 한 생각 일으킨 순간 토지신이 스님을 본 것입니다. 여러분도 귀신한테 그렇게 띄는 것입니다. 기숙사에서 귀신에 대한 생각을 갖고 있었다면 귀신이 나를 봤을 것이고 꿈속에도 나타나고 현실에서도 나타나게 됩니다. 그렇지만 한 생각에 의지하지 않고 무심자리에 멈추어 있으면 공동묘지에서 잠을 자더라도 귀신이 나를 못 봅니다. 이것이 공즉시색입니다.

'일러봐라. 도대체 이것이 무엇인가?' 여러분 마음자리에 체성도 설명했고 작용도 설명했는데 도대체 이게 뭘까? 모를 때는 그 모르는 마음을 끌고 가는 것을 화두라 합니다. 어떤 보살이 몇 번 법문을 듣고서는 자기 남편과 상의를 했는데도 답이 나오지 않으니까 답답해서 몇 번이고 답을 가르쳐 달라고 조르는 것입니다. 제가 답을 가르쳐 줄 리가 없지만 그런 사람은 공부를 제대로 할 수가 있습니다. 만약 이 한 생각으로 끌고 가다 보면 문득 욕심으로 보던 경계가 사라지게 되고 마음이 '아! 이게 내 마음인가.' 하게 되는데 그래도 아직은 한 방망이를 더 맞아야 됩니다. 비어 없음만 알고 작용을 모르기 때문입니다.

옛날 어느 큰스님에게 고관대작이 와서 **'어떤 것이 불법의 큰 뜻입니까?'** 라고 물었을 때 큰스님이 **가만히 있자** 상대방이 그것을 못 알아들었던 것입니다. 그러자 옆에 있던 시자가 **'할'**을 했는데 큰스님이 지금 뭐하느냐고 물었습니다. 시자가 **'먼저 정으로 묶고 혜로써 뽑아 버립니다.'**라고 했습니다. **마음을 깨달으려면 먼저 고요함이라는 정이 필요하지만 그것이 도는 아닙니다.** 그다음 '혜'는 작용으로써 본성을 확연히 깨닫게 하는 것입니다. 이런 것들을 조사구라 하는데 수행자들끼리 토론하면 상대방 경계가 어느 정도인지 알 수 있습니다.

'일러보라 도대체 이것이 무엇인가? 온몸이 통체로 이것이고 전신이 모두 이것이다.' 마음을 깨닫게 되면 그대로 드러납니다. 스님이 평생 작게는 여러 번, 크게는 세 번을 깨달았습니다. 최초는 고등학교 때 금강경을 보고 마음의 본성을 처음 깨달았고, 두 번째는 대학 1학년 쯤 남해 보리암에서 일체종지를 얻게 하리라 하고 관음기도를 하는 도중 누가 능엄경을 읽는데 '마음도 아니고'하는 그 소리를 듣고 천지와 내가 하나가 되는 것을 깨달았습니다. 그 후 너무 쉽게 알아버려서 도가 별거 아닌 것 같아 별로 안 닦았습니다. 그리고 바로 후회가 되어 이 자리에서 10년 정도 공부를 하다가 어느 날 산에 오르다 땅속에서 풀이 나는 것을 보는 순간 번뜩하면서, 비로소 천하가 태평해졌습니다. 이것을 알게 되니까 '전신이 모두 이것이다.' 라는 것이 이해가 되었습니다.

옛 스님이 '산색문수안(山色文殊眼)' 이라 했는데 봄날에 연두색 잎이 피고 온산이 푸르게 장식되는 것이 문수보살의 눈이라는 것입니다. 도라는 것은 눈에 보이는 두두물물이 모두 문수보살의 안목인데 여러분들 눈에는 욕탐으로 보이니 보일 수가 없습니다. 그다음 '수성관음이(水聲觀音耳)'라 하여, 흐르는 계곡의 물소리는 관세음보살의 귀라고 했습니다. 능엄경에 보면 도를 닦는 가장 빠른 방법이 관세음보살의 이근원통법(耳根圓通法)이 있는데 소리가 들리면 그 듣는 자리를 비춰보는 방법으로 이것을 회광반조(回光返照)라 합니다. 그것이 관세음보살이 도를 닦는 방법입니다. 여러분들도 스님이 하는 얘기가 잘 이해되지 않으면 관세음보살을 부르면서 부르는 놈을 비추어 듣는 연습을 해 보십시오. 옛날 금봉스님이 **'산색문수안(山色文殊眼), 수성관음이(水聲觀音耳), 금일세연진(今日世緣盡:오늘 내가 세상의 인연을 다 했는데), 의구수동류(依舊水東流: 옛것에 의지하여 물은 동쪽으로 흐르더라)'** 이 게송을 읊고서 해인사 계곡에서 앉은 채로 열반에 드셨는데 이 동쪽으로 흐르는 도리를 알게 되면 조사의 구를 깨닫게 됩니다.

제15강 수상행식 역부여시

'제불보살 시방세계가 하나의 공계' 기본적으로 수행자는 무심으로 공의 마음을 갖고 삽니다. 그러니까 공계라고 합니다. 수행자 입장에서는 일체세간이 공계, 비어 없는 세계이고, 중생은 모양에 집착해서 인연이 생기면 있다하고 인연이 없으면 없다고 합니다. 즉 있고 없음에 의지해서 사물을 보고 판단하는 것이 중생의 업력입니다. 그래서 갖가지 분별을 하여 이것에 의해 생사를 따르는 것입니다.

'알겠는가? 공도 없고 색도 없도다.' 그저께 산신청 염불할 때는 공도 없고 색도 없는 경계였습니다. 아무나 그런 것이 아니고, 그 도리를 아는 사람이 할 때만 가능한 것입니다. 여러분이 할 때는 산신에 대한 욕탐이 있기 때문에, 즉 산신은 높은 사람이고, 나는 낮은 사람이라는 마음이 들어가 있기 때문에 산신은 산신이고 여러분은 여러분입니다. 만약 도를 요달한 사람이 할 경우에는 그냥 내 한 생각 연기에 의해서 나타나고, 내 필요에 의해서 쓰는 도구일 뿐입니다. 이러한 것이 다른 점입니다.

'내재하는 이 마음은 하늘처럼 순수하여 붉은 구름, 하얀 구름 저

절로 사라진다. 어디에도 두루 있는 이 마음은 허공 같아 태어나지 않는 영역과 나눠지지 않나니.' 태어나지 않는 영역과 나눠지지 않았으니 나도 난바가 없습니다. 옛날 효봉 스님이 이승만 대통령이 스님의 생일이 언제냐고 물었을 때 '난 바가 없습니다.'라고 한 대답과 같은 도리입니다.

'삼계로 윤회하는 근원을 잘라버린다.' 만약 그 도리를 알게 되면 생사심이 끊어져 저절로 욕계, 색계, 무색계를 윤회하던 근원이 잘라진다는 겁니다.

'색을 보는 것은 마음을 보는것.' 여러분들이 색을 보는 것은 여러분들의 욕심을 보는 것이라고 했습니다.

'마음은 그 자체로 마음이 아니고 색으로 인한 마음인 것이다. 색은 그 자체가 색이 아니고 마음으로 인한 색인 것이다.' 그래서 색즉시공, 공즉시색인 것입니다. 그러므로 색을 보는 것이 마음을 보는 것입니다.

옛날 극장에 가면 영사막 위로 수많은 인생이 지나갑니다. 그런데 영상이 끝나면 영사막만 남게 됩니다. 그 영사막은 우리의 본래 모습이고, 그것을 스쳐간 수많은 영상들은 여러분들이 여태껏 써왔던 업력에 의해 형상화 된, 연기성에 의해 형상화 되었다가 인연이 다하면 사라지는 그러한 것들입니다. 그래서 무상하고, 무아고, 괴롭고, 실체가 없다는 것입니다. 오온이 공한 것도 그러한 차원이고, 그렇다고 우리의 본성이 없다는 것은 아닙니다. 나타나 있는 영화의 내용인 유무는 사라지지만 유무에 속한 적 없는 하얀 영사막은 사라지지 않습니다. 그 하얀 영사막인 상태로 존재할 때의 마음 자리를 체득해야 되는데, 여러분들이 일찍이 경험한 적이 없기 때문에 그것이 무엇인지 모릅니다. 이러한 마음들이 무언가 하는 것이 '이 뭣고?' 입니다.

색만 그런 것이 아니고 수 · 상 · 행 · 식도 그러하다는 것입니다.
여기서 오온에 대해서 얘기하는 것이니까 색이 그러하면 색에 대해 일어나는 느낌, 상상, 의지, 그에 의한 사물에 대해 완벽하게 알았다는 '식' 분별력도 그렇다는 것입니다. 우리가 의지하고 있는 것은 깨닫기 전에는 색 · 수 · 상 · 행 · 식을 자기로 알고, 자기 생각으로 알고, 그에 의지해서 살았으니까 아무리 머리를 잘 굴리는 사람일지라도 결국 꿈속에서 노래하는 사람이라는 것입니다.

'괴롭고 즐거움의 감수도, 감수에 의한 상념도, 상념에 의한 현행과 의지와 충동도, 이것을 종합한 인식과 지식도 근원적인 공의 표상이다.' 앞의 색즉시공에서는 일체를 다 끊어버립니다. 그렇지 않으면 본바탕의 맛을 볼 수가 없습니다. 그런데 일단 맛을 보게 되면, 이 사람은 그 맛본 것에 의해서 어떤 경계에서도 흔들리지 않으므로 색 · 수 · 상 · 행 · 식을 써도 이것이 공의 표현이 되어버립니다. 이것이 보살의 경지입니다.

'수 · 상 · 행 · 식은 생명의 의식과 정신작용이다.' 이것은 의타기성에 의해 만들어진 작용입니다. 이 의타기성은 전생의 업력만큼이므로 염의타기성이라 합니다. 부처님도 의타기성이 있습니다. 부처님도 태어나서 밥도 먹고, 세상도 보고 하는 이것은 정의타기성이라 합니다. **의타기성은 인연에 의해 사물이 만들어지는 것으로 인연이 다하면 흩어집니다. 부처와 중생이 여기서 갈라집니다. 중생은 의타기성에다 자기 욕탐을 붙여서 사물을 지배하려 하기 때문에 변계소집성으로 흘러버립니다. 그런데 의타기성에서 변계소집성이 사라지면 의타기성 자체가 원성실성이 되어버립니다. 그러니까 이 현상계가 바로 진리가 되는 것입니다.** 이것을 모르면 중생을 교화할 수가 없고, 중생을 어둡게 만듭니다. 원성실성이 따로 있는 것이 아니고 이 삶 자체가 원성실성입니다. 그렇게 되지 못하는 이유는 거기에다 변계소집성을 덧 씌어서 보기 때문입니다. 이것을 간단히 욕심으로 보아 무명이라고 할 수 있습니다. '색즉시공 공즉시색'은 바로 현상이 곧 진리임을 말한 것입니다. 그런데 남방불교 위빠사나 수행에서는 현상이 진리인 법이 없습니다. 현상은 무상하고 무아고 공한 것이기 때문에 색즉시공이 맞습니다. 그러나 공즉시색은 맞지 않습니다.

고와 락을 느끼고(수受) 느낌에 따라 좋고 싫은 이미지를 형성하고(상想), 이미지에 따라 취하고 버리려는 자기의지와 자아의식이 형성되고(행行), 자의식과 더불어 주위환경으로부터 지식을 얻고 선악의 구별을 하므로 비로소 판단력이 생기는데(식識), 마음을 깨달은 사람은 이대로 써도 괜찮지만 중생은 같은 오온을 써도 물든 마음을 쓰기에 이것이 업력으로 나타나게 됩니다. 오온 자체가 기능적인 것이므로 나쁜 것은 아닙니다. 여기서 욕탐이나 무명에 의해서 생사업을 만드는 것은 중생이고, 기능적인 것을 기능적으로 쓰는 것은 도를 닦거나 깨달은 수행인인 것입니다. 같은 산신을 불러도 기능으로써 부르는 것은 도인이 하는 것이고, 중생은 산신을 불러서 이득을 보려고 합니다.

'오온을 똑같이 써도 중생이 쓰는 오온은 불행을 형성하는 오온이 된다.'

고(苦), 고통이 왜 생기느냐? 생명의 잘못된 조건으로 생기는데 그럼으로써 노(怒), 분노하게 된다는 것입니다. 그리고 자의식을 형성시켜 증오하게 되고, 그러면 마음이 삐뚤어지고, 악하게 되고, 악의업(惡意業)을 만들게 되어 남을 해하게 됩니다. 남을 고통스럽게 만들며 고통을 주게 되면 타인으로부터 그 고통이 나에게 다시 돌아오게 됩니다. 생명의 잘못된 조건으로써 오온을 쓰게 되면 이렇게 됩니다. 그런데 행복을 형성하는 오온은 생명의 바른 조건인데, 부처님은 생명의 바른 조건으로 사는 것을 팔정도로 이야기합니다. 이렇게 살면 오온의 구속에서 벗어날 수 있습니다. 생명의 바른 조건이 있게 되면 희(喜), 기쁜 마음이 일어납니다. 그러면 감사하는 마음이 나타나게 되고, 이것은 올바른 정신으로 키워져서 선하게 되고, 행동이 올바르게 되면 다른 이에게 기쁨을 주게 되고 그 기쁨이 다시 나에게 되돌아옵니다. 이것은 아주 기초적인 진리로 반야심경을 가르칠 때 쓰는 경우입니다. 수행하는 사람은 직감적으로 '아! 내가 한 생각이 망념이구나.'하고 바로 깨달아야 합니다.

 '만약 생사를 끊고 윤회를 쉬고자한다면 한 뿌리를 환하게 비추어라. 4대 오온이 깨끗하여 다 벗어지면 모든 것이 텅 비어서 나란 것이 없게 되어 그 자리에서 바로 공적하게 된다.' 결국 생사윤회를 끊으려면 마음의 공성을 깨닫지 않고는 어렵다는 것입니다. 아무리 많은 공덕을 짓고 보시를 해도 유루법입니다. 현상계의 복은 만들어질 수 있지만 부처님이 누리는 무위의 열반락은 누릴 수가 없습니다. 또 그런 것들은 생사를 끊을 수 있는 힘조차도 없습니다. 생사 쪽으로 계속 마음을 쓰게 하는 그 본체가 자아인데, 그 자아는 오온이 올바른 도에서 떨어진 곳에서 생기는 인간의식입니다. 여러분들이 '내가'라고 하는 자체가 우리의 본성을 몰랐을 때 나타나는 불성의 그림자, 즉 본성의 작용을 자기라고 착각했을 때 일으키는 인간의식인 것입니다. 고양이는 고양이 의식이라고 할 수 있겠지요. 그 의식을 지키려고 전쟁도 하고 싸움도 하고 온갖 짓을 다하는 것입니다.

'**자아를 확고히 주장하면 광겁의 윤회가 발생한다.**' 오온이 공함으로써 관자재보살이 일체고액을 없앨 수 있었던 것은 오온을 항복시켰기 때문입니다. 바로 모든 고액이 의지할 바가 없어지기 때문입니다. 그래서 자의식이 많은 사람은 주위를 불쾌하게 하고 추악한 마음을 형성하게 됩니다. 사람들은 자기가 자의식을 일으키는 것은 잘 보지 못해도 남이 일으키는 자의식은 잘 봅니다.

얼마 전에 어떤 보살을 데리고 원주에 있는 항아리 파는 가게에 갔다가 일을 보고 오는 도중에 그 보살이 도자기 파는 여주인이 아주 내숭쟁이로 보인다고 했었는데 자기하고 아무 관계도 없는 사람을 왜 내숭쟁이로 봤을까요? 그것은 자의식으로 대상을 보는 것으로써 아주 무서운 것입니다. 그런데 여러분들이 다 그렇다는 것입니다. 우리가 평소에 그렇게 업력을 쌓고 있습니다. 자의식은 어리석어서 자기마음의 추악함을 깨닫지 못합니다. 모든 것을 자기입장에서 보기 때문입니다.

'**자의식은 자랄수록 방자해지고 성격이 삐뚤어져서 정신연령이 유치해진다. 결국은 우리를 불행으로 이끌어간다. 그래서 자아는 자기 존재를 유지하기 위하여 존재의 조건 그 자체를 파괴한다.**' 존재의 조건 그 자체를 파괴한다는 것은 나와 맞지 않는 사람을 욕할 때 상대방의 존재를 파괴시키려고 하는 말입니다. 사실은 내가 남을 욕하려면 내 마음에서 욕하는 개념이 먼저 떠오르게 되고, 결과적으로 자신이 먼저 받게 되는 것입니다. 내가 남을 칭찬하려면 내 마음에서 남을 칭찬하려는 개념이 먼저 떠올라야 됩니다. 그 개념을 남에게 입으로 말한 것뿐이지, 사실은 자기가 먼저 받은 것입니다.

'**이 자의식을 소멸하는 것이 참선이다. 이 과정에서 자기의 어리**

석음을 간파할 수 있다.' 그래서 수행이 중요한 것입니다. 수행을 안 하게 되면 법문을 수없이 들어도 아무런 소용이 없습니다. 법문을 듣고 제대로 깨달았다면 다른 사람으로부터 존경을 받아야 되는데, 존경받는다는 것은 내가 절에 많이 다니고, 오래 다니고, 스님과 많이 안다는 것으로는 존경의 대상이 아닙니다. 이건 현상계의 일일뿐입니다. 존경의 대상인 것은 내가 나를 비워서 상대방이 나로 인해 편안하게 될 수 있을 때 존경의 대상이 되는데 도를 닦으면 자연히 그렇게 됩니다.

배려하는 마음이 자연히 나오는데 그것을 지혜라고 합니다. 수행을 제대로 하게 되면 자기가 어리석게 마음 쓴 것을 간파할 수가 있습니다. 앞에서 어떤 보살이 자기가 평생 속아 살았다는 이야기를 했는데 이러한 것을 조금 알게 되었으니까 그러한 얘기를 할 수 있는 것입니다. 모르는 사람은 그런 얘기를 할 수도 없습니다. 한마디만 들어봐도 이 사람이 뭘 봤는지 알 수가 있습니다.

'수행 중에 생명의 근원적 작용이 일어나고,' 여기서 생명의 근원적 작용은 두 가지가 일어납니다. 하나는 마음의 지혜로써 일어나는 것이 있고 또 하나는 수행을 제대로 하게 되면 몸의 기혈이 훈훈하게 일어나서 몸과 마음이 화평하게 됩니다. 이것이 생명의 근원적 작용입니다.

'거기서 생명을 올바르게 유지하려는 작용이 생긴다.' 수행을 하는 사람은 항상 자기를 보지 남을 보지 않습니다. 남을 볼 틈이 없습니다. 자기가 남에게 한 행동을 보고 자기 마음이 일으킨 생각이 불법에 맞는가를 보게 되므로 자연히 마음이 내면으로 향하게 되는 것입니다.

역부여시는 **'다시 위아래도 이와 같다.'**는 의미입니다. 역부여시의 해설을 보면 **'이미 내가 없는 연고로 만법이 다 비었다.'** 라고 되어 있는데 스님이 해설해 주는 것은 교학적인 면도 있지만 마음을 깨닫게 하거나 마음에 본성을 실견(實見)한 사람이 봤을 때는 실제 만법이 없다는 것입니다. 그렇기 때문에 관자재보살이 오온이 공함을 보고서 일체고액을 뛰어넘은 이유도 나 없음을 실견하거나 깨달은 사람의 입장에서는 어떠한 것을 보든지 그것은 사람이 실제로 체험하고 경험한 바를 얘기하는 것입니다. 내가 없음을 요달한 법인데 그것은 실제 체험이 되고 경험이 되기에 만법이 없다는 것입니다. 여기서 만법이라는 것은 여러분들이 사물을 보고 평가하는 마음입니다. 만법이라 해서 바깥에 있는 형상, 고정된 형상으로 나타난 것이라고 하면 안 되는 것이 여러분들이 바깥에 있는 형상이 아름답거나 추한 것은 내가 인식하지 않으면 나한테 전혀 영향을 미치지 않기 때문에 그 공부를 따라 들어갈 때는 **바깥에 있는 무엇을 쫓아서 해석하려는 그 마음이 먼저 내 마음을 가린다는 것을 알아야, 내가 없는 연고로 만법이 비었다는 이 도리를 이해할 수 있습니다.** 여러분들이 꾸준하게 마음에 비춰 깨닫겠다는 기대감 없이 오랜 세월 순수하게 수행하다보면 문득 한 생각이 툭 떨어지는 때가 있는데 이때 만법을 보면 만법이 아닙니다. 그래서 '이미 내가 없는 연고로 만법이 다 비었다'라고 얘기하는 것입니다.

'그러므로 두 번째 견해에 떨어지지 않는다.' 두 번째 견해라는 것은 공부의 묘한 비결인데 마음을 요달한 사람은 자기 마음이 마음을 더럽히는 까닭을 순간적으로 깨닫게 됩니다. 예를 들어 여러분들이 어려서 활활 타는 불이 뜨거운 줄 모르고 만지게 되지만 뜨거워서 고통이 느껴지면 다시는 불을 안 만집니다. 이와 같이 마음을 한 번 탁 요달하여 만법이 비었음을 알게 된다면 두 번 다시 만법에 마음을 붙잡히지 않습니다. 즉 집착하지 않는 것입니다. 그래서 두 번째니까 견해에 안 떨어지는 것입니다. 다른 말로 얘기하면 일상생활에 사람을 보고 사물을 보고 경계를 대하고 여러 가지를 대했을 때 항상 나 있음 입장에서 파악을 하기 때문에 그 내용이 딱 두 가지 견해 밖에 없습니다. 교리적으로 보면 상견과 단견, 항상 있는 것으로 파악하거나 아니면 곧 없어지는 견해로 파악합니다. 주관적인 입장에서는 '좋은 것과 싫은 것', '괴로운 것과 즐거움' 이 두 가지로 판단하는데 마음을 요달하면 이런 것이 사라지니까 두 번째 견해에 떨어지지 않는 것입니다. 이것은 자기가 한번 깨달아 봐야 여태까지 자기가 무의식적으로 집착하고 쫓아다닌 것들이 불에 대인 화상처럼 고통스럽고 어리석고 필경에는 고통의 원인으로 다가오는 걸 알기에 코앞에 어떤 경계를 던져주어도 거기에 마음이 머물지 않아서 두 번째 견해에 떨어지지 않는 것입니다.

'떼까치 쉬지 않고 지저귀니 봉황이 깃들 수 없다.' 보통 범부들은 이치를 모르니까 쉬지 않고 우는 소리처럼 마음에서 끊임없이 자기 입장에서 탐착, 분별, 해석, 번역하고 또 다른 상상을 하게 됩니다. 까치와 봉황의 차이는 엄청납니다. 원래 봉황은 용을 잡아먹는 새, 금시조라 해서 새 중에서 가장 위력이 센 새인데, 마음을 새에 비유해 아주 상스럽고, 힘 있고, 위력 있는 새를 봉황이라 합니다. 까치는 흔해 빠진 것이 까치라 떼까치가 울면 같이 놀지 않고 봉황이 자취를 감춘다는 것입니다. 즉 마음을 요달하지 못하고 내 입장에서 끊임없이 분별하고, 사량하고, 집착하고, 치고 박으면 마음자리는 드러나지 않는다는 얘기입니다.

'모든 인간의 내면에 숨겨진 불성은 반야바라밀다를 행함으로써

눈뜨기 시작한다.' 반야바라밀다를 행해야만 관자재보살이나 봉황이 나타나는데 이것은 지혜로써 자기 마음을 깨달아야 된다는 뜻입니다. 그래서 깨닫기 전에는 마구니라고도 하는 것입니다. 여러분들이 아무리 기특한 생각이나 지혜로운 생각을 일으켰어도 내 몸뚱이를 기준으로해서 나온 생각이나 내가 태어나서 익히고 배우고 경험한 것만큼의 마음이기에 그런 것으로는 반야바라밀다가 나오지 않습니다. 반야는 나 없음을 먼저 이해하고, 실행하고, 깨달음으로써 눈을 뜨기 시작한다는 말입니다.

 '그리하여 생명의 근원인 공을 이해하고' 이것도 수처인연(隨處因緣)을 따라서 방편을 베푼 것이지 생명의 근원인 공은 아닙니다.

 서울에 사는 어떤 재벌 보살이 44살에 말기 암에 걸려 죽게 생겼는데 스님과 인연이 있어서 자기 49재를 부탁해 서울 갈 일이 있어 우연히 들른 적이 있었습니다. 그분을 보니 재산, 젊음, 자식, 남편에 대한 애착이 너무 많아 보였습니다. 나를 보자고 한 이유를 물어봤더니 49재 법문은 스님이 꼭 해줬으면 좋겠다고 하기에 내가 미리 해주겠다고 했더니 어떻게 미리 해주느냐는 것입니다. 이것은 대승법으로써 마음공부를 한 사람만이 얘기할 수 있는 것으로 일반인들이 이렇게 하면 머뭇머뭇 거릴 것입니다. 그 보살에게 뭐가 제일 마음에 걸리느냐고 했더니 평생 남편을 미워한 것이 맘에 걸리고, 그래서 참회를 하겠다고 하는 것을 내가 참회하지 말라고 했습니다. 이 얘긴 잘 들어야 합니다. 참회 안하면 어떻게 죄가 없어지느냐고 하기에 참회한다는 것도 한 생각 일으킬 때만 존재한다고 했습니다. 이분이 큰 재벌 집안을 운영을 했던 사람이라 평소에 훤칠한 기운이 있는 것을 알고 작년에 부처님께 귀의하라고 오계를 설해 준 적이 있었습니다. 참회하는 것도 마음을 일으킬 때만 존재

하는 것이기에 현재의식은 다스려도 잠재의식이나 무의식은 다스
릴 수 없다고 했는데 거기서 탁 알아들었습니다. 그래서 다시 마음
의 본성은 무엇일 것 같으냐고 물어봤습니다. 여기서 얘기한 공이
라던가 고요함, 맑음, 깨끗함 등 이런 얘기를 쭉 했습니다. 마음의
본성을 얘기할 때, 만약 스님한테 누가 와서 물어보면 상대방 근기
에 따라 어떤 사람한테는 공이라고 하기도 하고 고요함, 맑음 이라
고도 하는데 그 보살에게는 그것이 적용이 안 된다고 했습니다. 또
다시 그러면 마음의 본성이 뭐냐고 묻기에, 알고 싶으냐고 되물었
습니다. 이럴 땐 마음을 모아야 하기 때문에 뜸을 들여야 합니다.
스승이 제자를 가르칠 때 그냥 기분이 내키는 대로 하는 것이 아니
고 아주 정밀한 방편이 개입됩니다. 내가 그동안 의문나는 것이 있
으면 물어보라 했더니, 전에 스님께서 '젖지 않는 물의 젖는 성품'
이라는 것을 얘기 했는데 이해가 안 간다고 해서 마음의 본성에 대
해 얘기를 하게 되었습니다. 불은 타는 것이 본성이고, 땅은 견고한
것이 본성이며, 바람은 움직이는 것이 본성이고, 물은 젖는 것이 본
성인데 마음의 본성은 무어냐 했더니, 고요함이다, 공허함이다 등
으로 얘기를 하는데 법문을 좀 들은 사람은 그렇게 얘기를 합니다.
그런데 그 보살에게는 그것이 적용이 안 된다고 했습니다. 그 이유
를 알고 싶다고 하기에 '마음의 본성은 물들지 않음이다.' 라고 했
습니다. 이것은 그 사람한테만 적용이 되는 것입니다. 평생 그 보
살이 보고 들은 것이 그 보살의 본성을 한 번도 더럽힌 적이 없다는
것이었습니다. 그때 이 보살의 얼굴이 갑자기 환해졌습니다. 그러
니까 자기 나름으로 죽으면 좋은 데 가고 싶고, 남편한테는 참회도
하고 싶고, 여러 가지 있는데 그 얘기를 듣고 마음의 본성을 순간적
으로 깨달은 것입니다. 거기가 현대 아산병원 18층으로 언니가 옆

에서 간호를 했는데, 그 보살의 언니가 '죽기 전에 모든 것을 놓아 버려라. 왜 그렇게 잡고 있느냐?'고 말했다고 했는데 그때서야 비로소 맘이 편해졌다는 것이었습니다. 그래서 내가 49재가 이제 끝났다고 했어요. 이것이 49재를 하는 법입니다. 그런 이치를 지금 여러분들이 죽기 전에 배우는 것입니다.

서산스님의 선가귀감에 '만약 사람이 죽을 때 한 티끌이라도 성인이라든지 범인이라는 생각이 일어나면 나귀 배나 소 뱃속으로 붙잡혀 들어간다.'고 했습니다. 만법이 비었음을 알게 되면 거기서 벗어난다는 것입니다. 그래서 49재란 이럴 때 필요한 것이고 임종할 때 도를 깨달은 사람이 와서 법문을 해주는 것이 중요하며, 여러분들이 이왕 인연을 맺으려면 도를 수행하거나 도를 깨달은 분과 인연 맺는 것이 좋고, 또 임종할 때 힘을 받으려면 평소 공부해 두면 훨씬 쉽습니다. 그 보살은 만 가지 복력을 놓아두고 혼자 간다니 간다는 것도 두렵고 살아있는 것에도 애착이 가고 했는데, 이 두 가지가 자기 생각에 불과 했음을 깨닫고 자기가 평생 했던 것이 자기 본성을 더럽힐 수 없음을 알아서 안심이 된 것이었고, 그래서 49재가 필요 없어져서 그냥 왔습니다.

반야바라밀다를 행함으로써 눈뜨기 시작한다 해서 생명의 근원인 공을 이해하고 있을 때 이 공은 마음을 얘기하는 것인데, 마음을 왜 공이라 하는가? 여러분들은 항상 마음을 조작하거나 일으키거나, 이 입장에서 이해하기 때문에 공이라 한 것이지 마음을 공이라 하면 틀립니다. 그런데 사람에 따라 병이 이쪽에 있을 때는 이 언어로 타파하고 저쪽엔 있을 땐 저 언어로 타파하는데 보살은 자기 마음에 평생 남편을 미워했다는 것이 병이 되었기 때문에, 내 마음은 천 번 만 번 욕을 하더라도 물들지 않음으로써 마음의 병이 없어진 것입니다. 병에 따라 약이 다른 것처럼 모두 똑같이 적용 되는 것은 아닙니다.

'그리하여 생명의 근원인 공을 이해하고 인간 본래의 정신으로 자비심을 채워나가게 되고 모든 마음과 운명도 공 차원에서 연결된다고 가르친다.' 이것은 중하근기를 가르치는 것으로 내면에 들어가서 결국은 마음이 쉬게 되고 일체 중생이 나와 남이라는 분별이 사라짐으로써 그때 나타나는 그 마음이 지혜와 자비입니다.

'이상은 일체 번뇌, 망상을 두드려 진여 자성을 밝힌 것이다.' 진여 자성이라는 것은 언어나 설명으로 들으면 대단히 복잡합니다. 자기가 한 생각을 바꾸어 한 생각의 실체를 깨닫게 되면 그 순간 문득 마음의 본성이 딱 와 닿습니다. 이것이 쉽다면 참으로 쉬운데 어렵다고 하는 사람은 '내'가 있기 때문에 천만번 해도 안됩니다.

제16강 시제법공상(是諸法空相)

　**'사리자야 시제법공상은 불생불멸이며 불구부정이며, 부증불감이
다.'** 사리자는 부처님의 제자 중 가장 지혜로운 분으로서, '사리'는
'매의 눈'이라는 뜻입니다. 사리자 어머니의 눈이 매의 눈처럼 날
카롭게 생겼는데 그분의 자식이라 해서 '사리자'라 불리게 되었습니
다. 요즘은 불교에서 법명을 받지만 그 당시에는 인디언의 '늑대와
함께 춤을'처럼 자연스럽게 이름을 붙였습니다. 제법이란 하늘, 땅,
사람, 음식 등 우리가 만나게 되는 낱낱이 법인데, 그냥 법이 아니
고 내가 인식한 내용에 따라 인식되어진 법입니다. 제법이 공하려
면 그 인식하는 마음이 쉬어야 합니다. 크고 깨끗한 거울은 사물을
있는 그대로 비추지만 거울이 탁하거나 삐뚤어지고 작으면 그 형태
에 맞추어 사물을 비추게 됩니다. 그 비춰진 내용을 불법에서는 제
법이라 합니다. 제법은 결국 내가 없으면 실재하지 않는 것입니다.
여러분들이 지금 법당에 있고, 절에 와서 스님을 보고, 도반을 보
고 있지만 잠에 깊이 들게 되면 모두 사라집니다. 내가 인식할 때만
존재로서 나에게 인식되고, 내가 인식하지 않으면 존재하지 않기에
제법공상이라 말합니다.

우리가 지어낸 마음으로 그려낸 모습들이 제법인 것입니다.

우리가 허망한 생각을 일으키지 않아 깨달으면 그게 마음의 본성인데, 까치 떼가 쉴 없이 우는 것처럼 우리는 한 순간도 허망한 생각에 의지하지 않는 다른 것을 본적이 없습니다. 그래서 중생이라 하고 중생은 허망한 생각을 수도 없이 합니다.

여기서 **'사리자야 제법공상은 불생불멸 불구부정 부증불감'** 이것이 공의 내용을 설명한 것이기 때문에 우리가 **'공이다.'** 라고 할 때 도대체 뭐가 공이냐 하는 이것을 설명하겠다는 것입니다. 우리가 이해할 수 있는 개념으로써 공이란 어떤 것인가? 공이란 결국 마음에 대해 설명하는 것인데 마음의 체성을 말하는 것입니다. 이것을 그냥 공이라고 하면 허공이 되겠지만 불교에서는 '진공묘유'라 합니다. 참된 공은 묘하게 존재하며 텅 비어 없는 것이 아닙니다. 그런 마음이 몇 가지 있습니다.

첫째 표면의식입니다. 남극이나 북극에 가면 빙산이 있는데, 수면 밖으로 나와 있는 것은 1/7 정도 밖에 되지 않는다고 합니다. 수면 위로 올라와 있는 것은 눈으로 보고, 손으로 만질 수도 있는데 우리의 표면의식을 이것에 비유할 수 있습니다. 이것을 현재의식이라고도 하는데 물질로써 인식할 수 있기 때문에 이런 것들이 일상생활에서 남을 평가하고 남에게 영향을 줄 수 있는 마음인 것입니다. 그런데 이 현재의식은 눈 한 번 딱 감고 잠 한 번 자고 나면 사라져 버립니다.

그 다음 마음의 세계, 이것을 잠재의식의 세계라고 하는데, 거기에도 아무 것도 없는 것이 아니고 거대한 세계가 또 있습니다. 그 세계는 현재의식의 세계와는 묘하게 달라서 현재의식 상태에서는 창피하거나 두려워서 못하는 말이나 행동을 다 합니다. 한 번씩은 다 겪어봤을 것입니다. 미운 사람과 싸우고, 사모하는 사람과 만나기도 하며, 물속에서 고기와 대화도 하고, 용을 타고 하늘을 날기도 합니다. 이것이 잠재의식의 세계인데 현재의식 보다 7배나 더 큽니다. 그래서 잠재의식 세계를 정복하지 않으면 현재의식 세계가 근본적으로 바꿔지지 않습니다. 여러분들이 어떤 사람을 보고 '어떻다.' 라고 하는 근원은 잠재의식 세계의 정보가 그렇게 만드는 것입니다. 사람들이 보고, 듣고, 행동하는 것은 잠재의식에 의해 조정 되는데, 여러분들은 현재의식, 즉 내가 생각하는 이것이 조정하는 줄 알지만 그것이 아닙니다. 나에게 입력된 정보가 어떤 사람을 좋거나 나쁘게 보도록 만드는 것입니다. 이 잠재의식부터는 수행을 안 하면 정복할 수가 없습니다. 현재 심리학에서는 이것을 '심층의식'이라고 합니다. 불교에서는 6, 7식이 여기에 해당되고, 표면의식은 5식과 6식입니다.

무의식 세계는 무색계, 잠재의식 세계는 색이 있어 색계, 여러분이 살고 있는 세계는 욕심에 의지해서 살고 있는 욕계, 이 세 가지 의식이 우리가 살고 있는 세계의 실체입니다. **'이 외에는 어떠한 세계도 없다. 그래서 공이란 무엇인가? 이 세 가지 의식이 비어 왜곡 현상이 없는 상태의 마음이다.'**

무의식과 잠재의식과 현재의식이 '나다.'라는 그 기준에 의해 더럽혀진 정보가 없는 마음, 이것을 불가에서는 '무심'이라 합니다. 여기서 무의식과 무심의 차이를 아시겠지요. 무의식은 무명의 상태, 밝지 못하기 때문에 생사를 계속 만들어 갑니다. 이 무의식까지 정복한 분이 부처님입니다.

'고의 원인과 조건을 알고 제거하면 공의 원인이 스스로 나온다.' 고의 원인은 보통 교리적으로 집착이나 갈애로 보지만, 마음 닦는 입장에서는 고의 원인은 '나다.'라는 한 마음에 집착하는 것입니다. 여러분이 사람을 대할 때 '나다.'라는 마음을 비우고 상대방을 대하면, 상대방이 '이렇게 천사 같은 사람이 있을까.' 라든지, '이런 멍청한 사람이 있나.'라고 하거나, 또는 어떤 이는 그것을 악용할 것이고, 지혜로운 이는 '참 착하고 맑은 사람이다.'라고 할 것입니다. 이 처럼 욕탐에 따라 똑같은 것을 다르게 보는 것입니다.

옛날 시골에 유명한 효자가 한 명 있었는데 겨울날 이불이 차갑고 추우니까 자기가 먼저 들어가 몸으로 따스하게 만들어 놓고, 음식도 미리 간을 보고 어른이 드시게 했습니다. 같은 마을에 불효자가 있어서 그 집 아버지가 효자 집에 가서 보고 배워오라고 하여 아들이 그대로 집에 와서 하니까 버릇없는 놈이라고 호통을 쳤다고 합니다. 이것이 세상 이치입니다. 어떤 현상이든 자기 입장에서 보기 때문에 효자라는 것도 그것을 받아줄 아버지가 있어야 효자가 될 수 있는 것입니다. 여러분도 이런 것을 느끼고 살아갈 것입니다. 그런데 길고 짧은 것은 다음 생에서 결정하는 것입니다.

'마음이 삐뚤어진 것을 알면 고치지만 모르면 자신의 흉한 마음을 그대로 드러낸다.' 이것이 무명의 근본입니다. 자기 마음, 자기 입장에서만 얘기하고, 사람을 대하고, 행동을 하여 마음이 삐뚤어진 것인데, 지금의 대통령이 실용주의자라서 돈이면 다 된다고 하는데 그것이 백성들의 마음을 삐뚤어지게 만드는 것입니다. 마음은 지적, 정적, 의지적인 것이 있는데, 정적인 욕심만 채우고 지적인 것과 의지적인 것을 팽개쳐버리는 것입니다. 그 원인이 마음이 삐뚤어신 것을 알면 고치는데 그렇지 못하고 무지해서 그런 것입니다.

깨달음이 왜 필요하냐 하면 깨닫게 되면 자기가 마음을 잘못 쓴 것을 알고, 누가 강요를 할지라도 다시는 그렇게 마음을 쓰고 싶지 않게 됩니다. 그래서 깨달으면 도를 자연히 닦게 됩니다.

'그래서 자신의 흉한 마음을 아무렇게나 드러낼 때는 현재의식으로 나타나고, 마음의 삐뚤어진 마음이 무의식적으로 무명 상태에 갇히게 되면 마음의 깊은 상처는 잠재의식에 형상으로 그려지게 된다.' 무의식은 마음을 삐뚤어지게 하는 근원이고 잠재의식은 그것을 새기고 현재의식은 그것을 아무렇게나 펼치는 것입니다. 이것은 깊은 명상이나 깨달음 없이는, 깊은 내면의 수행이 없이는 고쳐지지 않습니다.

'마음의 삐뚤어짐은 마음의 깊은 상처에서 나온다. 인간이 고를 느낄 때 마음의 깊은 상처가 생긴다. 마음의 정화는 마음의 깊은 상처를 치료하는 것이다.' 여기서 깊다는 것은 무의식까지 말하는 것입니다. 마음의 상처를 고치면 감사하는 마음이 생깁니다. 왜 그럴까요? 무의식까지 정화가 되면 세상 모든 것, 일체와 내가 둘이 아닌 경계가 있는데, 나와 세계가 둘이 아니니 상대의 고통스러움이 나에게 느껴집니다. 이러한 사람은 그것을 알기에 어떤 사람을 대할 때 내가 손해 볼지언정 상대가 손해 보는 것을 보지를 못합니다.

여러분은 내가 우선 만족하기 위해 다른 사람에게 상처 주는 것을 아무렇지 않게 생각하는데 이것은 욕탐의 세계에 빠져든 것입니다.

'마음의 상처를 고치면 공의 차원에서 지혜가 나온다.' 여기서 마음의 상처는 무명입니다. 무명을 제거하면, 즉 깨닫게 되면 '공', 텅 빈 충만이 되고, 그다음에 지혜로운 마음이 나옵니다.

'영혼의 왜곡을 뿌리치려는 생명 본래의 작용이 지혜이다.' 내 마음의 비뚤어진 것을 고치기 위해 노력하는 자체가 지혜입니다.

'일그러진 마음은 진리의 말을 자신의 마음에 유리하게 결부시킨다.' 셰익스피어의 '악마도 남을 조정하기 위해 성경을 이용한다.' 라는 유명한 말이 있습니다. 여기서 악마는 바로 자기입니다.

여기서 본문으로 들어갑니다. 이제까지는 '사리자 시제법공상 불생불멸 불구부정 부증불감'을 총체적으로 해석한 것이고 낱낱이 다시 짚어보겠습니다.

'사리자야?' 제가 여기서 '~ 보살' 하고 부르면 '네'하고 대답하는데, 제가 '네'라고 대답한 그것이 선이냐 악이냐 라고 물어보면 여러분은 어떻게 대답을 하겠습니까? 이것은 아주 중요한 문제인데 여러분은 사물을 보거나 사물에 대해 개입할 때 선이나 악 두 가지로 봅니다. 수행을 가르치고 마음을 가르치는 사람은 먼저 그것이 병인 줄 알기 때문에 그 병부터 없애기 위해 '주인공아' 하고 부르는 것입니다.

옛날 서암 스님은 바위에 앉아서 '서암아?' 하고 자기 이름을 부르고는 '네'하고 대답을 하고는 '너 다음에는 남한테 속지 마라.' 라고 하셨는데, 여기서 남은 '나다.'하는 한 마음입니다. 그런데 대답하는 놈은 내가 아닙니다. 선도 아니고 악도 아니거든요. 이 이치를 잘 알아야 됩니다.

관자재보살이 사리자에게 법문을 하면서 사리자를 부르는 것은 '사리자야?' 했을 때 상근기는 여기서 깨닫습니다. '사리자야?' 하는 이 한 마디에 반야심경의 골수가 다 들어가 있습니다. 이것을 놓치지 말아야 합니다. '사리자야?', '네.' '이게 선이냐, 악이냐?' 여러분이 여기에 '선도 아니고, 악도 아니다,' 라고 하는 것은 이것을 갖고서 깨치려고 하는 여러분의 개념이 다시 들어가게 되는 것입니다.

'진리가 눈앞에 마음껏 드러났으나 인생은 이것에 다시 헛것을 일으킨다.' 인간들은 '사리자야?' '네' 하는 순간에 본래 마음이 탁 드러났는데 거기에다 다시 헛것을 일으키는 것입니다.

절에 와서 새로 법명을 자꾸 지어달라는 사람들이 이런 헛것을 일으키는 사람들입니다. 법명이 있으면서 왜 자꾸 법명을 달라는지, 그것은 병을 계속 키우는 독 밖에 안 됩니다. 참으로 공부를 가르치고 양심 있는 스님이라면 다른 스님에게서 법명을 받았는데 다시 법명을 지어줄 수가 없습니다. 부처님 법에 어긋나기 때문입니다. 만약 그것을 따라간다면 스님은 중생 욕심에 타협한 것이며, 신자는 자기 욕심으로 스님을 더럽히게 됩니다. 어느 스님들이 보살계는 받을수록 업장이 소멸된다고 한다는데, 그것은 보살계를 받은 대로 행했을 때 적용되는 것이지, 만약 보살계를 받는 것만으로 업장이 소멸된다면 중세 암흑기 때 기독교의 면죄부 파는 행위와 다를 바가 없으며, 돈 있는 자들만 천당에 갈 수 있다는 말이 됩니다. 보살계를 수도 없이 받은 절 도깨비들은 모두 극락 갈까요? 무엇이 근본인지 모르고, 앞에 있는 스님이나 성직자의 말은 제대로 듣지도 않으면서 그냥 자기를 옹호하거나, 필요할 때만 그 말을 가져다 쓰는 것입니다. 이와 같이 법명 덕을 보거나 바깥의 것에 의지하려는 사람은 수행을 못합니다. 수행은 무엇에 의지하는 것이 아니라 깨우쳐서 미혹함을 스스로 뛰어넘어야 하는 것입니다. '헛것'은 사물을 보고 거기에다 자기 나름대로 망상을 일으키는데, 이것을 변계소집성이라고 합니다.

언젠가 불교TV를 보는데 해인사 주지를 지낸 스님이 11번 49재를 지내준다고 크게 광고를 하는 것을 본 적이 있습니다. 불자들은 큰스님이 재를 지내주니 그리로 가면 좋겠다고 생각하는데 다 외도의 길입니다. 그 스님도 평생 중노릇한 것이 귀신 시중들려고 한 것인지, 살아있는 사람에게 지혜를 가르쳐주고 어리석음을 깨우쳐 제도하는 것이 선견인데 말입니다. 이 사람들은 마음의 본성이 허공성임을 모르기 때문에 말뚝을 박는 대로 물질화됩니다. 귀신을 섬기면 귀신이 감응을 하는 것처럼 보입니다. 그런데 허공에 말뚝을 박으면 박힙니까? 쓸데없는 짓이라는 것입니다. 그래서 **허공에 말뚝 박지 말고 아교칠에 착착 달라붙지 말라고 한 것입니다.**

바로 **'사리자야?' '네.' '다만 이것뿐이다.'** 여기다 대고 말뚝 박지 말고 헛것을 일으키지 말라는 것입니다. 스님에게 공부를 어떻게 하느냐고 물어볼 필요도 없는 것입니다. 자기가 자기를 부르며 대답하는 그놈을 놓치지 않으면 참선 수행입니다. 화두는 이 도리를 알면 그대로 다 풀리는 것입니다. 왜 어렵게 가르치는지 알 수가 없습니다.

'사리자야?' 이것 하나를 가르치는데도 이렇게 자세히 설명을 하는데 반야심경은 지혜를 가르치는 것으로 바른 안목을 가르쳐 열어줘야 하기 때문입니다. 그렇지 않고 주장자 한 번 내리치고 내려가 버리면 여러분들은 모르잖아요.

'시제법공상의 제법은 앞에서 말한 헛것이 제법이다.' '사리자야?' '네.'하고 대답하는 그 자리는 미처 내가 제법을 일으킬 틈이 없는 자리입니다. 누가 나를 부르면 대답부터 하지, '저 놈이 대답하면 기분 나쁘다. 네.' 이렇게 하진 않습니다.

'제법이란 모든 존재와 현상이다.' 모든 존재와 현상은 여러분이 인식한 내용으로써, 인식하지 않으면 존재하지 않습니다. 만약 그것이 존재한다면 잠이 깊이 들어도 인식할 수 있어야 합니다. 여러분들이 인식하지 않으면 자기의 몸까지도 사라지게 됩니다.

서울 도선사 법회 때 '지금 어디 있느냐?' 하고 물어봤는데, '여기다.'라고 대답하기에 '여기가 어디냐?' 하고 다시 되물어 보았습니다. 이러한 것들이 선구인데 여러분이 존재나 현상이 어디에 의지하고 있는지 가르쳐 주려고 스님이 지금 풀어서 설명하고 있습니다. 여러분은 지금 어디에 있습니까? 지금 여러분이 인식하는 그 자리에 있습니다. 여러분이 지금 몸을 의식하고 있으면 거기에 있는 것이고, 참선을 통해 일념으로 들어가면 몸이 사라지게 되는데 몸을 의식하던 감각이 사라진 것입니다. 색·수·상·행·식 이 다섯 가지가 힘이 약해지면 몸이 의식 되지 않고 그럴 때 몸이 사라집니다. 결국 **몸은 사라져도 몸을 의식한 그 마음자리는 존재합니다. 지금 여러분은 어디 있느냐? 여러분 의식에 존재하는 것입니다. 여러분 의식에 존재하는 그놈을, 그 그림자를 자기라고 착각하는 것입니다.**

제법이란 것은 모든 존재와 현상으로 이것을 세분해서 구체적으로 두 가지로 나누어 얘기합니다. 하나는 정신적인 법과 물질적인 법 또는 보는 법과 보이는 법 두 가지로 나누어지는데 보는 법과 보이는 법, 정신적인 것과 물질적인 것 이것을 통틀어 얘기하는 것입니다. 한마디로 얘기하면 정신적인 법을 여러분의 마음이라 한다면 보이는 법은 여러분이 그 마음을 갖고 인식한 내용물들을 말하는 것입니다. 참선 수행을 하거나 관을 통해 마음이나 사물을 관찰하면 그 모든 것이 실제적으로는 인연에 의해 생겼다가 인연이 다하면 사라지는 거짓 실체입니다. 이러한 것들을 보통 중생은 있는 것으로 착각하여, 거기에 마음이 묶여 수많은 업력을 만들어 다시 생사를 받기 때문에 수행을 해야 하고, 생사를 뛰어넘으려면 제법의 공상을 깨달아야 합니다. 그래서 이 제법의 공상을 안으로 비춰서 수행하게 되면 견성법이라 해서 성품을 본다고 했고, 밖으로 비춰서 수행하게 되면 소승에서 하는 연기법에 의한 수행법이 됩니다. 연기법이라는 것은 이것과 저것이 서로 의지해서 한시적으로 존재하는 것인데 사물의 본성을 볼 때 연기법으로 관찰하게 되면 실체가 없음을 알게 됩니다.

제법이란 것은 존재와 그 존재를 인식하는 마음으로 수행자의 근기에 따라서, 보통 소승이나 일반적인 사람들은 형상에 집착을 하므로 사물을 인연으로 관찰하는 것입니다. 아름다운 여인이나 멋있는 남자가 있다하더라도 20~30년 후 에는 필경 허물어져 사라지는 것입니다. 그것을 관찰해서 마음이 형상에 얽매인 것을 소멸시키게 되면 제법공상 중 객관적인 세계가 공한 것을 이해하게 됩니다. 다음은 여러분이 바깥 것에는 집착을 안 해도 자기라는 것에는 끊임없이 집착하게 되는데 그 집착도 수행을 깊이 하여 몸을 인식하지 않고, 또 더 들어가게 되면 마음도 놓아버리게 되는 경계가 있습니다. 그렇게 되면 평생 자기가 내 마음 내 마음 했던 것이 사실은 몸에 의지해서 일어난 연기법이란 것을 알게 됩니다. 나라는 것에서 마음이 떨어져 나가게 되면 제법의 한 부분인 자기 존재 본성에 대해 깨닫게 됨으로써 해탈이 되는 것입니다. 불교에서 제법이라 했을 때는 몸과 마음이라고 얘기하는 것입니다. **몸과 마음을 빼놓고는 우리에게 인식되어지는 제법이라는 내용은 없기 때문에 제법이란 모든 존재현상입니다.**

설악산에 봄이 오면 창 밖의 연록색이 참 정겹고 포근하게 느껴지는데 대부분 사람들은 그 광경을 보고 행복감을 느끼거나, 좋아하는 마음, 기쁜 마음을 일으킵니다. 여기서 우리 마음의 연기를 살펴볼 수 있는데 우리 마음이 좋다는 생각이 어디서부터 시작됐는가 하면 설악산의 풍경들이 여러 가지로 사람들에게 행복감을 주기 때문에 그것을 보고서 설악산이 참 좋다는 생각이 일어나고 그것을 통해서 행복감이 일어나게 됩니다. 우리가 알고 있는 행복감이나 좋다는 것은 결국은 설악산의 풍경에서 나오는 것인데, 중요한 것은 정작 설악산 자신은 스스로 초록색을 내어서 아름다워 보였다든가 포근해보였다든가 하는 생각을 일으킨 적이 없습니다. 이것은 우리가 사물을 볼 때 자기 욕구에 맞춰서 욕구에 부합하면 거기에서 행복함이나 좋다는 느낌이 일어나고, 욕구에 맞지 않고 어긋난 풍경이 나타나면 싫거나 괴로운 느낌이 일어나게 됩니다. 따라서 **괴롭고 슬픈 느낌 같은 것은 애초에 사물에 있는 것이 아니고 자기 한 마음의 욕구에 의한 분별에서 일어나기 때문에 수행하는 사람이 이것을 잘 관찰하게 되면 자기가 평생 썼던 마음이 이러한 것에 지나지 않음을 알게 됩니다.** 그래서 일상생활에서 어떤 사람이 좋고, 어떤 사람은 싫고, 어떤 것은 행복하고 어떤 것은 불행하다고 생각하는 것조차도 자기 자신의 욕구에 부합 하는가 부합하지 않는가에서 일으키는 것입니다. 보통 우리가 알고 있는 세상에 대한 것, 또 자기 자신에 관한 것, 여러 가지 것이 결국은 잠 한 번만 깊이 들어도 사라지는 것입니다. 우리가 알고, 평가하고, 취하고, 버렸던 모든 것이 잠 한번 깊이 들면 사라지는 것인데 이러한 이치는 수행하지 않으면 체험이 안 됩니다. 법문을 들을 때는 여러분이 알아듣는 것 같지만 다시 일상생활에 되돌아와서, 사람을 대할 때 내 입맛에 맞는가 아닌가 하는 것이 제일 먼저 기준점이 되어 어떤 사람은 좋고, 어떤 사람은 싫어지게 됩니다. 이렇게 되면 허공에다 꽃을 피워놓고 그 헛꽃 입장에서 또 헛꽃을 보고, 또 다시 헛꽃을 창조하게 됨으로써 이렇게 계속 업력이 만들어지는 것입니다. 이 업력의 결과는 선한 업력을 지었을 땐 천상에 태어나게 되지만 대부분 내 입장에서 세상을 보는 중생의 마음은 선한 행위 보다 악한 행위를 많이 하게 되고, 남에게 기쁨이나 행복을 주기보다 상처를 주는 마음을 더 많이 내기 때문에 몇 생을 윤회하면서 다시 타락하게 됩니다. 그래서 공부를 많이 한 스님들이 삼생을 연달아 인간으로 태어난 사람들은 대단히 고귀한 사람이라고 하는 것입니다. 그런 사람이 인간 세상에 오게 되면 스승이나 가르침이 없어도 사람이 해야 할 도리를 스스로 알아서 할 줄 압니다. 그런데 대부분이 처음 인간 세상에 온 사람들이라 남의 안목이나 이목 같은 것은 별 관심이 없고 자기 욕심이나 이속을 차리는 행동을 하다 보니 또다시 타락하고 연속됨으로써 윤회가 거듭되는 것입니다.

윤회의 원인이 제법공상을 모르기 때문입니다. 이 제법의 공상을 알게 되면 매일 저자거리에 나가 사람을 상대하더라도 마음에 한 티끌도 담아두지 않고 저장하지 않으므로 업력이 쌓이지 않아서 천상이나 인간세상 조차도 태어나고 싶은 마음이 끊어지는 것입니다. 이런 사람을 보살이라 하며 이런 사람들이 중생을 제도하는 것입니다. 반야심경에서 관자재보살이 오온이 공함을 비춰 일체고액을 제도했던 이유도 그런 이유입니다. 만약 불자로서 수행을 하지 않고 절에 다닌다든가 부처님을 믿는다고 했을 때 엄격히 말하면 그것은 부처님을 모독하는 것이고 그 사람이 믿는 부처님은 자기 입장에서 자기에게 뭔가 좋은 것을 주는 부처님일 뿐이지 자기의 인격이나 인품, 영혼을 제도하고 인도하는 그런 부처는 아니라는 것입니다.

여기서 '사리자야' 하고 불렀을 때 부르는 그 놈, 대답하는 그 놈 입장에서 보면 제법이 공한 상이기 때문입니다. 제법이란 존재와 현상이며 설악산의 풍경도 그것을 설명하기 위해 한 것입니다.

　제법공상의 '공'도 근기에 따라 취득해 들어가는 방법이 다 다릅니다. **범부들에게는** 눈에 보이는 것들이 세월이 지나면 형체가 변하고 없어지는 것이 공한 모습이고, **소승이나 연각승**들에게는 눈앞에 나타나는 모든 현상이 인연에 의해 일어났다가 인연이 다하면 사라지는 일시적인 것임을 알기 때문에 인연법에만 속지 않는 것이 소승이 보는 공상입니다. 그런데 **대승 보살**이 보는 공상은 사물을 볼 때 인연이라는 것도 들어가지 않고 내 마음의 욕구가 없이 또는 어리석음이 없이 사물을 대하고 사람을 대할 때는 있는 그대로 상대하고 있는 그대로 펼쳐지기 때문에 시장 네 거리에 있어도 한 번도 다른 사람 눈에 띄는 적이 없다는 것입니다. 이것은 참으로 어려운 것으로 무심한 사람의 경지를 얘기하는 것입니다. 같은 공상이지만 보통 사람, 소승 수행인, 대승 수행인이 인생 무상하다는 것에 각각 차이가 있는 것입니다. 여러분도 각자 자기 근기에 따라서 잠깐 잠깐씩 인생이 이렇다 저렇다 판단을 할 것입니다. **여러분이 한 생각 일으키는 순간에 그것이 공한 것임을 알아차리는 것이 가장 훌륭한 것입니다.**

　'공이란 존재의 본 모습이다.' 일체 존재의 본 모습이 이렇다는 것입니다. 범부가 보는 존재의 본모습은 성주괴공(成住壞空)하는 것이고, 소승이 보는 존재의 본모습은 연기하는 것이고, 대승이 보는 존재의 본모습은 본래 공입니다. 왜 본래 공일까요? 산하대지가 있는데 왜 공일까요? 산하대지를 자기욕구에 의해 보지않으면 산하대지와 내가 하나입니다. 주관과 객관이 벌어지기 이전 마음자리에서 산하대지를 보면 그것을 제법의 공상이라고 하는 것입니다. 같은 공이라도 이렇게 쓰는 법이 다른 것입니다.

존재의 법칙성이라는 것은 한 티끌도 없는 자리가 우리 눈에 보이는 두두물물(頭頭物物), 만물을 만들어 내는 법칙성이 있습니다. 그 법칙성이 공의 자리에서 나왔기 때문에 그러한 공의 자리는 진공(眞空)입니다. 참된 공이라 하는 것은 없는 듯 있고, 있는 듯 없기 때문에 이것을 둘이 아닌 도리라고 합니다.

'모든 존재는 존재의 법칙 속에서만 존재한다. 즉 연기법에 의해서만 존재한다는 것이다.' 인연이 생기는 선인선과 악인악과가 업을 형성하지만 선과 악에 일찍이 물든 적 없는 자리가 있기 때문에 선악이 있습니다. 마치 어떤 사람이 아무리 그림을 잘 그려도 그림을 그릴 수 있는 캔버스가 없으면 그림이 그려지지 않는 것과 같이, 우리가 알고 있는 선인선과 악인악과, 산하대지, 나, 너 이 모두가 그 어떤 한 자리가 있기 때문에 거기에 의지해서 펼쳐지는 것입니다. 대승에서는 모든 것이 의지하고 있는 근원적인 그 한 자리를 깨달은 것을 '공'을 깨달았다 하고, 소승에서는 비춰지는 그림자는 일정 시간 연기법에 의해 비추면 나타나고 비추지 않으면 나타나지 않는다고 해서 연기법을 깨닫고, 중생은 아무리 내가 노력해도 태어난 다음 반드시 죽는다고 해서 그 그림자 자체가 실재하지 않음을 깨닫게 되는 것입니다. 그래서 불교의 윤리는 불교인들이 인생을 살아갈 때 인간으로서 기본적인 의식을 얘기 하는 것, 윤리, 인생, 세계, 진리관이 여기에 있는 것입니다.

불교의 진리관, 인생관, 윤리관은 무엇입니까? 윤리관이라 하면 인과관으로 원인대로 결과가 거둬진다는 것입니다. 불교만의 고유한 인생관은 우리도 닦으면 부처님이 될 수 있다는 것입니다. 우리와 부처님을 둘이 아니라 동격으로 놓고 보는 것입니다. 간화선과 묵조선 수행방법이 있는데 간화선은 깨치면 부처라 하고, 묵조선은 거기서 한 걸음 더 나아가 우리의 지금 이 상태가 부처라고 합니다. 간화선에선 화두를 들어서 깨치려고 하는데, 묵조선에서는 우리는 본래 부처이기에 그것도 아직은 덜 된 소견이라고 합니다. 이것이 불교에서 인간을 바라보는 안목입니다. 우리가 본래 부처라고 하는 것은 우리가 죄인이고 피조물이라는 견해와는 다른 것입니다.

제17강 제법공상은 업의 법칙이다(시제법공상)

'제법의 공상 입장에서 보게 되면, 즉 불교적 세계관에서 보게 되면 세계란 중생의 업력이 물질화 된 것이다.' 우리가 알고 있는 이 세계를 불교적으로 보았을 때는 세계에 살고 있는 중생이 악하면 그 세계도 악하게 되고 점점 기후가 변하고 음식물, 공기가 변하게 되는 것입니다. 이 세계가 맑으려면 내가 맑아야 되는 것입니다.

여러 사람이 같이 산에서 살게 되었을 때 어떤 사람은 물을 잘 쓰는 사람이 있고 또 어떤 사람은 물이 모자라는 사람이 있는데 그것은 각자가 만들어 낸 세계관으로 살기 때문입니다. 똑같은 산에 살아도 어떤 사람은 곡식이 귀하고 어떤 사람은 곡식이 흔합니다. 이것을 어떻게 설명할까요? 불교적 세계관으로 보면 자기가 지은 업력만큼 자기한테 영향을 미치는 자기마음이 물질화 된 것이기 때문입니다. 여기 법당에 수십 명이 앉아 있지만 각자 누리는 경계는 다 다릅니다. 똑같은 세계라면 똑같이 누려야 되지만 각자가 다 다른 것은 부처님 법이 아니면 설명이 불가능합니다. 부처님 법에서는 지금 여러 분이 앉아 있는 그 자리조차도 여러분 업력이 선택한 겁니다. 업력이 뭘까요? 그 자리에 앉아 있겠다고 판단하는 그 마음도 업력입니다. 자기 깜냥만큼 가서 앉는 것입니다. 어떤 사람은 맨 앞에 앉고 어떤 사람은 구석에 앉고 어떤 사람은 화려하게 차려입고 오고 어떤 사람은 검소하고 그것이 업력입니다. 그 업력이 세계를 만들고 세계를 유지하고 파괴합니다. 매스컴에 조류 독감, 광우병 같은 것으로 시끄러운데 그러한 것들이 옛날에는 없었는데 지금은 왜 있을까요? 몇천년 동안 없었는데 인간이 악하게 살고 있다는 것입니다. 인간이 악하게 살면 그 악함이 업력이 되어 인간을 위협하는 물질로 탄생되는 것입니다. 이것이 불교에서 보는 세계관입니다. 이런 것들을 알게 되면 불자로서 참으로 정밀하고, 겸손하며, 맑게 살려는 노력이 저절로 나오게 됩니다.

이 모든 것까지도 제법의 공상 입장에서 보면 지난 밤 꿈속 일입니다. 꿈을 깨고 보면 '아! 내가 지난 밤 악몽을 꿨구나.' 또는 천상세계 살았다 꿈을 깬 사람은 '지난 밤 내가 선몽을 꿨구나.' 라고 할 것입니다.

'불교 진리관이란 무엇입니까?'

마음의 본질을 깨닫게 되면 보는 자와 보이는 자가 사라지며, 사라지는 그 경계는 언어나 개념, 또는 문자로도 설명할 수 없는데 이런 자리를 터득해서 다시는 어떠한 것에도 얽매이지 않으면서, 만나게 되는 어떤 중생이라도 제도 할 수 있는 그런 사상, 즉 자기도 깨닫고 남도 깨닫게 함으로써 이 세계를 참으로 깨끗한 국토로 만드는 것이 불교에서 말하는 진리에 대한 용처입니다.

'운명 속에 나타난 여러 가지 고뇌도 과거와 현재 업이 제거되는 과정이다.'

여러 분이 인생을 살다보면 괴로워하고 있는 사람이 있고, 괴로움 속에 있는 사람이 있습니다. 이런 것들이 삼세 입장에서 보면 과거에 지은 업이 현세에 소멸되는 과정에서 우리한테 심리적으로 나타나는 느낌이 고통입니다. 지금 괴로우면 다음 생은 안 괴롭고, 과거에 지은 업장이 소멸되어가고 있으니 희망이 있을 수 있습니다. 여기서 더 적극적으로 더 빨리 쉽게 업을 소멸시키기 위해 염불, 기도를 하거나, 복을 짓고 지혜를 닦게 되면 고통을 고통인 줄 모르고 지나가겠지만, 보통 사람들은 거기까진 미치지 못하니까 전생에 내가 업을 지었으면 현생에 뼈 빠지게 고통을 받고 그 다음 생엔 빚진 것이 없으니 새로 시작하는 정도인데, 애석하게도 도나 진리에 대해 모르는 사람은 전생에 지은 업이 소멸되면서 또 새로운 업을 짓게 됩니다. 그래서 고통스럽고 괴로울수록 수행 정진을 놓지 않으면 다음 생에는 지금보다 나아진 삶이 되겠지만, 중생들은 지금 고통을 당한다고 해서 다음 생에 나아진다는 보장이 없습니다. 왜냐하면 미혹한 중생은 괴로움이 자기 잘못이 아니고 세상이 잘못됐고 남이 잘못됐다고 하는 것입니다. 똑같은 세상인데 어떤 사람은 하는 일마다 잘 되고, 어떤 사람은 하는 일마다 안 되는데 세상이 잘못 되어서 그런 것일까요? 그것은 아닙니다. 자기 욕탐을 전생에 함부로 썼기 때문에 제어 되지 않는 그것이 남한테 상처를 주고 고통을 주게 됩니다. 그러한 것들이 큰 죄라든가 힘든 고통인 줄 알려면 이생에서 자기가 맛을 봐야 됩니다. 그것만으로 끝내면 자각이 안 되니까 다음 생에 또 다시 시작되는 것입니다. 다시 시작을 해야 되기 때문에 부지런히 도를 닦아야 되는 이유가 거기에 있는 것입니다.

'운명 속에 나타나는 여러 가지 고뇌도 과거와 현재 업이 제거되는 과정이다.' 이것이 희망적이긴 하지만 업을 새로이 짓는 것이기도 합니다. 그래서 제법공상을 깨달아야 된다는 것입니다. 깨닫지 못하면 선방이나 참선 수행하는 도량에서 마구니라고 하는 이유가 깨닫지 못하고 쓴 마음은 어떻게든지 업을 마음에다 저장하기 때문입니다.

'이 과정에서 마음을 지켜내면 과거의 카르마는 소멸하게 된다.' 마음을 일으킨다는 것은 마음이 나타나는 경계에 물들지 않도록 일념으로 수행 정진하는 것입니다.

'인간 운명의 좋고 나쁨은 인간의 태도가 존재의 법칙에 들어맞는가에 있다.' 존재의 법칙은 제법의 공상, 즉 제법은 비어 없는 자리인데 지난 밤 꿈속과 같이 우리 안에 들어있던 엄청난 양의 무명과 탐진치가 물질화 된 것처럼 보이는 것입니다.

'과거의 태도는 현재의 조건을 만들고 현재의 태도는 내세의 조건을 만든다.' 이런 것들을 알게 되면 시간이 없어서 수행을 못 하겠다든가 좀 나이가 들어 정신 차려서 공부하겠다고 하는 것은 자신을 포기하는 것입니다. 스님은 공부를 19살 때부터 했는데 젊어서 10년 한 공부가 나이 들어 30년 하는 것보다 훨씬 나았습니다. 아마 여러 분도 대충 느낄 겁니다.

'제법의 공상은 업의 법칙성을 말한 것이다.' 제법의 공상을 모를 때는 업의 법칙이 우리를 얽어 매기 때문에, 반드시 '사리자야?' 할 때 제법의 공상을 알라는 뜻입니다.

다음 게송은 티벳의 밀라레빠 성자가 지은 게송입니다.

이 세상 모든 것 덧없고 무상하여
나는 불멸의 행복 찾아 수행해 정진하리.

아버지 살아 계실 때 내 나이 어렸고
내가 성인되니 그 분 이미 세상에 없네.

우리 함께 있었다 해도 영원을 기약하지 못하리.
나는 불멸의 행복 찾아 수행해 정진하리.

어머니 살아계실 때 나는 집을 떠나 있었고
나 이제 돌아오니 그 분 이미 세상에 없네.
우리 함께 있었다 해도 영원을 기약하지 못하리.
나는 불멸의 행복 찾아 수행해 정진하리.

티벳의 성자였던 밀라레빠는 어려서 아버지를 잃고 아버지가 물려준 재산을 큰아버지와 친척들이 다 뺏고 가족들을 종처럼 부리고 핍박했습니다. 증오에 찬 어머니의 원수를 갚으라는 부탁을 받고 인도 전국을 돌아다니다 흑마술을 배워 친척 100여명을 다 죽여 버렸습니다. 그런데 원수를 갚기 전에는 원수를 갚는다는 그 망상 때문에 인간으로서의 도리를 생각 하지 않다가 원수를 갚고 나니 공허감과 함께 아무 할 일이 없어지게 되자 자기가 저지른 잘못이 너무도 무섭고 괴롭고 지옥에 갈 행동임을 알고 스승을 찾아 헤매다가 그 당시 마르파(Marpa)라는 뛰어난 수행자를 만나 도를 깨치고 날아다니는 경지까지 이르게 되었습니다.

고향에 와 보니 자기한테 원수를 갚아 달라했던 어머니는 이미 돌아가셨고, 아버지는 자기가 어렸을 때 돌아가셨는데 도를 깨달은 입장에서 관조해보니 아버지가 살아계실 땐 나이가 어려 세상사를 의논할 수 없었는데 자기가 어른이 되니까 아버지는 이미 세상에 없고, 또 원수를 갚아 달라하고, 미워하고, 저주했던 그 어머니도 이미 세상에 없었던 것입니다. 이 모두가 밀라레빠 입장에서는 지난 밤 꿈속 일이이었던 것입니다. 자기는 도를 깨달은 입장에서 이런 꿈속 일에 다시는 휩쓸리지 않기 때문에, 생하고 멸함에서 벗어난 불멸의 수행을 찾고 행복을 찾아 수행하겠다고 게송을 읊은 것입니다. 우리 입장에서도 일가친척, 형제, 자매 때문에 기뻐하기도 하고 괴로워하기도 하지만 세월이 지나고 보면 '그때는 그랬어.' 그 한마디면 끝나버립니다. 그런데 '그때는 그랬어.' 했을 때 10년 동안 수행을 했던 사람 같으면 앞으로 '그때는 그랬어.'에 속지 않을 텐데 중생은 어리석어 지난 세월을 보면 '그래.' 해놓고도 눈앞에 경계가 나타나면 다시 속아버립니다.

어차피 인간은 서로 영원히 만나고 영원히 사귈 수 없습니다. 스님도 법문을 하고 사람들을 만나보지만 10년 이상 스님을 따라와서 법을 배우는 사람이 거의 없습니다. 몇 명 있는 분들은 특이한 사람들인데 이것은 상대가 좋고 나쁨이 아니고 인연법입니다. 인간 세상은 어차피 자기업력만큼 필요한 사람을 만났다가 업력이 다 하면 흩어집니다. 만났다 헤어지는 것은 인생 8고 중 애별리고에 해당된 것입니다. 이러한 것들이 고통이란 것을 알고 제법의 공상을 이해해서 깨닫자, 수행하자, 이렇게 얘기하는 것입니다.

'어떻게 하면 도를 깨달을 수 있을까요?'

제18강 보고 듣는 마음은 나이에 관계가 없다
(불생불멸 불구부정)

우리 마음 당체의 청탁에 관한 것을 시로써 '가을하늘 밝은 달은 은색구름에서 벗어나 있고 보고 듣는 마음은 나이에 관계가 없다.'고 하여 불구부정을 설명했습니다. 이것은 마음의 본바탕을 수행을 통해 깨달아 보면 그 자리는 가을날 밝은 달과 같아서 설사 오색구름, 여기서 오색구름이라 함은 우리가 알고 있는 부처님 진리, 깨끗함 이러한 것들인데, 이것들이 있어도 밝은 달 입장에서는 허물이 된다는 것입니다. 불구부정은 이러한 뜻입니다.

'생명처럼 태어나서 죽고 다시 내세에 태어나는 과정을 공의 차원에서 깨달을 때까지 생사과정을 반복한다. 영혼의 본질은 불생불멸하기에 마음이 공 차원에서 색 차원으로 작용하면 생명체가 실체화된다.' 여기서 영혼이라 하면 안 되고 마음이라 해야 됩니다. 영혼이라 하면 자아라는 느낌이 강하기 때문입니다. 나지도 않고 멸하지도 않기에 물의 젖는 성품에 비유했습니다. 물의 젖는 성품은 그것이 얼음물, 구정물이 됐든, 눈이 됐든, 물이 됐든, 변한 적이 없습니다. 이것이 바로 여러분의 본성입니다. 그런데 얼음, 구름, 찬물이 될 때 변화가 있으니 물이 변하는 것으로 생각하지만 실제 생한 적도 멸한 적도 없습니다. 또한 생명체만 실체화 되는 것이 아니고 생명체가 의지하고 살고 있는 기세간, 이 세계 우주까지 실체화가 되는 것입니다.

'불생불멸은 진리의 시간적 본성이다.' 시간이라는 것은 어떻게 생성이 되었을까요? 현대 과학에서는 물체가 있기에 시간이 있는 것입니다. 물체가 없을 때는 시간이 사라집니다. 시간은 물체가 일어나고, 머물고, 사라지는 과정의 측정 단위가 시간입니다.

'유생유멸, 즉 생이 있고 멸함이 있는 것은 현상계의 차별된 모습이다.' 이 제법의 공상에서는 시간적으로 변동 없는 자리입니다. 변동이 없기 때문에 이 자리를 아는 사람은 생사를 벗어났다고 하는 것입니다. 생과 사는 바로 시간적 개념입니다. 내가 태어났고 죽었다는 이것이 생사이고 그 시간의 단위인데, 중생은 그것을 생멸이라 합니다. 그래서 깨닫고 보니 생한 적이 없으니 멸한 적이 없는 불생불멸인 것입니다.

'어떻게 하면 허물어지지 않는 그림자를 얻을 수 있는가?' 이것은 여러분들에게 선적으로 다시 설명해서 이해시키는 것입니다.

'대 그림자 빗질에도 섬돌 먼지 안 쓸리고.' 저 유명한 금강경오가해에 부대사(傅大士:497~569 중국 양나라 때 승려)가 주석을 달 때 나온 말인데, 대 그림자란 해가 뜰 때 그림자가 생겨서 해가 움직이면 대나무 그림자가 따라 움직이는데 아무리 그림자가 지나도 계단 섬돌 위의 먼지는 쓸리지가 않습니다. 이와 같이 우리의 본성은 시간이 오고가도 그것에 의해 영향 받지 않는다는 것입니다.

'둥근 달빛 꿰뚫어도 물에는 자국 없네.' 보름달이 밝아서 옹달샘에 꿰뚫어 비췄어도 옹달샘 자체는 흔적이 일어나고 사라짐이 없습니다. '알겠는가! 이 경계를' 이것을 스스로 깨닫게 되면 태어나서 죽을 때까지 그냥 이 자리일 뿐인데 이 자리가 어떤 자리인가를 모를 때 '이 뭣고?' 하는 화두를 드는 것입니다.

'꿈속의 수많은 인연도 깨고 나면 흔적조차 없다.' 흔적조차 없다는 이것이 사실 흔적이 되기 때문에 여러분들이 지금 나이만큼 꿈을 꾸고 있는데 이 꿈을 깨고 보면 어디로 갈까요?

'!!!' 이것은 선에서 개념이나 언어로 설명할 수 없을 때 그 본성을 그냥 이렇게 하는 것입니다.

기독교가 나오기 몇백년 전 마니교라는 종교가 있었는데, 그 마니교의 성자가 대단히 뛰어났습니다. 어떤 사람이 신에 대해 질문하는데 세계를 누가 창조했으며, 왜 이 세계는 고통 속에 뛰어드는가 하는 내용이었습니다. 거기에 대해 답변한 것인데 이것은 불교에서 보는 세계관, 진리관, 인생관과 그것을 모르는 사람들의 진리관을 비교하기 위해서입니다.

'전능의 신이며, 끝없이 선을 베푸시며 만물을 만드신 분이 하느님 아버지 입니까?' 라는 질문이었는데, 이러한 사상은 중동지역에서는 기독교가 성립되기 전부터 몇천년 동안 내려온 것입니다. 그래서 마니라는 사람이 답하기를

'그분이 어떻게 선하면서 동시에 전능할 수 있겠는가? 문둥병과 전쟁을 창조한 분이 그분이더냐?' 선하다고 하면 그런 것을 창조할 수 없겠지요.

'아이들이 죽어가게 놓아두고 무고한 사람을 학대한 사람이 그분이더냐?' 이전에 쓰나미가 일어났을 때 일본의 수많은 사람이 죽었는데 어느 교회 목사는 예수 안 믿어 죽었다고 했는데 나를 안 믿어 죽인다고하면 그것은 살인자고 강도입니다.

'어둠과 어둠의 신을 창조한 분이 그분이더냐?' 선하고 전지전능

하다면 그러한 것들을 창조할 필요가 없습니다.

'그분이 어둠을 없앨 수 있다면 왜 그리하지 않았느냐?' 선하지 않기 때문입니다. 원래 불교에서는 욕계 육천의 타화자재천의 천주를 마왕파순이라 얘기했고 이곳이 욕계의 최정상으로써 기독교의 하나님이 여기에 해당됩니다.

'어둠을 없애지 않는 것은 그분이 끝없이 선하지 않기에 그런 것이고, 그렇게 못한 것은 전지전능하지 않은 까닭이다.' 이것이 욕계천 천주의 한계입니다.

이것은 원시종교인데 고도의 영성을 가진 사람이면 그러한 허물들이 보이는데, 보통 사람들이 산에 가면 산신, 바다에 가면 용신을 모시듯이, 그와 같은 차원에서 신을 모셨던 사람들이 가장 위대하고 힘 있는 신이라고 창조해낸 것이 하나님과 같은 신입니다.

'창조물의 존재는 인간에게 달려있는 것이다.' 마니라는 인물은 부처님과 같이 인간 심성의 중요성을 설파한 사람이었고, 따라서 어둠을 물러서게 하는 것은 인간하기에 달려있다고 했습니다. 실상을 제대로 깨닫는 것, 즉 나와 세계의 근원이 무엇인가 깨닫는데 있고, 나와 시간적 개념을 깨닫는 것입니다.

'시제법의 공상은 불생불멸이다.' 태어남도 없고 멸함도 없는 것은 여러분들이 한 생각만 싹 바꾸면 금방 이해할 수 있습니다. 태평양의 바닷물이 바람이 불면 파도가 일고, 거품이 나고 여러 가지 형형색색의 모습들로 생합니다. 그러다가 바람이 잠잠해지면 그 모습이 사라지게 됩니다. 이것이 생멸입니다. 여러분들이 이 세상에 한 생각 잘못된 망념에 의해 태어났는데 그것이 생입니다. 여러분들에게는 전생에 피웠던 망념에 의지해서 에너지를 만들어 총체적으로 저장이 되어있습니다. 앞에서 말한 재벌 보살이 44살에 죽게 되있는데 남편의 재산이 3조라고 했습니다. 복력 계통으로는 3조이지만, 생명력 계통으로는 44살에 불과한 것입니다. 생이 그렇게 된 것은 전생에 일으킨 마음, 자기가 쓴 마음, 행한 마음, 그것에 의해 만들어진 것이 조금 있으면 멸하게 되는 것입니다. 생멸을 잘 보게 되면 오로지 우리가 일으킨 생각에 의지하고 있는 것을 알게 됩니다.

어떤 사람이 90까지 산다면 그 사람의 생멸에 의해 일으켰던 생각이 90까지 살도록 에너지가 결정된 것입니다. 그것을 생멸이라 하면서 왜 불생불멸이라고 하느냐 하면 생각에 의지하지 않는 마음자리가 따로 있다는 것입니다. 그래서 제법의 공상을 깨쳐보니까 여태까지는 생하고 멸하는 생각 생각을 따라 세상을 보고 행동을 했는데 생멸이 없는 이치, 즉 제법의 공상을 보니 마음자리는 본래 생멸이 없다는 것입니다. 왜냐하면 바닷물의 젖는 성품은 형상이 아니기 때문에 그 젖는 성품은 파도가 있다고 해서 따로 생한 것이 아니고, 파도가 사라졌다고 해서 그 젖는 성품이 사라진 것이 아닙니다. 우리 마음자리도 이와 같이 생하지도 않고 멸하지도 않기 때문에 불생불멸인 것입니다. 불생불멸, 여기에서는 시간적인 우리의 망상을 깨뜨린 것입니다. 우리는 태어나면 영원히 살기를 바랍니다. 생을 위주로 자기 생명을 평가하는 것이 장수하는 것입니다. 재벌 보살은 키도 크고, 잘 생겼는데 44살이면 아직은 꽃다운 나이인데 멸했습니다. 당사자 입장에서는 인생 100년에 반도 못 살았으니 단명 한다고 생각할 것입니다. 그런데 단명 한다는 것은 몸뚱이와 생각을 기준으로 해서 한 생각입니다. 젖지 않는 성품이 뭣인지 이해를 못하다고 그 보살이 물어왔을 때, **'마음의 본성은 물들지 않는다. 물들지 않으면 물든 것에 영향을 받지 않는 그 자리는 어떠**

한 것에도 변하지 않는다. 이것이 제법의 공상이며, 또는 불생불멸이다.' 라고 말한 것입니다.

'불구부정(不垢不淨), 불생불멸은 진리의 시간적인 모습을, 불구부정은 진리의 질적인 모습을 깨치는데 있다. 어떤 사람은 진리를 깨끗하다 하고 어떤 이는 더럽다고 하는데, 진짜 진리라고 하는 것은 그러한 것에 물듦이 없어야 한다.' 보통사람들은 세상을 살면서 양단론(兩斷論)으로써 선 아니면 악으로 사람을 평가합니다.

어떤 여인이 있어 아이를 대할 때는 자애로운 어머니로, 남편을 대할 때는 현명한 아내로. 어른을 대할 때는 며느리나 딸로서 나타나는데 이사람 모습을 어떻게 얘기해야 맞을까요?

서울에 있는 어느 보살이 공부를 해서 마음이 좋아졌다고 하며 어버이날 e-mail로 '스님, 불성은 모성과 같아요.'라고 보내왔는데, 사실 불성이 모성과 같다고 하면 맞는 말이긴 하지만 그것이 맞다 하면 불성은 모성이라고 결론을 내려버립니다. 불성이 어떠한 것에도 속하지 않아야 어떠한 모습으로도 나툴 수 있습니다. 그 보살이 불성이 모성과 같다고 했을 때 자기 견해가 딱 들어가버린 것입니다. 자기가 본 불성을 불성으로 보아야하는데 자기가 본 불성은 모성과 같다는 것이 나쁜 답은 아니고, 단지 진리를 증득하거나 깨닫는데 있어서는 함정이라는 것입니다. 그래서 여기서 불구부정이라 한 것입니다. 여러분이 어떤 수행을 해서 어떤 내용을 깨닫는데 있어서 여러분이 뭐라고 정의하는 순간 그것과는 어긋나게 됩니다. 마음의 진리의 질적인 모습은 더러운 것도 깨끗한 것도 아니어서 이것은 마치 하얀 도화지와 같아서 지옥을 그리면 지옥이 나타나고 천국을 그리면 천국이 나타납니다. 대다수의 사람들은 지옥은 싫고 천국은 좋은 것이라고 하지만 도화지 입장에선 그것도 때에 불과하고 흔적일 따름입니다. 마음을 수행할 때는 이런 것들을 잘 알아야 합니다.

'시제법의 공상은 불구부정이다.' 불구부정은 마음의 청탁에 대해서 말하는 것입니다. 어떤 사람이 저 사람은 마음이 착해, 저 사람은 마음이 탁하고 지저분해 라고 말하지만 마음의 본성을 요달 해 보면 착한 사람도 없고, 악한 사람도 없습니다. 다만 인연 따라 착한 모습이 나타난 것을 내가 착하거나 악하다고 평가한 것뿐입니다. 여러분들은 어떤 이가 미우면 영원히 미울 것 같지만 그 사람이 와서 미안하다고 하며 100일 동안 옆에 있으면서 맛있는 것 사주고 놀아주면 이 사람처럼 좋은 사람이 없다고 할 것입니다. 실제 절간에 나오는 보살들도 아주 친하다가도 말 한마디에 안 좋게 되어 얼굴도 안 마주치는 것을 여러 번 보았습니다. 착하고 악한 것이 어디에 있을까요? 마음을 깨닫지 못한 사람들의 선악의 기준은 나에게 잘하고 못하는 것으로 나타납니다. 바로 이것입니다. 이러한 것들은 인연의 소산물인데 계속 쫓아가다 보면 다음 생에도 나에게 잘하고 못하는 사람으로 나타나는 것입니다. 여러분들이 누구를 조건 없이 좋아하거나 미워한다면 전생에 여러분들이 썼던 그 마음이 그대로 영향을 받아 나타나는 것입니다. 거기에선 인과가 선행이 되고, 그런 자리에서는 참회도 해야 되지만, 불생불멸이나 제법의 공한 입장에서 봤을 때 참회는 무엇일까요? 내가 있으니까 참회가 되는 것입니다. 불생불멸, 제법공상의 입장에서는 나 없음을 얻은 자리인데, 거기에 만약 참회를 한다면 다시 망상이 됩니다. 같은 법이라도 근기에 따라 쓰는 법이 다 다른 것입니다. 법문을 많이 들은 사람이 어디 가서 '아, 나는 불생불멸이니 참회를 안 해도 돼.' 라고 한다면 그것은 잘못된 것입니다. 그래서 불구부정이란 고정적이지 않습니다. 내 입장과 인연의 소산에 의해서 나타나는 주관과 객관을 버리거나 취하면 다시 잠재의식과 무의식에 기록이 되어 또다시 윤회를 펼치게 됩니다. 재벌 보살에게 다시는 재벌가에 태어나지 말고 대수행인이 되어서 생사를 뛰어넘는 그런 원을 세우라고 했더니 자기도 지긋지긋하다고 했습니다. 여러분들 입장에서는 부러울 수도 있겠지만 돈 갖고도 안 되는 세상이 따로 있는 것입니다.

불생불멸은 생하지도 멸하지도 않는 것이며, 불구부정은 더럽지도 깨끗하지도 않는 성품입니다.

이 깨끗함과 더러움에 물들지 않는 본성 즉 젖는 성품을 스님이 재벌 보살의 49재 법문에서 물들지 않음으로 비유했던 것입니다.

'공을 체득한 사람은 마음의 깨끗함이나 더러움을 초월한다.' 이것을 내면적으로 잘 관찰하면 더러움이나 깨끗함은 나를 중심으로 만들어집니다. 우리가 더럽다는 오물도 변소간 구더기 입장에서는 더러움이 아니고, 우리가 짜다는 바닷물도 바다에 사는 물고기 입장에서는 짠 것이 아닙니다. 모든 것의 중심에 항상 내가 있어서 너와 내가 갈라지고, 나와 세계가 갈라지고, 나와 진리가 갈라지게 됩니다. 그 견해가 깨어져야만 진정으로 고통의 원인이 소멸될 수 있습니다. 그것을 알아야 고통의 원인이 소멸되는데 어떤 불보살이나 신이 나에게 행복을 줄 수 있다고 생각하면 어떻게 될까요? 그 사람은 사기꾼이 되는 수밖에 없습니다. 그것은 자기가 느끼는 고통이나 즐거움 그 자체는 자기가 만드는 것인데 그것을 남이 해 준다고 한다면 그것은 여러분들에게 사기꾼이 자기에게 천 원만 투자하면 백만 원 만들어준다고 약속하는 것과 똑같은 얘기입니다.

'그 성품이 인간의 뇌수에 의해 나타나면 마음이 된다.' 마음이라는 것은 우리의 선악, 불구부정하는 그 성품이 우리 인간만이 갖고 있는 대뇌의 흰피질에 적용해서 나타났을 때 인간의 마음이 나타납니다. 물고기의 뇌는 가장 간소한 뇌세포인데 거기에 우리의 본성이 의존하면 물고기 수준의 마음이 나오게 됩니다. 영장류에는 흰피질이 없고 큰 뇌만 있는데 그 뇌에 본성이 적용되면 원숭이 수준이 만들어지게 됩니다. 우리의 본성을 탁하고 어둡게 쓸수록 탁하고 어두운 뇌에 갇히게 되며, 맑게 쓸수록 인간으로 태어나고 인간 중에도 다른 사람보다 총명하고 똑똑하고 뛰어난 인물이 됩니다. 그 성품이 인간의 뇌수에 의해 나타나게 되면 마음이 됩니다. 우리가 마음, 마음 하는 것은 인간의 뇌에 의지해서 변형되고 굴절되어 나타나는 것을 내 마음이라고 하는 것입니다. 그래서 없다고 하는 것입니다. 우리의 대뇌피질 자체가 수·상·행·식을 움직이는데 이것이 공하다는 것입니다.

'여기의 마음은 주위의 조건에 따라 여러 가지로 변화한다.' 여러분들이 자식을 대할 때는 참 자애로운 어머니가 되고, 남편을 대할 적엔 여우같은 아내가 되듯이 조건에 의해 변화하는 것입니다.

'그러나 마음을 형성시키는 성품은 더럽혀지지도 깨끗해지지도 않는다.' 이 성품을 깨닫지 않으면 뇌에 이미 갇혀 버렸기 때문에 이 마음을 제대로 제어할 수가 없어서 본능적으로 나타나버립니다. 뇌에 의해 성품은 이미 질이 변해버렸기 때문입니다. 우리 본성을 꽃으로 비유하면 더러움도 깨끗함도 마다하지 않는 불교의 상징적인 꽃인 연꽃으로 비유합니다.

'중생성품은 긴 것도 짧은 것도 아니고(부장부단:不長不短), 모난 것도 둥근 것도 아니며(불방불원:不方不圓), 탁한 것도 아니고 깨끗한 것도 아니고(무탁무정:無濁無淨), 오랜 세월동안 여여하다.(장겁여연:長劫如然)' 이것은 우주는 시초가 없고 지금까지 우리의 마음은 변동한 것이 없습니다. 의상스님의 법성게 맨 끝에 보면 '구래부동명위불(舊來不動名爲佛)'이라 하여 옛부터 지금까지 한 번도 움직임이 없는 자리라 했습니다..

'요견마(了見麼)?' 이것을 보고자 하느냐?

'가을하늘 밝은 달은 오색구름에서 벗어나 있고,' 여러분이 보통 먹구름, 흰 구름은 많이 봐도 오색구름은 잘 볼 수 없을 텐데, 상서로운 이 구름은 가을하늘 달에서도 벗어나 있다는 것입니다.

'보고 듣는 마음은 나이에 관계가 없다.' 이 자리로 돌아가란 얘기입니다.

제19강 부증불감(不增不減)

더럽지도 깨끗하지 않다는 것은 인간들이 갖고 있는 잣대, 우리의 한계로써는 측량할 수 없는 자리이기에 불구부정이라 한 것입니다. 그 자리를 사람에게 적용할 때는 보고 듣는 마음이라 그러는데 이것은 나이에 관계되지 않기 때문에 부증불감이라 한 것입니다.

'**부증불감(不增不減)**' 나이가 많다고 해서 마음자리가 특별히 더 커지는 것도, 어리다고 해서 줄어드는 것이 아닌 본래 당처인데 푸른 저 허공을 보면 옛날이나 지금이나 수억 겁을 우주가 일어나고 사라져도 그것에 영향 받은 적이 없습니다. 그에 의해 특별히 크거나 작아진 적이 없는데 이 허공성과 같은 것이 우리의 마음자리로서 이런 것이 진리의 질량적 모습이며, 참모습, 본체인 것입니다.

'**시제법의 공상은 부증불감이다.**' 무엇을 하더라도 더 많아지거나 적어지지 않는다는 것입니다. 젖는 성품이 그렇지요. 물을 한 컵 먹으면 적지만 10컵을 마시면 많지요. 그게 증입니다. 10컵 있던 것 중 한 컵 만 마시면 멸입니다. 그렇지만 젖는 성품 자체는 이것이 하늘에 올라가면 구름이 되고, 비가 되며, 바다로 가면 바닷물이 되지만 일찍이 어떤 것에도 영향을 받지 않으니 이것은 증도 멸도 없는 것입니다.

이것이 우리의 본성을 물로써 비유한 것입니다. 노자가 도와 가장 가까운 것을 물이라 했는데, 다른 물질로 얘기하면 금이라고도 할 수 있습니다.

'우리의 불성은 어린아이라 해도 작지 않고 어른이라 해서 커지는 것이 아니다.' 이 본성은 부처의 성품인데 우리는 범부의 성품으로써 내 마음이라 하기 때문에 범부의 성품으로 부처의 성품을 가르치려 하니 부증불감(不增不減)이라 하는 것입니다. 이 자리가 어린아이라 해서 작아지지 않는 이유는 어린아이도 때 되면 배고파서 밥 먹을 줄 알고 졸리면 잠잘 줄 아는 마음이 있고, 어른도 이와 같은 마음이 있습니다. 그 마음자리 당체 입장에서는 조금도 차이가 없어서 부증불감, 더 커지는 것도 작아지는 것이 아니라는 것입니다. 이것을 왜 배우는가? 이 자리를 모르게 되면 우리의 깜냥만큼의 업력으로 다시 윤회에 휩쓸리고 살아있어도 살아 있는 것이 아닌 상태에서 수많은 업을 지어서 다시 다음 생에 자기가 받아야 될 의보(의보라는 것은 환경인데 집안, 외모, 건강, 교육정도, 마음자리, 선하고 악한 마음, 지혜와 어리석음 등)인데 이러한 것은 부증불감을 모르고 자기 자신 입장에서 마음을 쓰기 때문에 조작해내는 것입니다. **그래서 제법은 생사를 벗어나는 법이라 했습니다. '무생사(無生死)', 생사가 없는 자리를 반야심경에서는 '불생불멸불구부증부증불감(不生不滅不垢不淨　不增不減)'이라 합니다.** 즉 우리 마음의 본체, 본래 마음자리는 증과 멸이 없을 뿐 아니라 생과 사도 없고, 생과 사가 없기 때문에 거래(去來), 가고 오는 것도 없다는 것입니다. 이미 가고 오는 것이 없기에 이 자리는 여태까지 아득한 옛날부터 미래에 내가 부처가 되어 뒤돌아보았을 때 한 번도 움직인 적이 없는 자리라는 것입니다. 이러한 것을 법성게에서는 **'구래부동명위불(舊來不動名爲佛)'이라 하여 옛부터 지금에 이르도록 한 번도 흔들린 적이 없는 이 자리를 부처의 자리라 이름하는 것입니다.** 그래서 여러분들이 수행을 통해 어떤 신비한 경계를 봤어도 그 경계에 탐착을 하거나 집착을 하게 되면 이미 마음이 움직인 것이기 때문에 부처가 아니라는 것입니다. 부처의 자리는 부증불감한 것인데 이것을 알려면 스스로 자기 마음자리가 일어나기 이전의 상태를 늘 비춰서 자기가 쓰는 마음이 인연 따라 일어나 인연 따라 사라지는 실체가 없는 것임을 깨달아야 하는 것입니다. 반야심경에서 진리를 드러내는 방법을 앞에서는 불구부정이라 했지만 다시 부증불감이라 하는 것입니다.

이 자리를 옛 스님들은 **'칭찬도 비방도 못 미치는 자리.'**라 하여 이 자리를 천하 없는 사람들이 칭찬을 해도 새삼 돋보이는 자리가 아니며, 비방하고 헐뜯어도 본래 어떤 것에 의해서도 물들지 않는 자리, 더럽혀지지 않는 것이기 때문에 칭찬도 비방도 못 미치는 자리라는 것입니다. 이것은 아리따운 여인들이 아침마다 거울을 들여다보는데, 그 거울을 보는 순간에는 아리따운 여인이 나타나지만 화장을 마친 후 떠나고 나면, 조금 전 거울에 화려하고 아름다운 모습은 사라집니다. 그 사람이 거울을 쳐다보지 않으면 그 사람은 종적이 없고 거울만 남게 됩니다. 그런데 거울의 상태에서는 오랑캐가 오면 오랑캐를 비추고 한나라 사람이 오면 한나라 사람을 비추게 됩니다. 보통 중생은 비춰진 그 모습을 자기의 실체라고 생각하지만 비추는 그놈을 잊어버렸다는 것입니다. 비춰진 모습을 자기로 삼다보니까 그것이 백년 안팎의 인생인데 그것을 지키기 위해 남을 모함하고 시기, 질투도 하며 선행과 악행도 하지만 거울 입장에서는 백년 안쪽의 일일 뿐입니다. 백년이 지나면 거울 앞에 있는 사람은 사라져버립니다. 그런데 그 사람이 사라져도 비추는 그 마음자리는 예부터 지금까지 그대로 있습니다. 이것이 부증불감의 자리입니다. 수행을 하려면 모름지기 이 자리를 정확히 인식하고 이 자리를 드러내는 것을 수행의 목표로 삼아야 합니다. 여러분이 법문을 듣고 '내가 알았다.'라고 하는 것은 알았다고 하는 순간 흔들린 모습이고 거울에 비춰진 모습입니다. 이것은 도를 닦는 것이 아니고 자기 망상을 닦는 것입니다.

'칭찬도 비방도 못 미치는 자리, 본체는 허공처럼 끝도 가도 없으니' 우리의 본래자리는 허공과 같다고 했는데 어리석은 범부는 마음자리는 허공과 같이 텅 비었다고 생각하는데, 이것도 말에 떨어진 것입니다. 왜냐하면 자기가 실제 수행을 통해 자기 마음 당체를 깨닫지 못했을 때는 그 자리를 설명하는 언어에 다 떨어지기 때문입니다. 이 언어에 떨어지지 않기 위해 나온 것이 화두선입니다. 화두는 여러분들이 갖고 있는 개념이나 지식, 법문을 들었던 깜냥으로는 풀 수가 없습니다. 만약 풀었다고 생각한다면 흔들리는 마음, 거울 앞에 비춰진 마음입니다. 그러면 왜 허공과 같다고 했느냐? 허공과 같다고 한 것도 비유입니다. 마음의 번뇌, 욕탐, 어리석음, 분노가 있을 때 이것을 '있음'이라 합니다. 그러한 것들이 거울 앞에 비춰졌을 때는 번뇌하는 마음, 욕탐 내는 마음, 어리석은 마음, 분노하는 마음으로 나타나지만 이 모든 것이 시절 인연 따라 생겼다가 시절 인연이 다하면 사라져 없어져버리는데 그때 거울의 상태를 허공이라고 얘기하는 것이지, 마음자리를 허공이다, 공이다 얘기하게 되면 바로 틀리게 됩니다. 그래서 여기서 '본체도 허공처럼 끝도 가도 없다.' 했을 때 끝없다는 것을 물질적으로 생각하게 되면 마음자리를 등지게 됩니다. 어떤 이가 법문을 많이 들어서 공이라는 얘기를 많이 하게 되거나, 마음이 뭐냐고 물었을 때 공이라고 말을 하는데 그것은 물질적인 것입니다.

심법에서의 공은 마음자리의 번뇌 망상이 없는 상태를 표현하려다 보니 인간적인 입장에서 공이라고 하는 것입니다. 체험한 사람은 공이라고 얘기하게 되면 바로 몽둥이를 맞을 것을 알기 때문에 공이라고 하지 않습니다. 체험하지 못한 사람에게는 번뇌 망상이 의지할 수 없게 해야 되기 때문에 공이라고 하는 것입니다. 이걸 잘 이해해야 됩니다. 반야심경에서 '색즉시공' 했을 때도 그런 의미로 받아들여야 됩니다.

'지혜로운 이는 믿고서 깨닫고,' 상근기나, 지혜가 있거나, 진실하고 순수한 사람은 이 한마디에 '아, 내 마음이 이런 것이구나.'하고 바로 듣고 깨달을 수 있습니다. 이런 사람은 참으로 드물고 희귀하며, 그다음 사람은 꾸준히 수행을 해서 순간순간 경험을 해서 맛을 봐야 하는데 이런 사람은 그나마 선근이 있는 사람들입니다. **대부분의 어리석은 사람은 이것을 듣고도 믿지 못하고 공함이 아무것도 아닌 것으로 간주해 버립니다.** 어떤 사람에게 법문을 해줬더니 '그것이 다라면 싱겁잖아요.' 라고 했었는데 이것은 언어나 분별로써 우리의 본성을 분별해 버리니 싱겁게 되지만, 체험을 하게 되면 여러분들이 갖고 있는 행복감이 얼마나 마음을 괴롭히는 것인가 스스로 알 수 있게 됩니다. 미세하고 섬세하며 냉랭한 마음자리가 드러나 싱겁다는 말조차도 일으킬 수 없는 자리임을 알게 되면 자유로워집니다. 이러한 것을 알아야 되는 이유는 여러분들이 두 번 다시 되풀이하고 싶지 않는 나고 죽음을 여의는 것이기 때문입니다.

생사를 벗어나고 윤회를 벗어나고자 한다면 이법을 배워야 됩니다. 여러분들은 하근기이기 때문에 날씨가 따뜻하고, 적당히 건강하며, 나이가 젊을 때는 살만하다, 행복하다고 하지만, 만약 집안이나 주변에 누가 아프거나 늙어 죽게 되면 그때는 인생이 무상하다, 괴롭다. 슬프다고 하게 됩니다. 이것이 범부들이 평생을 갖고 있는 마음자리입니다. 상근기 같으면 어린아이가 태어나서 우는 순간 고통을 읽습니다. 왜냐하면 100년 안쪽의 인생이라 지난 밤 꿈속의 일이고, 번갯불과 같고 아침이슬과 같은 것이기 때문입니다. 한 살짜리 아이지만 눈 깜짝할 사이에 80노인이 되어 지난 세월을 회상할 때 덧없고 꿈속 같다고 하는데, 상근기는 당해보지 않아도 지혜로써 알고, 하근기는 어리석은 말이 등짝에 채찍이 내리쳐져 고통이 와야 비로소 알듯이 삶이 고통이고 나고 죽음이 고통인 것을 알 수 있습니다. 그래서 어리석은 사람은 듣고도 믿지 못한다고 한 것입니다.

이 자리를 6조 혜능스님은 '본래무일물(本來無一物)'이라 하여 '본래 한 물건도 없다.'고 했습니다. 이것은 마음의 본성입장에서는 어떠한 것을 걸쳐 놓아도 다 틀립니다. 부처라고 해도, 마음이라고 해도, 공이라고 해도 다 틀리니 여기서는 한 물건도 놓아둘 수 없는 자리입니다. 마치 용광로에 들어가는 눈발과 같습니다. 눈발이 아무리 거세도 용광로에 들어가면 흔적조차 없듯이 이 자리는 그런 자리입니다. 옛날 한 스님이 제방에서 '육조스님이 본래 한물건도 없다고 했는데 이 말에 허물이 있다. 허물을 어디 찍어 찾아 보거라.' 라고 했는데, 여러분들이 도를 조금 알고 공부를 했다고 한다면 과연 여기서 무엇이 허물인지 찾아보세요? 본래 한물건도 없다 했는데 글귀에서 **'한 물건'**이란 개념이 이미 일어났잖아요. 이러한 것을 머리로 이해한다 하여 어리선(語理禪)이라 합니다. 체험을 할 때는 이렇게 얘기를 하면 몽둥이로 맞습니다. 이렇게 알고서 깨달았다고 착각하면 안 되는데, 우리가 알고 있는 언어나 개념이 늘 이런 식으로 사물을 이해하기에 밝히는 것입니다. 참으로 아는 사람이라면 '한 물건'이라는 말을 안 할 수가 없습니다. 그럼 어떻게 말을 해야 할까? 앞에 질문에서 한분이 '모르겠다.'라고 대답했는데 이럴 때는 **'모르겠다.'**고 답하면 정답입니다.

제20강 시고 공중무색 무수상행식
(是故 空中無色 無受想行識)

'시고 공중무색 무수상행식 무안이비설신의 무색성향미촉법 무안
계 내지 무의식계 무무명 역무무명진 내지 무노사 역무노사진 무고
집멸도 무지역무득(是故 空中無色 無受想行識 無眼耳鼻舌身意 無
色聲香味觸法 無眼界 乃至 無意識界 無無明 亦無無明盡 乃至 無老
死 亦無老死盡 無苦集滅道 無智亦無得)' 이까지는 본래 한물건도
없는 자리, 이 자리의 모습에 대해서 여러 가지 상황으로 해석을 한
것입니다. 사람을 대했을 때, 경계에 있을 때는 어떠하며, 고집멸
도 진리 입장에서는 어떠한 것인가 설명을 한 것입니다.

'**시고 공중무색(是故 空中無色)**' 즉 불생불멸 불구부정 부증불감
한 까닭으로, 공 가운데는 색이 없다고 했습니다. 색이 무엇입니
까? 색이 언뜻 보면 물질로 보이지만 수행문으로 보면 여러분들이
법문을 듣고 이리저리 한 생각 일으켜 분별하는 것도 색입니다. 그
래서 분별이 끊어지면 색이 사라집니다. 여러분들의 눈앞에 펼쳐지
는 삼라만상이 다 색입니다. 잠이 깊이 들면 삼라만상도 사라지기
때문입니다. 잠이 깊이 들었을 때는 색에 대해서 어떠한 생각도 갖
지 않기에 색도 같이 사라집니다. 생각이 끊어지면 마음자리가 저

절로 드러나기 때문에 공중무색이라 하는 것입니다.

'한 생각도 일으키지 않을 때 잡다한 모습들이 어디에 있을까?'
예전에 동국대학교에 다닐 그 당시엔 젊어서 도인이란 도인은 다 만나고 다녔는데 당대의 도인이신 통도사 극락암에 '경봉' 노스님을 찾아뵌 적이 있었습니다. 그때 같이 찾아간 도반 스님을 보고 '너는 마음에 사람을 대할 때 싫으면 싫은 표정이 좋으면 좋은 표정이 그대로 다 나타나는데 그것을 고쳐야 한다.'라고 했습니다. 잠시 뒤에 '그럼 저는 어떻습니까?' 라고 여쭈니 '너는 성질이 급하니 자동차의 속도 조절하듯이 잘 조절해라.'라고 하셨습니다. 이런저런 얘기를 쭉 하다가 노스님께 '제가 평생 의지할 만한 말씀 한마디 해 주십시오.'라고 했는데 경봉스님께서 경상도 특유의 정감어린 어투로 **'내 말 안했나. 한 생각 안 태어난 셈 쳐래이.'**라고 하셨습니다. 그런데 이 구절을 일상생활에다 적용해 보십시오. 지금 이 순간에도, 법문을 들으면서도 과거나 현재나 미래에 대해서 머리에 생각이 꽉 차 있는데 지금 이 순간, 한 순간에 한 생각 태어나지 않는 셈치고 자기를 한번 보십시오. 상근기는 여기서 도를 봅니다. 중하근기 같으면 여기서 부연 설명을 해야 합니다. **여러분이 갖고 있던 괴로움, 즐거움은 한 생각에 의지하고 있는데 한 생각이 안 태어난 셈 치면 그 잡다한 생각이 의지할 곳이 없어서 사라져버리는데 그 상태가 '공중무색'입니다.** 딱 떨어지죠. 이것은 원래 보림구(保任句)로써 수행 후 견처가 생기면 내면으로 수행을 하게 되는데 스스로 수행하는 요령이 공중무색입니다. 공 가운데 어떤 색도 두지 않아야 됩니다. 이것은 의도적으로만 되는 것이 아니고 깊은 선정력이 받쳐줘야 됩니다. 가령 여러분들이 오늘 여기 와서 보니 스님이 전에 보다 살이 쪘다, 목소리가 어떻다 하는 것도 색을 두게 되는 것입니다. 수행하는 사람은 비친 대로 비출 뿐이지 자기 견해가 들어가지 않습니다. 이게 공중무색입니다. 이것을 잘 알게 되면 깨달은 뒤 보림하는 일이 어떻게 하는 것인가 스스로 알 수 있는데 깨닫지 못하면 이러한 얘기도 무슨 얘긴가 하게 됩니다. 여기에 대해서 무엇을 알았다고 해도 생각하게 됩니다.

시고 공중무색, '한 생각도 일으키지 않을 때 잡다한 모습은 어디에 있을까?' 한 생각도 일으키지 않았을 때 여러분들이 가지고 있던 그 잡다한 생각들은 어디에 있는지 그것을 알아야 합니다. 한 생각 안 태어난 셈 친다하면 내가 갖고 있던 기쁨이나 슬픔, 여러 가지 생각들이 의지할 바 없어서 하늘의 흰 구름 흩어지듯 흩어져 버리게 되면 흰 구름에 의해 전혀 영향 받지 않는 푸른 하늘이 그대로 청명하게 나타나는데 이것이 수행의 요령입니다. 생사는 이렇게 없애야지 이것을 놓아두고 다시 생사를 없애는 방법을 배우려 한다면 외도가 됩니다. 대개 도를 배우는 사람들이 자기 역량은 들여다보지 않고 쉽고 빠르게 공부를 배우려다 보니 어디서 견성시켜준다 하면 거기로 우르르 달려가고, 어디 가서 영험봤다 하면 또 우르르 달려가는데 마음자리 입장에서 보면 '색' 입니다. 마음이 움직인 것입니다. 뭐에 움직인 것일까요? 자기 욕탐에 따라 움직인 것입니다. 참으로 공부를 하려면 욕탐을 내려놓아야 공부가 시작이 됩니다. 빨리하겠다는 욕탐을 내려놓아야하는 것입니다. 세세생생이 걸려도 이렇게 공부하겠다는 사람만이 공부를 할 수 있고 말끝에 '깨달아야겠다.'고 하는 사람은 절대 공부를 할 수 없습니다. 다만 지견을 바르게 지녀야 하기 때문에 법문을 듣는 것일 뿐입니다. 그 외의 공부는 각자가 하는 것입니다.

'한 생각도 일으키지 않을 때 현상·선악·시비·고락·범성 이

런 것들이 어디 있을까?'

여기에 대한 화두가 있습니다.

어떤 스님이 운문스님께 물었습니다.

'한 생각도 일으키지 않았을 때 허물이 있습니까? 없습니까?'

'수미산과 같다.'

엄양존자가 조주스님께 물었습니다.

'한 물건도 가져오지 않았을 땐 어떠합니까?'

'놓아버리게'

'한 물건도 가져오지 않았는데 무엇을 놓아버리라고 하는 것인지 모르겠습니다.'

'보아하니 아직 버리지 못했구나. 그러면 짊어지고 가거라.'

여기서 엄양존자가 크게 깨달았는데, 엄양존자는 원래 전생에 조주스님과 같이 공부를 하다가 젊어서 병들어 죽었는데 죽기 전에 '반드시 내가 너에게 돌아올 터이니 네가 도인이 되어 나를 제도 해 다오.' 라고 해서 전생의 인연으로 조주스님께 다시 온 분입니다. 다시 와서는 이같이 물은 것입니다. 여태껏 스님이 법문한 것을 돌이켜보면 한 생각도 일으키지 않으면 도인데, 그런데 여기까지가 어리선입니다. 여러분들이 머리로 체험한 것입니다. 그 병을 없애 주기 위해서 물어보는 것입니다. 지금 여러분들이 스님 법문을 듣고 어떤 이해나 견해가 생겼어도 거기서 만족하면 안 됩니다. 그것은 자기 마음을 본 것이 아니고 마음이 움직인 것입니다. 마음에 대한 설명을 듣고서 그럴 것이라고 한 것일 따름입니다. 이것을 흔들리는 마음이라 하는 것입니다. 그 정도는 알고 있어야 도를 닦는다고 합니다. 현상 · 선악 · 시비 · 고락 · 범성이 다 그런 것들입니다.

이러한 낱낱 것들이 스님을 보고 모습이 어떻다 하는 것과 다르지 않다는 것입니다. 그런 것들은 경계에 따라 일으킨 마음이라는 것입니다.

'**허공을 때려도 아프지 않고,**' 앞의 병통을 없애기 위한 것인데, 푸른 허공을 내가 주먹을 쥐고 욕을 보여도 쳐다보지 않으며 후려쳐도 아프지도 않습니다. 아프다는 것은 여러분들이 육체적 색신을 갖고 있어 신경이 감지를 했을 때 아픈 것입니다. 또 다른 사람이 나를 욕하고 비웃고 화나게 했을 때 그것을 나라는 것에 의지해서 분별함으로써 괴로운 상태가 아픈 것입니다. 불법에서는 이 두 개가 다 공하다 했습니다. 그러니 아무리 허공을 쳐도 아프지 않고 아플 리가 없는 것입니다.

'**베어도 끊이지 않고, 묶으려 해도 붙들 수가 없으며, 태우려 해도 불붙지 않으며, 화살을 쏘아도 뚫어지지 않고, 비가 와도 젖지 않으며,**' 라고 했는데 '비가 와도 젖지 않으며'라고 하는 이 구절에서 도를 깨달은 사람이 있습니다. 옛날 한 사람이 장가를 가게 되었는데 자기 색시 될 사람을 전에 몰래가서 봤는데 너무 예쁘고 좋았습니다. 말을 타고 신부 집에 혼례를 치르러 가는 길에 신부생각을 하다가 신부삼매에 들어버렸습니다. 김일엽스님의 '청춘을 불사르고'라는 책을 보면 관세음보살이 중생을 제도하는데 사랑하는 모습으로 나타나서는 절벽 아래로 떨어져버리는데 그 사람이 관세음보살을 생각하는 마음이 너무 지극하니까 낭떠러지에서 떨어지면서 도를 깨달아 버린 장면이 나옵니다. 그래서 사랑이든 무엇이든 일념이 되면 모든 생각이 소멸이 됩니다. 마음을 일념으로 묶으면 자연히 내면으로 향한다는 것입니다. 앞에서 신랑이 신부 생각을 골

똘히 하여 신부 삼매에 빠져들었는데, 이 상태는 선도 악도 아닙니다. 마음이 이미 분별이 끊어진 자리니까 가는 도중에 갑자기 비가 쏟아져서 일행들은 호들갑을 떨고 있었는데 신랑은 가만히 말을 탄 자리에 그대로 앉아 있었습니다. 비가 그치고 신부 집에 도착해서 신랑이 자기 옷이 왜 젖었냐고 물어보니 주위 사람들이 오는 길에 비가 왔었는데 몰랐느냐고 되물었습니다. 가만히 더듬어보니 신부 생각만 하다가 자신도 잊어버리고 주위의 세계도 잊어버렸는데 이 것이 아공 · 법공입니다. 순간 삼매에 들었다가 깨어났는데 그걸 미쳐 눈치 못 채고 있다가 조금 전 자기가 들었던 마음자리가 번뜩 스치며 도를 깨달은 것입니다. 장가가면서 도까지 깨달았으니 이보다 더 좋은 일이 어디 있겠습니까?

허공은 비가와도 젖지 않기 때문입니다. 이 젖지 않는 성품을 알게 되면 생사가 나를 더럽힐 수 없고 생사가 나를 마음대로 끌고 갈 수 없으므로 비로소 윤회가 끊어지고 해탈이 됩니다. 이런 사람을 도인, 아라한, 보살, 부처라고 칭하는 것입니다.

'팔려고 해도 값을 매길 수 없으니,' 저 무변 허공을 값으로 치려 하면 살 사람도 없거니와 값을 매길 수도 없듯이 우리의 본래 마음자리를 값을 매기려 해도 이해하는 사람도 없고 그것을 살 사람도 없다는 것입니다.

'말하려 해도 말로 다 표현하지 못하니 도대체 무엇일까?' 그래서 이런 전제하에 드는 화두가 '이뭣고?' 입니다. 그런데 '밥 먹는 것이 이뭣고?', '말하는 것이 이뭣고?' 이렇게 들게 되면 자기는 화두를 들고 공부를 한다고 하지만 자기의 분별의식을 쫓아가는 것이기 때문에 평생 '이뭣고?' 화두를 들어도 생사 안에 갇혀있는 마음이 됩니다. 이런 '이뭣고?'를 들고 있으면 평생을 그르칩니다. 대부분 참

선한다는 사람들이 '밥 먹는 이놈이 뭔가?', '말하는 이놈이 뭔가?' 이러면서 다니는데, 그것은 화두 드는 것이 아니라 망상이나 생사심을 쫓아다니는 것입니다.

그래서 '공중무색'의 결론이 '가을하늘이 서늘하니 온갖 중생이 서늘하다.' 추석이 지나고 이런 쌀쌀한 산속에서 보름달이 떠있을 때 자기 마음을 돌아보면 그때 냉랭하고 초롱초롱 해지는데 그 상태에서 사람을 보면 그 대상이 남자든, 여자든, 아이든, 어른이든 다 서늘할 뿐일 것입니다. 자기의 견해가 들어가지 않기 때문입니다. 이런 마음자리를 터득을 해야 비로소 생사에 끌려 다니지 않습니다. 그런데 지금까지 해왔듯이 누구는 어떻고 누구는 저렇고 이렇게 하다보면 걸음걸음이 염라대왕에게 자기 몸과 마음을 통째로 맡기는 행위가 됩니다. 업력을 일으켜 다시 나고 죽는 사슬에 휩쓸리는 것입니다.

'무수상행식(無受想行識),' 공중무색인 이 자리는 수 · 상 · 행 · 식이 없습니다. 공중무색 했을 때는 이 자리는 물질이 아니라는 것을 얘기를 했는데, 그 다음은 '공중무수상행식(空中無受想行識)'이라 해야 맞습니다. 수 · 상 · 행 · 식은 중생이 자기 마음이라고 하는 것을 분석해 놓은 것입니다. 다른 말로 하면 자기 업력의 그림자 모습입니다. 허공에 한조각 구름이 떠 있는데 그것을 중생은 자기라고 생각해 허공에 떠있는 그 구름을 자기 마음이라고 착각합니다. 그런데 그런 것은 없습니다.

'중생이 지키는 마음의 허망함을 말하는 것이다.' 중생이 왜 생사에 뛰어들고, 왜 나고 죽으며, 왜 긴긴 세월을 윤회를 거듭할까요? 이 수 · 상 · 행 · 식을 자기 마음이라고 착각하기 때문입니다. 그래서 수 · 상 · 행 · 식을 다른 말로 '생사심' 즉 '나고 죽음의 마음' 이라 합니다.

교학적으로 **수(受)**는 바깥경계를 마음에 받아들이는 정신작용 감각인데 수에는 고(苦), 락(樂), 사(捨:고도 아니고 락도 아닌 상태) 세 가지가 있습니다. 여러분들이 수행하는 과정에서 조금 오래 앉아 있다 보면 마음이 고요해지고 기쁨이 일어나는데 그것은 도가 아니라 '수'입니다. 이런 상태를 깨달았다고 착각하는 사람들이 많습니다.

상(想)은 받아들여진 고·락·사의 마음이 어떤 의미라고 생각하는 작용, 그것에 대해서 나름대로 상상을 합니다. 느낌이 일어나면 이것은 어떤 것이라고 상상을 하게 되는데, 쾌감은 기쁨, 괴로움을 노여움으로 나타나고 사(捨)는 담담함으로 나타나는데 이 담담함까지도 사실은 '도'가 아니라는 것입니다. 이렇게 하나하나 중생들이 수행해나가면서 도라고 착각하는 것을 끊어주는 것입니다.

행(行)은 자기가 생각하고 개념을 둔 것에 나름대로 의도를 첨가하는 것입니다. 기쁜 것에 대해서는 계속 유지하려는 의도를 일으키는데 이것이 욕탐이나 사랑이며, 나쁜 것에 대해서는 멀리하려는 마음을 일으키는데 이것은 증오와 분노입니다. 그래서 **구체적으로 자기가 쓴 정신적 행위에서 업으로 형성되는 것**이 '행'에 해당하는 것입니다.

식(識)은 이렇게 만들어진 경계에 대해서 확정짓게 되는 것입니다. **'경계를 인식하는 마음의 작용이다. 여러 체험 속에 종합적 지식이나 관념을 형성해서 판단하는 의식이 만들어진다.'** 우리가 보통 알고 있는 진·선·미, 위·악·추라고 하는 것들을 확정적으로 받아들이게 됩니다. 사람의 성격, 학력, 교양 등이 사람마다 다른데, 가령 이명박 대통령 같은 경우도 온 국민이 다 싫어할 것 같지만 여론조사를 해보면 10~20%는 좋아하는 사람이 있습니다. 이것은 각자의 행과 식이 틀리기 때문입니다. 여러분들이 만약 다른 사람이 나와 똑같아야 된다고 생각한다면 큰 착각입니다. 그것은 인생사에서 커다란 괴로움을 만드는 것입니다. 다른 사람은 당연히 나와 다르다는 것을 알아서 배려를 해야 마음이 편안해지고 업이 소멸이 됩니다.

'허공의 본바탕이 왜 무수상행식이라 했는가?' 허공의 본바탕은 무자아(無自我)이기 때문입니다. 무자아는 제법무아의 뜻입니다. 모든 것은 고정적인 실체가 없고 인연 따라 생겨났다가 인연이 다하면 사라지기 때문에 무자아입니다.

그다음 무아상(無我相), 허공의 본바탕은 '나'라는 것을 주장한 적이 없습니다. 또 허공에 대고 욕을 해도 허공은 눈 깜짝 안합니다. 엄밀히 얘기하면 허공의 본바탕을 깨달은 부처님에게 칭찬을 하든, 욕을 하든 돌아보지 않는다는 것입니다. 그래서 여러분들이 부처님 전에 불공을 하고 기도해서 복을 바라는 것은 어리석은 짓입니다. 그런데 하근기들에게 이런 얘기를 하면 절에 오는 종자가 끊어지니 그냥 무슨 기도라고 해서 계속 붙이는 것입니다. 그렇게 해서라도 부처님과의 인연을 맺어놓아야 나중에 정말 불교가 어떤 것인지에 대한 의문이 일어나서 배우러 다니게 되기 때문입니다. 대부분 이렇게 시작합니다. 금강경에 나오듯이 무유정법이라 정해진 법이 없다는 것입니다. 어떨 땐 나쁜 법이지만 때론 좋은 법도 되는 것입니다. 무아상, 무아집이기 때문입니다.

'허공은 색을 놓아두어도 공은 색을 받아들이지 않고' 우리가 마음을 이렇게 닦아야 된다는 것입니다. 중생이 제일 먼저 사물을 인지할 때 색으로 판단을 하는데 색을 마음에 두지 않으면 마음이 집착하거나 끌려 다니지 않습니다.

'수를 놓아두어도 공은 수를 받아들이지 않으며' 수는 느낌입니다. 좋은 느낌, 나쁜 느낌, 평범한 느낌. 그런데 사람들이 '저 사람을 보면 기분 나쁘고 싫어요.' 하듯이 기분 나쁜 것은 느낌이고 싫다는 것은 식(識)이 하는 것입니다. 느낌으로 시작해서 상상을 하고 행위를 해서 싫다는 정의를 내리는 것은 식이 하는 것입니다. 자기 느낌은 세상에서 가장 중심인줄 압니다. 모든 사람의 느낌은 안 믿어도 내 느낌은 옳다고 믿는 것이 범부입니다. 느낌에 의지해서 사물을 판단하려는 것은 오류입니다. 이것이 도를 닦다보면 색에서 벗어난 사람이 두 번째 잘못으로 외도로 빠지는 것입니다. 지금 제가 수행문을 철저히 가르치고 있습니다.

'상을 놓아두어도 공은 상을 받아들이지 않고' 상은 자기 상상입니다. 이 상상은 아이러니하게도 어려서부터 자기가 받아들인 정보에서 만들어진 것입니다. 애석하게도 사람들은 자기가 생각해낸 것이 옳다고 판단합니다. 이것이 잘못되면 부부지간의 의처증과 의부증이 상으로 인한 것인데 느낌으로 시작해서 자기 나름대로 생각을 하게 되는 것입니다. 수행을 할 때는 '상'을 뛰어넘는 공부를 해야 합니다. 수행이 간단한 공부가 아닙니다. '상을 놓아두어도 공은 상을 받아들이지 않고' 하는 이정도 경지가 되어야 마음 쓰는 것이 자유로워집니다.

'행을 놓아두어도 공은 행을 받아들이지 않고' 행은 어떤 일을 할 때 잔머리를 굴리는 것입니다. 머리 좋은 사람치고 제대로 도 닦는 사람 보기 힘듭니다. 머리 좋은 사람은 의도가 많기 때문에 즉 계산적이라서 이것이 행을 쓰는 것입니다. 이 행이 바로 다음 생에 받을 업력을 만드는 것입니다. 수·상까지는 미세하여 미쳐 업력으로 형상화가 안 되지만 행에서는 다른 사람 눈에 다 띄게 됩니다. 잔머리 쓰는 것, 의도적으로 쓰는 마음들이 다른 이에게 다 띄는 것입니다. 예전에 바닷게가 배에 치어 죽은 것을 보고 제자가 스승에게 누구의 업이냐고 물었던 일화를 예로 든 적이 있는데 이것은 누구의 업이냐고 물어본 제자가 의도를 일으킨 것입니다.

'식을 놓아두더라도 공은 식을 받아들이지 않는다.' 여기서 공을 여러분의 마음자리로 바꾸어보면 어떨까요. 더 이해하기가 쉽습니다. '식'은 결론을 짓는 마음입니다. 무엇이 어떻다고 하는 결론을 짓게 되면 어떻게 될까요? 참 무서운 얘기로 이것을 선입감이라 합니다. 우리는 자기에게 입력된 그대로 대상을 봅니다. 식이 그런 역할을 합니다. 자기가 좋아하는 사람은 다른 사람이 싫어하거나 그 사람이 나쁜 짓을 해도 예뻐 보입니다. 자기가 싫어하는 사람이 똑같은 행동을 하면 '너 그럴 줄 알았어!' 라고 하게 되는데 이런 판단을 식이 하게 합니다. 공부는 내가 일으키는 마음 낱낱이 이런 것에 떨어지지 않게 하는 것입니다. 엄격히 얘기하면 수행을 하는데 보살들이 높고 신비스럽고 환상적인 깨달음에 대해서만 선방에서 배웁니다. 그래서 도라는 것이 멀리 있는 줄 아는데 절대 그렇지 않습니다.

제21강 무안이비설신의 무색성향미촉법
(無眼耳鼻舌身意 無色聲香味觸法)

무안이비설신의(無眼耳鼻舌身意)

앞부분의 내용은 중생의 주관적인 '나'라는 집착을 깨뜨린 것이었습니다. 중생이 자기라고 생각하는 몸과 마음에 대하여 깨뜨리게 했는데 이제 더 구체적으로 '무안이비설신의'라 했습니다. 눈·귀·코·혀·몸과 그에 따르는 분별하는 마음, 망상심인데 이 여섯 가지가 존재를 파악하는 여섯 가지 도구입니다. 그런데 존재 자체가 허공성일 때는 파악해야 할 외부 존재가 없기에 '무안이비설신의'라 한 것입니다.

'몸을 자기로 집착하는 미혹을 깨뜨린 것이다.' 우리는 몸을 기준으로해서 '나다'하는 생각을 일으켜 마음에 수·상·행·식을 일으켜 끊임없이 더럽힙니다.

'환(幻)으로써 환(幻)을 없애면 환은 없어지지만 환 아닌 것은 없어지지 않는다. 이 없어지지 않는 것이 중생의 본래 모습이다.'

이것은 아주 묘한 도리입니다. 공부를 할 때 여러 가지 방편이 있는데 처음 수행하는 사람은 마음이 부처인 도리를 바로 깨닫기 어려워서 그런 사람에게는 먼저 이 삶이 환인 것을 가르칩니다. 그래서 마음이 환인 것, 일시적인 것, 인연의 소산물인 것에 물들지 않으면 욕심이 점차적으로 줄어들게 됩니다. 그래서 환으로써 환을 없애면 욕심도 사라지고, 환에도 집착을 안 하지만 다 없어지는 것이 아니고, 환이 아닌 우리의 본래 마음자리는 없어지지 않고 드러나게 됩니다.

'**육근과 4대 오온이 보고 듣고 아는 것이 아니다. 필경 이놈이 무엇인가?**' 안·이·비·설·신·의, 지·수·화·풍, 색·수·상·행·식, 이런 것들이 보고 듣고 아는 것이 아니라는 것인데 그러면 도대체 이것은 무엇이란 말인가? 나도 아니고, 너도 아니고, 이것도 아니고, 저것도 아니며, 몸도 아니고, 마음도 아니라면 무엇이란 말일까요? 여러분들이 나중에 도를 깨달으면 알 수 있습니다.

'**법당 앞에 촛불이며 마당 앞에 꽃이니라.**' 일체 견해가 들어붙으면 안 되기에 이런 언구를 썼는데 아는 사람은 이 언구를 이해할 수 있는데 대다수 사람은 소화하기 어렵습니다.

옛날 운문문언(雲門文偃:864~949)스님이 초파일 법문에서 '내가 석가모니 부처님이 태어날 당시에 있었으면 몽둥이로 두들겨서 개밥으로 줬을 것이다.' 라고 했는데 천하의 선지식들이 찬탄을 했습니다. 이것은 공부하는 사람이 마지막까지 집착하는 것이 부처라는 개념인데 그 개념을 없애버린 것입니다. 과격한 표현이지만 법집을 없애기 위해 던진 가르침입니다. 만약 일반인들이 그런 얘기를 했다면 바로 무간지옥에 떨어질 일입니다.

이 스님께 누가 '어떤 것이 부처입니까?'라고 물었을 때 '변소 간의 마른 똥 막대기이다.(건시궐:乾屎橛)'라고 답을 했습니다.

또 '어떤 것이 청정법신입니까?' 라고 물으니 '약초밭에 울타리니라.'라고 했고

'이러할 땐 어떠합니까?' 라고 물었는데, 이것은 평상구입니다.

이 질문에 '황금빛 털사자니라!' 라고 답했습니다. 황금빛 털사자는 잡된 것이 하나도 없고 백수의 왕이기에 온갖 것이 감히 침입을 못합니다.

즉 모든 번뇌가 침입할 수가 없다는 뜻입니다. '이뭣고?' 각자가 나중에 깨달아서 알아볼 일입니다.

또 대룡스님께 '어떤 것이 청정법신입니까?'라고 물었는데

'산꽃이 피어나니 비단인양 아름답고' 봄에 꽃이 연록 빛이 아래에서부터 올라와 산꽃이 여기저기 피었을 때

'시냇물이 맑으니 쪽빛처럼 푸르다네.' 깊은 산 흐르는 시냇물을 시름없이 쳐다보면 세간에 오염이 안 되었기에 쪽빛 같다.

'이것이 청정법신 비로자나불이로다.'

'여러분들이 생각하는 비로자나불은 어떤 것인가?' 이렇게 던져놓고는

'따져보는 사이에 천리만리 멀어지는구나!'

여기에다 대고 혀를 딱 대는 순간에 거울에 비친 그림자가 되어 버립니다. 흔들리고 움직인 것입니다. 알면 바로 알아야지. 이것은 이렇고 저것은 저렇고 하는 순간 천리만리 떨어져 버린다는 것입니다.

그래서 이 자리에서 몸을 자기로 집착하는 미혹을 깨뜨린 것입니다. 이것이 반야심경에서도 '무수상행식'은 상근기를 제도하는 것으로써 마음을 가르치면 바로 깨닫고, 그렇지 못한 중근기는 몸에 집착하여 바로 깨닫지 못하기 때문에 '무안이비설신의'를 가르치며, 하근기는 객관세계에 집착해 있기 때뮤에 '무색성향미촉법'을 가르칩니다. 즉 눈앞에 보이는 대상이 본래 없는 것임을 가르칩니다. 이

치적으로 보면 인연의 소산이라 인연이 다하면 사라지는 것이기 때문입니다.

무색성향미촉법(無色聲香味觸法)
'경계에 미혹한 마음을 깨뜨린 것이다. 육진경계가 한 근본에서 일어난 것이다.'

육진경계는 여섯 티끌 경계입니다. 우리가 눈으로 색을 보았을 때 색에 대하여 탐진치가 일어나는 것이 색진경계(色塵境界)이며, 소리에 대하여 탐진치가 일어났을때, 이와 같이 냄새, 맛, 감촉, 그리고 이러한 것들에 대하여 상상하여 탐심, 진심, 치심이 일어난 것이 육진경계입니다. 즉 육진경계는 미혹한 마음에서 일어났다는 것입니다.

'이 근본이 어디에서 일어나는가?'

우리가 참선, 주력, 염불 수행을 할 때 뜬금없이 망상이 일어날 때가 있습니다. 그럴 땐 이 망상이 어디에서 일어났는지 비춰봐야 합니다. 망상을 이용해서 수행하는 방법입니다. 앞에서 환으로써 환을 제거하고 나면 환 아닌 것은 남아 있다고 한 것과 같습니다.

'돌이켜 생각하여 알게 되면 몸의 근본이 생김을 알게 될 것이다. 어제 밤 꿈과 같은 것이 나라는 것이다.' 회광반조(廻光返照)하여 깊이 들어가면 이 몸이 무엇에 의지하여 만들어졌는가를 알 수 있습니다. 가끔 참선하는 분들이 참선하는 중에 몸이 없어진다고 하는데 이것은 정력이 깊음으로 인해 몸에 집착하는 마음이 사라지니까 몸이 사라지는 것입니다. 더 간단한 것은 술을 취하도록 마시고 깊이 잠들게 되면 몸뿐만 아니라 자기도 사라져 버립니다. 이것이 묘한 도리인데, 우리가 일상생활에서 늘 겪으면서도 무심히 지나쳐

버립니다. 내가 내 마음이라 하는 것도 깊이 잠들면 사라지고, 내 몸이라 하는 것도 사라지고, 세계도 사라져 버립니다. 그런데 잠이 들든 깨어있든 사라지지 않는 것이 있는데 그놈이 무엇인지 알아야 하는 것입니다. 참으로 없애기 힘들지만 반드시 없애야 하는 것이 '내다'하는 것입니다. 우리가 갖고 있는 이름, 법명, 여러 호칭들이 자기가 아닌데 오온의 식이 나를 아무개라고 확정을 지어서, 대상을 평가하는데, 이것은 식의 내용이 공개된 것이라고 할 수 있습니다. 도를 깨달으려면 이런 언어에도 떨어지지 않아야 합니다. 옛사람은 뙤약볕이 내리쬐는 대낮 모래위에서 지렁이가 몸부림치는 것만큼 나를 없애는 것이 괴롭다고 했습니다. 이것을 없애면 내가 영원히 사라지는 것 같고 이것을 누가 침해하면 상대방을 죽이고 싶은 맘까지 일어날 정도입니다. 그런데 이것이 인연의 소산물이고 업력의 소산물이며 일시적인 것임을 알아야 도에 들어갈 수 있습니다.

'이 마음이 본래 빈 것임을 살펴보는 것, 이것을 말하여 참다운 참회라 한다.'

참으로 근원적으로 참회를 하고 싶으면 나라는 것이 실재하는 것이 아님을 비춰보는 것이 가장 큰 참회입니다. 내가 뭔가 잘못해서 일시적으로 '잘못했구나.' 하는 것은 자기가 일으킨 망념으로 상대방의 망념을 위로하는 것 밖에 안 됩니다. 참으로 참회하려면 내가 없음을 알아야 합니다. 알게 되면 상대방에게 내가 없음을 그대로 베풀 수 있습니다. 이것이 진참회입니다.

'범부와 성인의 자리에 발자국을 남기지 않고 초연하게 있는 것을 조사라 한다.' 참으로 이것은 당당한 경지입니다. 이 경지를 깨달은 사람은 범부 속에 있어도 성인의 티가 안 나고, 성인 속에 있어도 범부의 행동을 합니다. 이런 사람을 조사라 합니다.

혜가스님이 달마스님에게 '내가 도를 깨닫지 못해 맘이 괴롭습니다. 저의 죄업을 소멸시켜 주십시오.'하니 달마스님이 '그 죄를 나에게 보여 봐라. 그러면 내가 그 죄를 소멸시켜 주겠다.'고 하셨습니다. 혜가스님이 듣고 가만히 관찰을 해보니 죄라는 것이 안에도 중간에도 바깥에도 없다는 것을 알고서 깨닫게 되었습니다. 여러분들이 갖고 있는 여러 가지 잘난 마음, 못난 마음은 그게 무엇이든지 죄의 성품처럼 거울에 인연이 닿아 나타난 것과 같은 현상입니다. 여인이 화장을 다 하고나면 거울을 안보잖아요. 그러면 거울에 무엇이 남습니까? 이것을 잘 기억하게 되면 헛되이 '나다'하는 마음을 일으켜 거울을 더럽힐 필요가 없습니다.

분주 무업이 머리를 돌리니 마조가 말했다. '이것이 무엇인가?'

분주무업(汾州無業)스님은 마조 스님이 도를 쉽게 깨닫게 해준다는 소문을 듣고 위풍당당하게 찾아 갔는데 마조스님이 큰 그릇임을 알아차리고는 묻기를

'화상은 무엇을 하는 분이십니까?'

'저는 경을 강의하는 강사입니다.'

'무엇으로 강의를 합니까?'

'마음으로 강의합니다.'

'마음은 강의할 수 있는 것이 아닌데.' 라고 했습니다. 왜냐하면 부처를 강의한다는 것은 망상심으로 강의를 할 수 있는 것이 아니고. 깨달아야만 강의를 할 수 있는데 망상심으로 강의하는 것을 부처와는 전혀 관계없이 제 소견만 이야기 하는 것 밖에 되지 않기 때문입니다. 거울에 비춰지기 이전의 모습의 거울, 사물이 비춰지기 이전의 거울 모습을 강의하려면 비춰지기 이전 마음자리에서 설명

을 해야 되는데 마음으로 경을 강의한다고 하니까 마조스님이 이것을 트집 잡은 것입니다. 이것은 아주 세심한 배려입니다. 이에 무업스님이 모든 부처님이 다 말씀하신 것을 마조스님이 틀렸다고 하니 화가 났습니다.

'그럼 허공이 강의합니까?'

'그렇다. 허공이 강의한다.'

이 소리를 못 알아듣고 불쑥 나가서 신발을 신으려하는데 마조스님의

'여보게!' 하는 소리에 뒤돌아보니

'이것이 무엇인가?' 하는 순간 깨달아 버렸습니다.

도는 이렇게 깨닫는 것이 가장 간단합니다. 이리저리 헤아리면 거울에 비춰진 모습입니다. 거울에 띄지 않은 모습을 써야 마음을 깨닫는 것입니다.

여인이 아침마다 거울을 보고 화장을 하지만 화장이 끝나면 여인은 사라져 버립니다. 그때 이 거울은 뭐라고 해야 될까?

'죄의 본성은 안에도 밖에도 중간에도 있는 것이 아니다.' 죄라는 것은 자기가 거울에 보였을 때만 존재합니다. 거울에 '나다'라는 것이 가장 먼저 비추어지고 그다음에 선, 악, 죄 등이 일어나는 것입니다. 그래서 죄의 본성 자체가 '나다'라는 일념에 의지하고 있으니 안에도, 밖에도, 중간에도 있는 것이 아니라는 것입니다.

'마음이 오염되어 있으면 중생도 더럽혀지고, 마음이 청정해지면 중생도 청정해진다.'

'그런데 오염은 알겠는데 청정은 어떠한 것입니까?'

'마음은 안에도 밖에도 중간에도 없다. 마음이 그러하듯이 죄 또한 그러하다.'

제22강 무안계내지 무의식계
(無眼界乃至 無意識界)

안이비설신의계, 눈의 경계나 의식의 경계까지 모두 망상에서 생긴 것입니다.

관보현경에 이르기를 **'일체 업장은 모두 망상에서 생긴다. 만약 참회하고자 한다면 실상을 관하라.'**

이것은 업장이 어떻게 생기는가를 경전에서 간추려서 얘기하는 것으로써 수행문에서 보면 수행의 요결이 됩니다. 즉 우리가 업 또는 업장이라 하는 모든 것이 망령된 생각에서 비롯된다는 것입니다. 진리에 대한 무지한 상태에서 일으키는 모든 생각이 망령된 것이지만, 각자 개인이 부딪히는 망령된 생각에 의해 업장이 만들어지기 때문에 모든 죄가 망상에서 생긴 것임을 알고서 참회를 하면 이것은 실상을 관하는 것이기 때문에 '만약 참회를 하고자 한다면 실상을 관하라.' 라고 한 것입니다.

'무릇 죄업의 큰 바다도 모두 그대의 일시적 생각이 낳은 망상한 것에 불과하다.'

일체 중생이 갖고 있는 모든 죄업이란 것이 결국 우리가 일으킨 망상이 만든 것입니다. 중생이 갖고 있는 가장 근본적인 망상은 의식되어진 나와 세계라는 것의 내용이 실재한다고 착각하는 것입니다. 이것은 반야심경에서 전도몽상이라 하는데 수행을 통해 마음을 통달하지 않는 이상 이것은 실감이 나지 않습니다. 이러한 망상을 이용해서 세계를 만들어 내는 기술이 있는데, 최면술에서 매운 양파를 맛있는 사과라고 해서 먹어도 아무런 고통을 못 느끼는 것처럼 이것도 망상이 그렇게 만드는 것입니다. 그러한 망상이 현상 세계로 적용되었을 때 나와 세계라는 것이 벌어지는 것입니다. 최면술은 제 7의식을 상대해서도 매운 양파가 달콤한 사과로 느껴지고 그렇게 또 업을 받는데, 하물며 제 8아뢰야식에 있는 근본 무지나 망상이 이 세계를 창조하고 유리시키며 생로병사를 끊임없이 연출해 내는 것을 보통 사람은 깊은 명상과 깨달음이 없으면 이해하기도 어렵고 깨닫기도 어렵습니다. 이처럼 망상도 여러 종류가 있습니다.

'죄업을 참회하고자 한다면 자세를 바르게 하여 본래의 자기로 되돌아와야 한다. 이것이야말로 최고의 참회라 할 수 있다.'

어떤 사람이든지 일평생 죄를 짓지 않는 사람은 없습니다. 카톨릭에서 개종한 어떤 보살이 공부하는 법을 가르쳐 달라고 하기에 자기가 일으킨 망상을 하나하나 모두 기록하라고 했습니다. 나중에 연락이 와서는 '스님, 제가 이렇게 나쁜 년인 줄 미처 몰랐습니다.'라고 한 적이 있습니다. 이처럼 우리가 일으키는 망상은 모두 자기 입장에서 쓰기 때문에 그것이 죄나 잘못이라고 생각을 하지 않고 스스로 착하게 살았다고 생각하고 지냅니다. 시간이 흐른 뒤에 남에게 조금이라도 서운하게 했거나, 질투를 했거나, 욕심을 냈거나, 해롭게 한 것을 하나하나 더듬어 기억해 내어 공책에 적으면 한 권도 모자랄 것입니다. 이것은 현재 진행형이며 앞으로도 그럴 것입니다. 그 때 느끼는 것이 내가 착하고, 지혜롭고, 어진 줄 알았는데 그것이 사실은 내 망상이었다는 것을 깨달아야 비로소 공부하는 방법을 알게 됩니다.

'무릇 제법의 큰 바다도 모두 그대의 일시적인 생각이 낳은 망상에 불과하다. 죄업을 참회하고자 한다면 자세를 바르게 하여 본래의 자기 자리로 되돌아와야 한다.'는 것은 망상을 피우기 이전의 자기 모습을 깨달으라는 것입니다.

'이것이야말로 최고의 참회라 부를 수 있다.' 세 가지 근본 번뇌, 대상을 쫓아가는 망상에는 세 가지 번뇌가 있습니다. 깨닫지 못한 사람들이 의지해서 쓰는 마음인데 탐·진·치입니다. 끊임없이 탐하고 분노하고 어리석은 것이 마음을 요달하지 못한 사람들이 쓰는 마음입니다. 이것을 갖고 대상을 쫓아가기만 합니다. 이것은 여러분들이 누구를 만났을 때 상대방을 재빠르게 판단해서 좋거나 싫거나 이도 저도 아닌 것을 판단하는데 이것이 모두 탐·진·치라는 것입니다. 그래서 선가에서는 깨닫기 전에는 모두가 마구니라고 합니다. 왜냐하면 깨닫기 전에 쓰는 마음이 모두 마구니의 마음이기 때문입니다.

'근본으로 돌아오면 크고 작은 의식 분별이 모두 제거된다.'

근본으로 돌아오게 되면 크고 작은 의식 분별이 모두 제거된다고 했는데 왜 불가에서 깨달음을 얘기하느냐 하면 보통 중생은 마음을 써도 자기 입장에서 쓰는 마음이니까 자기가 행복하고 만족하면 착한 것이라고 착각을 합니다. 그러나 깨닫게 되면 자기가 행복하거나 만족스럽다 하는 것도 망상에서 기인한 것임을 압니다. 그런 것에 의지하지 않고 마음을 쓰면 오랜 세월동안의 습을 다스리는 것이 쉬워집니다. 깨닫지 못하고 마음을 닦는다는 것은 일시적으로

우는 아이에게 누런 낙엽을 주고 돈이라고 속이면 아이는 그것을 믿고 울음을 그치게 되는데 얼마 지나지 않아 그것이 돈이 아님을 알고 다시 울게 되는 것과 같습니다. 요즘 사람들이 마음을 닦는다는 것이 딱 그 수준입니다. 그래서 마음을 닦을 때는 근본적인 마음자리를 회복한 다음에 닦아야 닦은 만큼 밝고 맑은 마음이 회복이 됩니다.

'부처를 관찰하여 마음의 통일을 지속하면, 자신은 홀연히 청정하게 되고 대상을 생각함도 없다.'

이것은 청정함이 무엇인가를 가르쳐주는 것으로 마음이 안팎의 모든 것에 머무르지 않는 것입니다. 여러분들은 이렇게 머무르지 않게 마음을 한 번도 써본 적이 없다는 것입니다. 여러분들이 즐겁다든가 행복하다는 것은 자기 마음에 어떤 상념을 일으켜서 그것으로 자기를 되비추어 만족하다는 판단을 내릴 때만 존재합니다. 그런데 이러한 것들이 가끔 없어질 때가 있는데 기절 했을 때, 잠이 깊이 들어 꿈까지도 사라질 때, 이것은 도력에 의한 것이 아니라 생리적이거나 자연의 이치에 의한 것이기 때문에 깊이 잠이 들었을 땐 행복했지만 깨어나면 다시 두렵고, 괴롭고, 번거로운 마음이 남아 있는 것입니다.

'아무것도 생각하지 않는 자를 부처를 생각하는 사람이라 부른다.'

관보현경에서는 염불하는 방법을 가르쳐줍니다. 염불한다는 것은 부처를 념하라, 생각하라는 것인데, 여러분들이 생각하는 부처는 32상 80종호를 갖춘 거룩한 모습을 부처라 여긴다면 아직 꿈속에서 다시 꿈을 꾸는 것이고 도를 닦거나 부처님의 참다운 법 입장에선 어떤 것에 대해서도 망상을 일으키지 않는 상태에서의 마음자리 그 상태를 지니는 것을 염불한다고 하는 것입니다. 어찌 생각하면 염불, 즉 부처를 생각한다는 것이 참 간단한 것 같기도 하고 오묘하게 어려운 것 같기도 합니다. 그래서 방편으로써 마음을 한 곳에 묶어놓기 위해서 그냥 관세음보살이나 아미타불을 외우라고 하는 것입니다. 이것도 천만 번을 외워도 일으킨 생각일 뿐입니다. 이와 같은 이치를 알아야 마음을 제대로 닦고 삿된 견해에 물들지 않으며 참부처를 증득할 수 있습니다.

'무엇을 아무것도 생각하지 않는 것이라 하는가? 부처를 생각하는 마음이 그것이다.'

도대체 무엇이 부처인가를 말하는가 입니다. 이렇게 얘기하면 하근기들은 아무것도 없는 것을 관찰하는 것을 부처를 생각하는 것으로 착각하게 됩니다. 이것은 실제로 자기가 수행을 통해 경계에 부딪혀 증득을 함으로써 알 수 있는 것인데, 언어나 말이 아니면 여러분들이 알아들을 수 없기 때문에 이렇게 설명을 해주는 것일 뿐입니다. 아무것도 생각하지 않는 마음을 무심이라 하는데 옛 스님들이 무심이 곧 도라고 했는데, 여러분들은 6식이 사량분별(思量分別)을 일으키지 않을 때 일시적으로 잠깐 사라졌다 하여 무심한 것으로 알고 도를 알았다고 착각을 하는데 그런 것으로는 무심이 되지를 않습니다. 그런 것들은 인연이 사라지면 언제든지 무심이 됩니다. 잠이 들어 꿈속에서 나타나는 나다하는 마음이 있는데 그것에 조차도 머물지 않아야 합니다.

'그러면 안심(安心)은 무엇인가? 편안한 마음이란 마음의 실체 없음을 아는 것이다.' 공부를 하는 사람은 이 이치를 분명히 알아야 도를 닦을 수 있습니다. 여러분들이 절에서 철야기도를 하거나, 절을 얼마나 했다거나, 몇 시간을 염불을 했다고 하는 것은 아무 소용이 없고, 대승법적인 입장에서는 자기가 일으킨 망상에 불과한 것입니다. 물론 초심자에게는 붙잡고 의지하고 인도해야 할 길이 필요하겠지만 지혜를 논하는 문에서는 그것은 일어난 파도에 불과한 것입니다. 어떤 것이 파도가 아닌가? 마음의 실체가 없음을 아는 것이 파도가 없음을 아는 것입니다. 이러한 것을 도를 알았다고 하는 것입니다.

도라는 것이 참으로 진실하고 정직하면 한 언구에 바로 얻을 수 있는데, 요즘 사람들은 욕탐과 업력에 물들어 있기 때문에 바로 일러주면 시시하게 생각합니다. 묘하고 대단히 뛰어난 도리를 얘기해야 '아! 도라는 것이 이런 것이구나.'하는데 사실은 자기 업력 때문에 쉽게 일러주는 것으로는 깨닫지 못하고 어렵게 일려줘야 고생고생해서 도는 이렇게 닦는 것이라고 생각합니다.

'만약 마음을 진정시키면 마음은 청정하게 되지만' 마음을 진정시킨다는 것은 마음이 끊임없이 여섯 기관을 통해 바깥 것에 달라붙어서 평가를 내리려 하고, 계속 분별을 일으키는 마음을 쉬어버린다는 것입니다. 망상 피우지 말라는 도리를 알고서 그 생각이 일어나는 순간 번뜩하고 쉬어버립니다. 그러면 마음은 어떤 것에도 물든 적 없는 본래자리로 돌아가니까 청정하게 됩니다.

'한 생각이라도 분별을 일으키면 마음은 이미 생멸 속에 있다.' 우리가 대상을 만나 '저 사람 왜 저러지?' 하는 순간에 이미 생각이 일어났는데 여기서 끝나지 않습니다. '저 사람 왜 저러지.' 하는 생각이 자기 마음에 저장이 되어서 다음 생에 그 사람을 보고 '저 사람 왜 저러지'하는 업력을 일으키게 됩니다. 생멸의 원인이 된다는 것입니다. 결국 여러분들이 일상에서 생각 생각을 일으키고 분별하고, 따지는 생각들이 다음 생에 여러분이 평가 받는 그런 삶과 환경에 떨어지게 하는 원인이 된다는 것입니다. 일념단속의 수행은 안하고 법문을 많이 듣고 절에 오래 다니고, 많이 알고, 스님을 오래 쫓아 다녔다하는 것들은 아무 소용이 없습니다. 그것은 그런 업력을 만들어서 다음 생에 다른 사람에게서 똑같이 그러한 이야기나 보복을 받는 것에 지나지 않습니다. 이것이 마음 닦는 요령입니다.

'마음속에서 이리저리 망상하는 것은 그릇된 생을 날조하는 것이다.'

우리가 마음속에서 희와 비를 논하는 것조차 그릇된 생, 다시 태어나는 원인을 만드는 것입니다. '날조'는 있지도 않은 것을 자기가 억지로 만들어 냈다는 것입니다. 선가에서 깨닫기 전에는 다 마구니라고 하는 얘기가 깨닫지 않은 사람은 생각 생각이 생을 날조하는데 평생 헌신을 한다는 것입니다. 여러분들이 살아온 삶도 선했든 악했든 다음 생의 원인을 날조하고 있는 것입니다. 단지 선한 생각을 많이 한 사람은 아무래도 주위가 자기를 인정하고 보호하는 쪽으로 날조를 할 것이고, 악한 생각을 많이 한 사람은 사람들이 나를 괴롭고 힘들게 하는 쪽으로 날조를 하겠지요. 그러나 불법도리로 봤을 땐 이 또한 지난 밤 꿈 속 얘기입니다. 꿈속을 벗어난 일이 아니라는 것입니다. 그래서 이 도리로 보면 착하기 위해 불법을 닦는 것이 아닙니다. 더군다나 악 하려고 불법을 닦는 것은 더더욱 아닙니다. 바로 다음 생을 날조하지 않는 마음을 쓰는 것이 불법을 닦는 이유입니다. 다음 생을 날조하지 않으려면 근원을 깨뜨리고 근원을 깨달아야 합니다. 근원을 모르기 때문에 나고 죽는 원인을 계속 만들어 내면서도 나는 예외일거라고 생각하고 있는 것입니다.

'깨닫지 못하면 아무리 방법을 궁리해 봐도 업의 지배를 멸할 수

없다.' 깨달은 사람은 생각 생각이 실재하지 않음을 알기에 거기에 머물지 않습니다. 어떤 행동을 해도 머물지 않으므로 업이 되지를 않습니다. 여러분들은 늘 좋다 싫다 하면서 거기에 착 달라붙고 어떻게 해야 되겠다는 의도가 다시 일어납니다. 이렇게 의도가 들어가는 순간 다음 생이 날조가 되어버립니다. 일체 중생이 평생을 살면서도 이것을 모릅니다. 이것을 처음 가르쳐주신 분이 부처님입니다. 이 도리를 잘 들어보면 마음을 어떻게 닦아야 되는지 손에 잡히잖아요. 그래서 깨닫지 못한 사람은 한 톨의 쌀알도 소화를 못하지만 깨달은 사람은 하루에 만근을 녹여도 죄가 되지 않는다고 했습니다. 여러분은 하루에 몇 푼을 녹이는지 모르겠지만 결국은 다음 생을 날조하는 것이 되지 않기를 바랄 뿐입니다.

다음은 무안계 내지 무의식계(無眼界 乃至 無意識界)입니다. 이것은 눈으로 보이는 세계는 없고 또한 생각하는 세계도 없다는 것입니다. 이것은 18계를 파한 것이라고 원측스님의 반야심경찬에 쓰여 있습니다. 18계는 6근, 6진, 6식이 화합했을 때 존재가 만들어지는 것을 말합니다. 우리가 알고 있는 현상계도 존재인데, 이해하기 쉽게 설명을 하면 꿈을 꿀 때 마음속에는 사실은 아무것도 없는데 잠이 깊이 들면 여러분들이 함부로 생각하고 살았던 것이 종자로 있다가 잠재적으로 나타나게 되고 꿈속에서 산하대지가 나타나는데 이것이 안계입니다. 눈에 보이는 세계로 산하대지를 보는 놈이 있는데 '나'다 하는 놈. 그게 의식계입니다. 그런데 꿈을 깨고 나면 그 안계와 의식계가 존재하지 않습니다. 이와 같이 꿈속에서 꾸는 꿈은 순간적인 꿈이고, 지금 우리가 꾸는 꿈은 백년 안쪽의 꿈이라는 것입니다. 깨달은 사람의 입장에서는 안계와 의식계까지도 존재하지 않는데 우리가 업력에 의해서 그것을 물질화시켰기 때문에 존재로서 존재감을 느끼는 것입니다. 무안계 내지 무의식계는 그것을 파하는 것입니다.

'바깥세상의 적을 정복하려면 그것은 셀 수 없이 늘어날 것이다.'

바깥세상의 적을 왜 셀 수 없을까? 깨닫기 전에는 어떤 사람이라도 자기 입맛에 맞는 것만 쫓아다닙니다. 그런데 다른 사람도 자기 입맛에 맞는 것만 쫓아다닙니다. 밥은 한 그릇인데 그 밥을 탐하는 인간은 수없이 많아 그것을 어떻게 다 이길 수 있을까요. 바깥에 있는 것은 바깥에 있는 것으로서 욕탐·분노·어리석음으로써는 정복을 할 수가 없습니다. 왜냐하면 바깥에 있는 적은 내 맘의 무지에 의해서 나타난 것이기 때문입니다.

'네 속에 있는 마음을 정복한다면 모든 적은 곧 사라진다.'

적이란 나를 해롭게 하는 것으로 내가 '나'라는 것을 세우면 남도 '나'라는 것을 세우게 되어 나와 대립을 하게 되어 내가 '나'라는 것을 비우게 되면 남이 나를 볼 수가 없게 됩니다. 공부 단계에서 사람 눈에 안 띄는 것. 마음을 진실로 닦고 싶다면 우선 사람 눈에 안 띄는 공부를 해야 됩니다. 그런데 여러분 보살들은 사람들 눈에 잘 띄려고 아침마다 찍고 바르고 거울 앞에 앉아 있습니다. 조금 더 들어가면 귀신 눈에 안 띄어야 됩니다. 귀신 눈에는 섬뜩한 소견을 일으켜서 마음에 집착을 하면 귀신 눈에 띄는 것입니다. 그 다음 보살 눈에 안 띄어야 하며 수행자 눈에도 안 띄어야 되는 것입니다. 이것은 내가 수행을 하므로 다른 이는 내보다 못하다는 소견을 일으키면 수행자 눈에 띄는 것입니다. 제방에 참선하는 사람들이 떨어지기 쉽습니다. 다음은 부처 눈에 안 띄어야 되는 것은 참으로 어렵습니다. 아까 일체 생각이 없는 것이 부처라 했는데 그 생각이 없다는 것에 머물면 부처 눈에 띄는 것입니다. 이것이 공에 떨어졌다는 것입니다. 생각이 없다는 것에도 마음이 떨어지지 않아야 부처 눈에 띄지 않는다는 것입니다. 결국 우리의 적이 무엇이냐?, 적이 바깥에 있느냐?, 자기가 한 생각 일으킨 어리석음에서 나왔습니다. 그래서 네 속에 있는 자인 마음을 정복한다면 모든 적은 곧 사라진다고 했는데 우리가 마음이라 하면 참 친근하게 느끼고 불교에서 마음이 부처라 하여 귀중한 것으로 알지만 여기서 '마'는 마구니 마(魔)자이고 '음'은 소리 음(音)자 인데 깨닫지 못한 사람이 생각해 내고 말하는 것은 모두 이 마음입니다. 마구니의 소리라는 것입니다. 여러분들의 평생 옳다 그르다 하는 것이 모두 마음입니다. 마구니가 시킨 소리라는 것입니다. 자신의 입장에서 입맛에 맞는 것만 얘기합니다. 보살들을 오랫동안 친하게 지내다가도 누가 시기를 해서 이간질하면 바로 마음(魔音)이 되어 버립니다. 여러분들이 도를 닦는다는 것은 마음(魔音)을 내세워야 되는 것이 아니고 불음을 내세워야 되는데 불음의 정체가 어떤 생각에도 머물거나 집착하지 않으려고 노력하는데서 나옵니다. 그런 것을 수행한다고 합니다. 내가 선방에 몇 시간을 앉아 있고 장좌불와 했다고 하는 것은 모두 미친 견해입니다. 부처처럼 앉아있다고 다 부처가 되는 것은 아니고, 부처는 지혜가 있어야 됩니다. 자기 본성에 대한 지혜로 내 마음 내 마음이라고 하는 것은 사실 내 마구니 마구니 하는 것입니다. 여러분들이 일으킨 소견은 내 입맛에 의해 나온 것이고 그것은 부처가 아니라는 것입니다.

고령 신찬이란 스님이 있었는데 이 스님의 스승이 살림이 좀 넉넉했었는데 하루는 상좌 세 사람을 불러서 한 스님은 도가를 배우게 하고, 또한 스님은 유가를 배우게 하고, 고령 신찬 스님에게는 참선을 배우고 오라고 했습니다. 3년 동안 스승이 식량을 대어 주어 공부를 하고 돌아왔는데 도가를 배운 스님은 복기법(服氣法)을 배워서 몸이 강건하고 피부색이 백옥 같았으며 눈에서 불이 펄펄 나는 것을 보고는 공부는 잘했다고 했고, 유가를 배운 스님은 예의 범절을 잘 알아서 불공을 할 때 의식을 잘했고, 고령 신찬스님에게는 넌 무엇을 배웠느냐고 물었더니 '저는 아무것도 배운 것이 없습니다.'라고 하여 '이놈이 삼년이나 식량을 대어 주었더니 아무것도 배운 것이 없다고 너는 앞으로 어디 가지 말고 내 시중이나 들어라'라고 했습니다. 그래서 매일 쓸고 닦고 밥하는 것을 시켰습니다. 그 노장 스님은 매일 경을 외고 있었는데, 사실 고령 신찬 스님은 삼년 동안 백장 회해스님 회당에 가서 깨닫고 왔습니다. 깨닫고 보니까 아무것도 배운 것이 없음을 알았고, 그것을 그대로 이야기한 것뿐이었습니다. 그런데 깨닫지 못한 노스님이 그것이 무슨 뜻인지 알아듣지 못하고 쓸모가 없다고 허드레 일을 시켰던 것입니다. 고령 신찬스님이 은사 스님을 보니까 복력은 많은데 지혜가 없어보였습니다. 불가에서는 복력보다는 지혜를 우선으로 합니다. 세속에서는 지혜보다는 복력을 더 쳐줍니다. 자기 스님이 매일 책만 보고 있는 것을 어떻게 깨우쳐줄까 하고 있었는데, 어느 날 벌이 방에 들어왔다가 나가려고 문의 흰 창호지를 계속 두드리고 있는 것을 보고는 '아무리 묵은 종이를 뚫으려고 해도 솟아날 구멍이 있겠느냐'라고 했는데 노스님이 경전을 보다가 이상해서 쳐다보니까 '부처가 방광을 할 줄 아네.'라고 했습니다.

또 하루는 노스님을 목욕을 시키고 있다가 고령 신찬스님이 스승을 깨닫게 해주려고 '법당은 좋은데 부처가 영험이 없네.'라고 했습니다. 스승이 아무래도 이상해서 나중에 조용히 불러서 '너 무슨 일이 있었는지 진실을 말해라.'하고 했습니다. 도를 닦는 사람은 정직한 것이 특징입니다. 여러분들이 스님의 법문을 들으면 처음부터 끝까지 주장하는 것이 이 이야기입니다. 곧은 마음 없이 아무리 잔머리를 굴려도 소용이 없습니다. 따라서 거짓말을 배울 수 없는 것이 도의 문인 것입니다. 그래서 고령 신찬스님이 '사실은 백장회해스님 회상에 가서 3년 동안 있으면서 도를 얻었습니다.'라고 했더니, 이 스님이 복력이 있는 만큼 진실했던지 제자를 법상에 앉히고 삼배(拜)를 하고 법문을 해달라고 했습니다.

제23강 12연기(무무명 역무무명진)

보통 중생들이 세계를 보거나 생각을 할 때 무명에 의지하는데, 그것을 다시 깨뜨리기 위해 무무명(無無明) 즉, 무명도 없다고 했습니다. 그런데 여기서 부터는 십이연기(十二緣起)가 나옵니다. 십이연기를 모르면 수행하는 방법과 우리가 미혹하는 원인을 모릅니다. 이것을 수행문과 교학적 측면에서 설명하겠습니다.

무무명에서 무명이 무엇인지 알아야 무명이 없음을 알 수 있습니다. 무무명이 근본 미혹을 밝힌 것인데 중요한 것은 근본 무명이 무엇일까요? '**근본 미혹은 존재의 본성에 대한 무지이다.**' 우리가 왜 태어나고 죽는가? 존재의 본성에 대한 무지 때문에 없는 것을 있는 것으로 착각하여 업을 지어 그 위에 덧칠을 한 것입니다. '**존재의 본성에 대한 무지에는 자기실체에 대한 무지와 세계의 실체에 대한 무지 두 가지가 있다. 이것을 교학적으로 아(我)와 법(法)이라 하고 다른 말로 주관과 객관이라고도 하는데 이것에 대한 무지 때문에 중생이 생사윤회를 하는 것이다.**' 그런데 교학적으로 더 자세히 얘기를 하면 도를 닦음에 있어 무명은 무엇이냐? 석가모니 부처님 당시 인도에는 크게 두 가지 사상이 있어 외도(外道)라 불렀는데 **단견**

(斷見)과 상견(常見)입니다. 상견은 전변설(轉變說)을 말하는데 브라만신이 이 세계를 창조했다는 것이고, 단견은 적취설로 지수화풍(地水火風) 4대가 적취(積聚), 즉 모여서 만들어졌다는 것입니다. **'불교는 연기관(緣起觀)이다. 모든 것은 연기에 의해 나타난 것이지 어떤 절대적인 신에 의해 만들어지거나 물질이 화합해서 만들어진 것이 아니라는 것이다.'**

그리고 무명을 여러 가지 측면에서 볼 수 있습니다. 전이무명은 과거·현재·미래에 대한 무명, 내무명은 나와 세계에 대한 무명, 업보무명은 우리가 어떻게 해서 업이 쌓이는 가에 대한 무명을 말하는데 이 무명이 우리의 한 생각 분별에 의지하고 있다는 것입니다. 수행문에서는 한 생각 한 생각만 다스리면 이 무명이 힘을 쓸 수가 없기 때문에 행(行)으로 나타나지 않습니다. 무지한 상태에서 파악된 세계에 대해서 생각하고 의식하는 것이 무명입니다. 무명의 반대는 명입니다. 무무명은 본래 무명이란 것이 없는 것인데, 나와 세계에 대하여 한 생각 분별이 일어날 때 나타나는 것이 무명이기 때문입니다. 그래서 자기의 본성이 공한데 이 공의 자리를 모르기 때문에 일어나는 생각, 여러분이 깨닫기 전에는 평생 이 마음을 쓰는 것입니다. 이 무명을 여러분들은 의식조차 하지 못합니다. 이 것은 아뢰야식 즉 무의식에 들어있는 무명이기 때문입니다. 이 무명을 깨뜨리기 위해서는 깊은 삼매와 깨달음이 필요합니다. 여러분들은 무명의 정체를 모르고, 대개 외도들이 말하는 고요하고 청정하게 느껴지는 것만으로 이것이 도라고 착각을 하게 됩니다. 이것은 대단히 무서운 얘기입니다. 다른 말로 표현하면 무명은 지혜 없음이라 할 수 있습니다.

일단 **무명**, 즉 지혜 없음이 일어나게 되면 **행(行)**이 나타납니다.

즉 무명에 의해 연기된 행이 나타납니다. 행은 쉽게 말해 행동입니다. 무명에 의해 과거에 지은 모든 선·악업이 본능적으로 꿈틀거리게 됩니다. 여러분들이 사춘기 때 이성에 대해 감지를 하게 되는데 어릴 적에는 같이 발가벗고 목욕도 하고 손도 잡고 했는데, 어느 순간부터는 상대를 보면 가슴이 두근거리게 되는 이게 행입니다. 의도를 갖고 보게 되는 것입니다. 무명 상태에서는 무지하니까 그냥 대했는데 이 상태에서는 상대에게 욕구를 갖고 대하게 되어 친구할까 애인할까 하는 생각을 하게 되는 이것이 행입니다. 이것은 인간사에 있어서는 너무나 당연한 것이기 때문에 잘못이라고 느껴지지도 않지만 깊은 삼매에 들어가면 이게 마음의 번거로움이고 고통임을 알 수 있습니다.

'행은 무명에 의해 과거에 지은 모든 선악업이 본능적으로 펼쳐지는 움직임이다.' 어디로 펼쳐지느냐? 몸·입·뜻으로 펼쳐집니다. 여기까지는 미세하여 보통 사람들은 이것을 느끼지 못합니다. 대부분 사람들이 그렇게 쓰고 있기 때문에 특별히 이것이 잘못이라고 여기지 않습니다. TV에 보면 짝짓기 대회와 같은 것이 있는데, 이것을 우리는 당연하다고 봅니다. 도의 입장에서 보면 또 다른 망상의 업력이 그것을 만드는 것에 지나지 않습니다. 이러한 것들은 깊은 깨달음이나 지혜가 없으면 그것이 왜 고통인지 조차 모릅니다. 사랑하는 것이 행복하고 좋다고들 하잖아요. 여러분들이 여기서 **'자아를 취착하고 개념화된 언어를 이해하고 새로운 체험을 추상하는 것이 행이다.'** 이것은 무지에 의해 본능적으로 하기 때문에 부처님이나 불법을 깨달은 사람 외에는 아무도 눈치를 못 챕니다. 외도의 수장이나 종교의 지도자조차 이것은 당연하다고 생각합니다. 도를 닦을 때 행까지 닦은 사람이 있고 무명까지 닦은 사람이 있는데 무명까지 닦아도 아직 도인이 아닙니다. 이것을 깨달아야 도인입니다. 교학적으로 2인(二因)이라 했습니다. 과거 2인은 사람이 어머니 뱃속에 들어가기 전까지 지어놓은 것으로 과거 2인이라 합니다. **'행, 이것은 충동적인 움직임이고 유위를 조작하는 의식이다.'** 의도적인 마음이 다 들어간다는 것입니다. 그런데 너무 자연스럽기 때문에 동물이든, 인간이든, 천상인간까지도 이것이 죄라고 생각을 안 합니다. 이 단계는 보살지가 아니면 사실은 훤히 알 수가 없습니다. 여러분들은 그냥 이치로 그러려니 하는 것일 뿐입니다.

어떤 비구가 연못가에 앉아서 연꽃 향기를 맡고는 '참 연꽃향기가 좋다'고 생각했는데 연꽃신이 나타나서는 '당신은 파계승이요'라고 했는데, '내가 뭐 도둑질을 한 것도 아니고 그냥 연못향기만 맡았는데…'라고 하니, '당신은 연꽃향기에 탐욕을 일으켰소.'라고 했습니다. 이것이 행의 단계를 말한 것입니다. 도를 닦는 것이 만만치 않고 진짜 성스러운 것입니다. 여러분들은 온갖 향수를 다 쓰는데 위의 스님은 연꽃 향기에 취한 것 갖고도 탐욕이라고 했습니다.

잠재의식에 들어가면 신들과도 대화가 되는데 스님은 신을 보고 신도는 스님을 볼 수가 있습니다. 여러분들은 잠재의식에 들어갈 만한 정신의 맑음이 없기 때문에 볼 수가 없습니다. 이것은 충동적 맹목적 본능적 움직임이라 할 수 있습니다. TV에서 남녀 간 사랑을 자주 보는데 본능적인 얘기이긴 하지만 도의 입장에선 타락한 것입니다. 이것이 행이라는 것입니다. 그래서 행이 얼마나 미세한 번뇌인지를 여러분들이 공부를 해봐야 압니다.

이렇게 해서 **'식(識)'이 형성**됩니다. '이것이 내 영혼이다.' 라고 하는 것이 이때 형성됩니다. **'무명과 행에 의해 금세에 태에 의탁하는 의식일 뿐이다.'** 했는데 이것은 무명과 행이 과거 2인에 의해 어머니의 태에 탁태하기 이전에 지은 업장들이 무명과 행으로 본능적으로 발동을 하게 되면 이게 태어나고 싶은 욕망으로 확 일어나게 됩니다. 그러면 어머니 자궁에 갇히는 수밖에 없습니다. 어머니 자궁은 이 세상 저 세상을 연결하는 통로입니다. 사람이 죽은 후, 일정 시간이 지나면 어머니 자궁에 들어갔다가 다시 나오면 이 세상에 나타납니다. 어머니 자궁을 통하지 않으면 이 세상에 나올 수가 없습니다. 이때 어머니 자궁에 탁 들어가는 무명과 행에 의해 이미 짓밟혀진 그 일념이 식이라는 것입니다. 여러분들이 **'내 마음이라고 하는 것이 분별 즉, 사물을 인식하는 마음이다.'** 여기에 들어가면 다시 태어날 수 있겠구나 하는 분별심입니다. 그래서 무심하지 않으면 생사를 못 벗어나는 이유가 태어나는 것이 바로 식 때문입니다. 더 깊이 들어가면 행과 무명이 있겠지만 태어나는 것은 식이 어머니 자궁에 의탁했기 때문입니다. 그래서 이것은 '탁태일념'이라 합니다. 사물을 인식하는 마음을 마구니의 소리라 했습니다. 여기서부터 무명과 행에 의해 짓밟혀진 그 상태로 판단하는 마음으로 들어가게 되는데 전생에 지혜롭고 수행을 많이 한 사람은 맑은 마음을 갖고 탁한 사람은 추악한 마음을 갖고 그 수준에 맞는 어머니 뱃속으로 찾아들어 갑니다. 여러분들이 자식을 보고 누굴 닮아서 그러냐고 하는데 여러분들을 닮아서 온 것입니다.

'개념화된 내용을 분별하는 의식 작용이다' 이때부터는 사물에 대해서 욕구가 들어가기 때문에 사물을 이해하려면 사물을 정리해야 됩니다. 그래서 개념화된 내용이 들어가게 됩니다. 이것을 깨뜨리기 위해서 화두선에서 화두가 들어가게 됩니다. 개념화된 마음이 사라지지 않으면 아무리 수행을 해도 어머니 뱃속에 갇히게 됩니다. 이 식은 사물을 개념화시켜 인식하고 분별하려는 마음입니다.

엄격히 말해 중생 세계는 이 마음이 없으면 유지하기 어렵습니다. 그러나 도를 깨달으면 이 마음이 소멸이 되고 맑은 거울과 같이 비치는 대로 반응만 합니다. 그때의 반응은 선악을 여읜 자리입니다. 이 식은 선악에 바탕을 두고 정립하는 마음입니다. 이 식이 세 번째 단계이니 이미 두 번이나 타락한 마음임을 알 수 있습니다. 부처님이 연기법이라 했는데, 지금 무명으로부터 연기에 의해 물질화되는 과정을 설명하고 있습니다.

 '식이 형성 되고나면 명색(名色)이 만들어지는데 명(名)은 정신적인 것이고 색(色)은 물질적인 것으로서,' 어머니 뱃속에서 10달 동안 조금씩 자라납니다. 즉 **식이 의지하는 물질이 형성되는 과정이라 할 수 있습니다.** 여기서 몸과 마음이라는 의식이 싹틉니다. 예전에 낙태를 하려고할 때 태아가 막 피하고 몸부림하는 영상을 본적이 있는데 이때 명색이 작동을 하는 것입니다. 식이 의식된 모습과 그것에 붙이는 이름이 명색인데 **'내 몸과 내 마음이 연기한 현상에 이름이 주어지는 것'** 즉, 명색은 어머니 뱃속에서 몸뚱이가 자라고, 자라면 거기에 이름이 붙여집니다. 정신적, 물질적 현상이 어머니 뱃속에서 발아가 되는 상태, 여기까진 뱃속의 일입니다. 이렇게 연기되어 육입 즉, 육근이 갖춰지는 단계가 됩니다. 안·이·비·설·신·의가 완벽히 갖춰지게 되는데 어머니 뱃속에서 10달이 되어 출태하기 바로 전 단계가 됩니다.

육근이 완전히 갖추어지게 되면 아뢰야식에 있는 종자의 힘에 의해 어머니 뱃속에서 밖으로 나가게 하는 힘을 스스로 일으킵니다. 누가 가르쳐주는 것도 아니고 아뢰야식에 있는 정보들이 이렇게 하는 것입니다. 이것이 출태입니다. 우리가 세계와 관계하는 방법은 여섯 가지가 있습니다. 이때 **이 세계를 존재의 여섯 가지 방법으로 인식하는 단계가 육입(六入)입니다.** 물질은 눈, 소리는 귀, 향기는 코, 맛은 혀로, 부딪히는 감촉은 몸으로, 정신적인 것은 의식으로 인식하는 단계인데 이것으로 육입이 형성되는 것입니다. 아이가 처음 태어나서 외부와 부딪힐 때 이 세계를 여섯 가지 존재로 파악하는 육근이 구족된 것입니다. 물론 전생의 업으로 육근이 불완전하게 형성이 될 수도 있겠지만, 정상적으로 우리가 알고 있는 이 세계를 여섯 가지 존재로 파악하는 육입을 완전히 구족하여 출태합니다. 이것이 출태일념(出胎一念)입니다. 앞에서 식(識)을 탁태일념이라 했었습니다. 비로소 바깥 세계와 부딪히면서 존재에 대해서 인식하게 되는 마음입니다. 육입은 우리가 세계와 관계하는 방법입니다. 육입이 있어야 세계와 우리가 연결이 됩니다. 명색으로는 안 됩니다.

 육입이 갖춰지면 세상에 태어나면서 세계에 있는 여섯 가지 존재를 감촉하는 촉(觸)이라는 것이 생깁니다. 눈은 색에, 소리는 귀에, 향기는 코에, 맛은 혀에, 부드럽고 딱딱한 감촉은 피부에, 생각은 그런 것을 조합한 명상에 부딪힙니다. 촉은 이와 같이 **접촉을 통한 지각작용으로 주객이 펼쳐지는 단계입니다.** 이단계가 갓난아기의 단계입니다. 이전에는 나와 남이라는 것이 없었는데 딱 태어나면서 내가 하나의 '나'라는 개념이 생기면서, 주객, 즉 내가 보는 세계와 대하는 경계가 여기서 갈라지게 됩니다. 인식의 내용은 존재를 느끼는 것, 나와 세계가 펼쳐지고 자아와 대상에 대한 것들이 촉에 의해서 처음으로 인식이 됩니다. 즉 **나라는 존재감과 세계라는 존재감을 처음 느끼게 되는 것이 촉입니다.**

 촉이 다시 연기를 하면 수(受)가 됩니다. 수는 생각과 분별인데

외부로부터 받아들이는 고·락·사를 느끼는 것입니다. 순수한 어린아이가 이 단계입니다. 어린아이는 거짓을 몰라서 눈앞에 뭔가 나타나도 두려움이 없으므로 그냥 빤히 쳐다보기만 합니다. 2~3살 정도 나이로 수가 발동을 하는데 이때는 배부르면 웃고, 졸리고 배고프면 울고 하는 이런 상태입니다. 단순히 괴롭고 즐거운 것만 감수하는 단계입니다. 세계를 받아들였을 때 느끼는 감정입니다. 이렇게 해서 사춘기 이전까지가 수의 단계로 보면 될 것입니다. 애들은 욕망도 별로 없이 단순하게 살아갑니다.

이렇게 하여 **수가 연기가 되면 자기가 받아들인 느낌에 대하여 사랑하는 마음(愛), 즉 욕탐이 일어나게 됩니다.** 사춘기가 되면 욕정이 발생하게 되는데 이것은 아뢰야식에 있는 종자가 시키는 것이기 때문입니다. 이리하여 수에 의해 애(愛)가 만들어 집니다. 이 애에도 세 가지가 있습니다. 존재에 대한 세 가지 욕탐, 즉 욕계·색계·무색계에 대한 사랑하는 마음이 일어납니다. 욕계는 모든 존재가 중생의 욕탐에 의해 규정된 세계입니다. 욕탐에 의해 도구화된 세계로서 우리가 현재 살고 있는 세계입니다. 욕계의 특징은 어떤 사물이든지 자기 입맛에 맞추어 보려고합니다. 즉 욕구화 해서 본다는 것입니다. 수행을 통해 욕계에서 벗어나는데 비로소 욕구화 해서 바라보는 마음이 사라지게 됩니다. 이것이 색계입니다. 색계는 대상을 인식하는 존재로, 세계는 인식이 되는 대상일 뿐이라는 그런 상태의 정신세계입니다. 무색계는 인식에 의해서 구성된 것이 대상세계임을 자각하여 색에 대한 생각이 멸진하여 세계는 사유에 의해서 존재함을 아는 것이 무색계입니다. 애착하는 마음도 중생이 자기 존재에 대하여 탐착하게 되는 단계에 세 가지가 있습니다. 애는 고락에 대하여 좋아하고 싫어하는 주체적인 마음입니다. 나이로

16세 안팎의 사춘기인데 여기서부터는 완전히 전생에 자기가 쌓았던 본성이 드러납니다.

애가 일어나면 취(取)가 연기하여 일어납니다. 취는 취하고 버리는 마음입니다. 탐욕을 취하는 단계로써 이것은 성인들이 쓰는 마음입니다. 평생 자기가 좋아하는 것은 모두 가져야하고 나쁜 것은 멀리하려는 것이 이때입니다. 보통 사람들이 평생 나는 착하게 살았다고 하지만 교학적으로 보면 이것도 아홉 번째로 타락한 것일 뿐입니다. **개념으로 탐착, 즉 자기 욕구에 대해서 탐착하고 견해에 대해서 탐착하는 것입니다.** 견해란, **사견(邪見)**, 즉 잘못된 견해에 대해서 따라가려는 잘못된 도덕률에 탐착을 하는 것입니다. 예를 들어 아침부터 무엇을 보면 재수가 없다는 등의 얘기를 하는 사람들이 있는데 이러한 것이 **견취(見取)**입니다. **계취(戒取, 혹은 계금취戒禁取)**는 이러한 잘못된 견해를 실행을 하는 것입니다. 스님이 중학생 때 아버지가 영어 학원 수강증을 끊어주었는데 아침부터 학원에 가기 싫어서 극장에 간적이 있었습니다. 그때 극장 매표소 여직원이 줄 맨 앞에 여자가 서 있는 것을 보고는 첫 손님이 여자면 재수가 없다고 줄 뒤쪽에 서 있는 남자아이를 불러서 먼저 끊어주는 것을 본적이 있습니다. 이것이 견취가 계취로 된 것입니다. 그 다음 **아취(我取)**인데 내가 세계의 가장 중심이라고 생각하는 것입니다. 여기서 내라고 하는 것은 엄청나게 타락한 상태의 망상심입니다. 촉에서 생긴 오온을 욕탐하는 것이 취입니다. 우리가 외부 세계와 처음 부딪혔을 때 감각이 느껴지고 그 감각에 대하여 사랑하거나 미워하는 마음을 일으켜 그것을 취하거나 버리는 마음입니다. 그래서 오온의 실상을 모르기 때문에 그런 마음이 나오는 것입니다. 오온의 실상은 연기하는 것인데 실재하는 것으로 착각하여 잘못된 선택을 함으로써 계속 업을 쌓게 됩니다. 한 가정에 못된 사람이 있는데 그 사람은 자기가 잘못된 줄 모릅니다. 왜냐하면 아취, 즉 자기가 잘났다는 생각을 갖고 있기 때문입니다. 이것이 취 때문입니다.

취사선택에 의해 집착, **취로 인해 유(有)가 연기합니다. 즉 다음 생에 태어날 새로운 존재가 만들어집니다.** 그리하여 애·취·유에 의해 미래의 선악업을 형성하는 것입니다. 이것이 현재의 삼인(三因)입니다. 현재 내가 하는 행동이 애·취·유 세 가지에 의해 미래의 선악업이 형성되는 것입니다. 새로운 존재가 생기고 다음 존재로 대상화한 욕계·색계·무색계가 만들어집니다.

존재가 만들어지면 그때 자아와 세계를 존재화 해서 나는 이 세상에 태어나서 존재한다는 의식이 이때 형성되고, 즉 생이 만들어진다는 것과 늙어서 죽는다는 것도 이때 만들어집니다. **결국 태어나서 늙고 죽는다는(生·老死) 것은 최초의 무명에 의해 연기되어 나타나는 것입니다.** 도를 깨달은 스님들이 가는 것도 아니고 오는 것도 아니며(不去不來), 나는 것도 아니고 죽는 것도 아니라는(不生不滅) 얘기를 이래서 하는 것입니다.

'무명이 일어나는 것을 스스로 깨달아 다시는 물들지 말라.'

이것은 굉장히 중요한 언구로써 우리가 왜 태어나고 죽느냐? 무명이 일어나는 것을 모르기 때문에 항상 자기가 쓰는 생각 생각이 무명에 의지해서 쓰는 마음이기에 업을 형성하여 나와 남에게 무한한 빚을 지고 업을 쌓아 태어나게 됩니다. 그래서 무명이 일어나는 것을 깨닫지 못하는 이상은 그 사람이 아무리 지혜롭고 착하고 선하게 살았어도 불교의 인생관, 우주관에 입각해서보면 자유, 해탈은 얻을 수 없습니다. 물론 인과적으로 착하고 선하게 살면 그 사람이 불교를 믿고 안 믿는 것에 관계없이 거기에 과보는 반드시 따르기 마련입니다. 천상에 나거나, 좋은 집안, 배우자, 친구 등을 만날 수 있지만 애석하게도 범부들은 자기가 좀 뛰어난 것이 있으면 그것을 더 발전시켜 좀 더 높은 단계로 가는 것이 아니라 그로 인해 오만하고 교만해져서 뛰어나기 이전의 영적 상태로 다시 돌아가 버린다는 것입니다. 그래서 불교에서는 선업을 지어 천당에 가더라도 마음의 무명이 제거되지 않으면 다시 타락하여 구덩이에 떨어진다고 했습니다. 궁극적 해탈을 원하면 또 나고 죽음의 긴 사슬에서 벗어나고자 한다면 반드시 무명이 어디에서 일어나는 가를 먼저 깨달아야 합니다.

 '무명은 최초의 어두운 일념(一念), 밝지 못한 일념을 말한다. 이것을 근본 무명이라 한다.' 일상생활에서 사람이 어리석게 살다가, 존경하거나 두려워하는 사람으로부터 한두 마디를 듣고 개과천선을 할 수 있을 때는 이 사람이 무명의 혼선에서 벗어나는 경우가 있지만 이것을 최초의 무명이라 하지 않습니다. 최초의 무명은 내가 겨우 한 생각을 일으키려는 생각 이전에 잠재되어 있는 것으로써 굉장히 끈질긴 것으로 본능적인 마음입니다. 누가 내 눈앞에서 손가락을 탁 가리키면 놀라서 피하는데, 이 피하는 마음에 벌써 무명이 들어있습니다. 이것은 세세하고 깊은 명상 상태에 들어가지 않으면 이 무명의 정체를 알 수 없고 깨닫지도 못합니다. 그래서 최초의 일념 이것을 근본 무명이라 하고 그 다음 지말무명(枝末無明)이 있습니다. 이 무명에 의지해서 우리가 현상계에서 마음을 쓸 때 세 가지 상태로 쓰는데 그것이 탐·진·치 삼독입니다. 보통 전문적 수행을 하지 않는 사람에게는 먼저 삼독을 끊으라는 것을 강조를 하고, 탐·진·치를 끊는 방법 안에서 인과가 개입 됩니다. 그런데

전문적으로 수행을 하는 사람에게는 탐 · 진 · 치를 끊으라는 말을
하지 않고 무명을 끊으라고 합니다. 무명은 어머니고 탐 · 진 · 치가
자식이기 때문입니다. 예전엔 원효대사라는 책을 본적이 있는데 원
효스님이 어느 절에서 공양주 노릇을 하며 학인들의 뒷바라지를 하
고 있었는데, 그 절에서 원효스님을 알아보는 스님은 방울스님밖에
없었고 학인들은 원효스님이 지어준 밥을 먹고, 원효스님이 쓴 대
승기신론을 배우고 있었습니다. 방울스님은 원효스님을 처음 보고
원효스님인 줄 알아봤습니다. 방울스님이 원효스님에게 '그대는 이
미 오욕을 떠났기 때문에 귀신 눈에는 보이지 않는다. 그런데 학인
들에게 공양을 지어주면서 저 사람들이 내가 지어준 밥을 먹고, 내
가 지은 책을 보고 공부를 하고 있다는 한 생각이 일어나는 순간에
화엄신장 눈에 띄었다.'라고 했습니다. 보통 우리는 오욕을 떠나면
그것이 도라고 생각했는데 또 다른 경지에서는 이것은 아직 도의
지말, 가지만 붙든 것이지 근본을 본 것은 아닙니다. 여기서 지말무
명이 탐 · 진 · 치 삼독인데 이것이 가지가 벌어져서 팔만사천 번뇌
가 되는 것입니다.

제24강 무노사 역무노사진

'내지 무노사(乃至 無老死)' 무명이 다하는 것에 대한 소견도 다 끊어지니 어떤 언변으로도 이 상태를 설명을 할 수가 없습니다. 이 상태에 들어가 보니 **우리가 늙었다 죽었다 하는 것조차도 우리가 일으키고 분별했던 그 마음에 의해서 형성된 것이지, 그 마음이 없을 때는 노사도 없는 것입니다.** 왜냐하면 최초의 무명이 12연기에 의해 노사까지 벌어진 것인데 무명이 실재하지 않는데 노사가 어디 있겠느냐는 말입니다.

'늙고 죽음은 본성 위의 구름이다.' 어떤 아가씨가 하늘 위의 오색구름이 떴다고 했지만 오색구름이 의지하고 있는 푸른 하늘에 의지해서 보면 한 점 흠일 따름입니다. 그래서 구름을 구름으로 알아야 흠이 안 되는 것입니다. 그래서 노사를 본성 위의 구름이라는 것입니다.

'부처님은 자기 자신을 보지 않으며 이것이 불지견(佛智見)이다. 한 법도 보지 않으면 그분이 여래이다.' 우리가 최초의 무명을 쓸 때 그 형태가 '나다' 하는 한 생각에 의지해서 나오는 것입니다. 그래서 수행의 목표는 '나다'하는 한 생각을 일으킬 때 한 생각 쉴 줄 알면 그 사람이 도를 깨닫든 못 깨닫든 공부가 되겠지만 오히려 내라는 생각을 확장시키려 한다면 이것이 마구니가 되는 것입니다. **'나다'** 하는 한 생각을 쉴 줄 알면 시방 부처님도 그 사람을 못보고, 삼세제불도 볼 수가 없다고 했습니다. 이것은 언어, 개념, 이념, 관념으로 표현할 수 없는 자리이기 때문에 **'내가 누구다'**라고 정의 내릴 수 없는 자리입니다.

'모든 현상은 덧없는 것, 하물며 노사이겠는가? 죽은 뒤 태워버리면 연기마저 사라지는데 어디로 향할 것인가?' 젊은 시절 탱탱한 피부와 혈기도 덧없이 사라졌습니다. 하물며 늙고 죽음까지도 인연에 의해 나타났다가 인연에 의해 사라지기에 무상하고 덧없는 것입니다. 죽어 화장을 하고나면 연기까지도 사라지는데 우리가 어디 있느냐 하는 것입니다. 몸에 집착하는 사람에게 주는 '죽어도 한 줌 티끌이 되고 연기도 날아가고 재도 흩어졌을 때 오늘 이 법문 듣는 놈은 어디 있는가?' 하는 화두가 있습니다. 몸에 집착이 많은 사람은 이 화두를 탐구를 해서 도를 깨달아 들어갈 수 있습니다. 죽어 화장 후 뼛가루까지 바람에 날려 보내면 오늘의 이 법문을 듣고 생사를 벗어나려는 그 마음은 어디 있을까 하는 화두입니다. 일념으로 관찰하는 화두, 죽은 사람을 이용하는 수행법입니다. 남의 장례식장에 가서 옛날 생각만 하고 멍하니 있지 말고 고인은 지금은 어디에 있고, 내가 죽으면 어디에 갈 것인가를 관찰하라는 것입니다. 이것은 철두철미하고 냉철함이 없이 신앙심만으로는 될 수가 없습니다.

'사물이 생하는 것은 공이 생하는 것이고 소멸하는 것도 공이 소멸하는 것이다. 본래는 한 물건도 생하는 것이 없으며, 한 물건도 소멸하는 것이 없다.'

이것을 요새는 아인슈타인의 질량 불변의 법칙으로 설명을 하고 있는데 질량 불변의 법칙은 색법에 대해서 설명을 한 것이지 심법에 대해 설명한 것은 아닙니다. 견지가 깊지 못하기 때문에 잘못 얘기하는 것입니다.

'사물은 모두 탐욕과 마음으로 인하여 그 모습이 나타난다.'

여러분들이 평생 보고 듣는 경계가 결국은 '내다'하는 한생각과 탐욕에 의해서 나타난 것입니다. 그것이 좋은 경계였든 나쁜 경계였든 그것조차도 백년 안쪽 일입니다. 그래서 한줌 재가 되어 흩어져버리고 나면 수많은 세월동안 겪고 경험했던 그 마음은 어디로 가있는가 하는 것입니다.

늙고 병들어 죽음이 없다는 내용인데 거기까지가 본성에서 본 우리의 본래 실체이고 정체성입니다.

'역무노사진' 또한 노사가 다 함이 없다는 것으로 이미 늙고 죽음이 실재하지 않기에 없앨 수도 없다는 것입니다. 사람이 늙어서 시력이 나빠지거나 눈병이 생기면 허공에 홀연히 헛것을 보게 되는데 이것을 환화(幻花)라 합니다. 변화하여 나타난 꽃이라는 것입니다. 본성자리에서 인생을 고찰해보면 태어나서 늙고 병들어 죽는 것이 허공에 헛꽃 핀 것과 같다는 것입니다. 이것은 실체가 없다는 것으로 이것을 간파하기 위해서 부처님께서 무아와 무상을 말씀하신 것입니다.

허공에 헛꽃이 핀 것은 여러분이 좌선이나 어떤 수행, 기도를 할 때 홀연히 누가 보고 싶거나, 누구에 대하여 좋고 싫다거나 하는 생각이 일어나게 되는데 일상생활에서 경계에 따라서 마음이 일어나는 것이 허공 꽃입니다.

이런 헛꽃들이 뭉치고 뭉쳐서 태어나서 죽을 때까지 헛꽃과 같은 마음이 실재하는 것으로 집착을 하고 움켜쥐기 위해 애를 씁니다. 이것은 마치 하늘에 뜬 달이 본성이고 옹달샘에 비친 달을 보고 '나다'하는 한마음인데, 미혹한 중생은 그 달을 움켜쥐려고 옹달샘을 계속 손으로 잡지만 달은 잡혀지질 않습니다. 이것을 부처님은 무상이라 한 것입니다.

우리가 태어나서 늙고 병들고 죽는 것은 미친 원숭이가 옹달샘에 비친 달을 움켜쥐려고 하는 것과 똑같은 것입니다. 그러기에 이것을 움켜쥘 수도 없지만 실재하지 않는 것이기에 필경 허망으로 돌아가서 누구나 태어나면 늙고 병들어 죽게 되는 것입니다. 늙고 죽는 원인이 옹달샘이 비친 달이 실재하는 것으로 알고 집착하는데 있습니다. 옹달샘에 비친 달이 손으로 잡을 수 없는 것임을 알면 거기를 떠나는데 미친 원숭이는 그것을 모르고 끝까지 잡기 위해 애쓰다가 지쳐 쓰러져 죽습니다.

산에 살다보면 사람들이 쳐놓은 덫에 짐승들이 걸려드는 것을 보는데 다리가 잘리거나 덫에 걸린 짐승들은 앞으로 나갈 줄만 알고 발버둥만 치다가 결국 목이 조여 죽고 맙니다. 덫에 걸린 짐승이나 여러분들이 생사의 굴레에 걸린 거나 별로 다르지 않다는 것입니다.

이것을 불성자리에서 보면 일상생활에서 일으켰던 생각 하나하나가 옹달샘에 비친 달과 같이 실재하지 않는 것입니다. 누가 좋거나 밉다는 것도 경계에 따라 일어났던 마음이기에 그 마음에 집착하지 않고 물들지 않도록 마음을 쓰게 되면 거기서 벗어날 수 있는데 그 결과가 노사가 없다는 것을 알게 된다는 것입니다.

그런데 노사가 없다고 해놓고 역무노사진 즉 노사가 다 함도 없다고 한 것은 저 노사까지가 허공의 헛꽃이기 때문입니다. 허공의 헛꽃은 실체가 없다는 것입니다. 우리가 태어나면 기뻐하고 병들고 죽으면 슬퍼하는데 이것은 실체가 없는 것을 모르기 때문에 나서 죽을 때 까지 착각하여 꽉 붙들려고 하기 때문입니다. 이것을 다시 논파하기 위해 늙고 병들어 죽는 것까지도 없다고 한 것입니다. 왜 냐하면 자기가 한 생각 일으키지 않으면 거기에 어떤 것도 걸림이 없습니다. 여러분들 눈에 보이는 부처나 주위 사람들은 바쁜 일상을 마치고 집에 들어가 깊이 잠이 들게 되면 상념조차도 움직이지 않게 되어 생각이 없어집니다. 이때는 여러분들이 알고 있는 세계가 사라집니다. 여러분들이 의지하고 있던 몸뚱이도 사라지고 여러분들이 '나다'라고 했던 내 마음도 사라집니다. 이것이 실체입니다. 그런데 눈만 뜨면 잠시 동안은 멍하니 있고 바로 '나다'하는 마음이 기준이 되어 서게 됩니다. 그것에 의해 또 다시 생사의 원인을 만들어 쌓고 있는 것입니다. 그래서 노사가 실재하지 않으니 없앨 수가 없는 것입니다.

보조스님의 임종게는 **'온다, 온다 해도 온 바가 없고 죽는다, 죽는다 해도 죽은 바가 없다'**고 했는데, 이것은 태어난다, 태어난다 해도 태어난 바가 없기 때문에 이것을 **'무생법인'**이라 합니다. 그런데 여러분들은 태어나고 죽음을 뚜렷이 봅니다. 왜? 몸뚱이를 나로 알고 몸뚱이에 의지해 반연한 마음을 자기로 착각하여 알기 때문입니다. 반야심경에서 오온이 공하다고 한 얘기는 이것을 먼저 간파하라는 것입니다. 여기에서 선하고 악하게 사는 것에 관한 것은 반야심경의 지혜를 배우기 전까지 근기를 익히기 위해서 선하게 살고 악을 끊으라고 한 것이지. 지혜를 배우는 단계에서는 이미 이전에 다 해 놓았어야 하는 것입니다.

　그래서 오욕에 물들지 않아야 반야지혜를 통달할 수 있는 것입니다. 다시 말하면 인과도 반드시 인과법칙에 의지해서 생활을 해야 반야지혜를 깨칠 수 있고 마음의 터전을 마련할 수 있습니다.

'마음과 경계가 없어야 불사(不死)의 경지에 도달한다.'

　중생에게는 마음의 병, 우울증, 조울증, 화병, 정신병 등이 있는데 가장 근본적인 큰 병이 마음의 병입니다. 여러분의 마음이 바로 병이라는 것입니다. 그리고 경계가 병입니다. 이 두 가지가 인연해서 여러분들이 알고 있는 이 세계가 만들어지고 누리고 있는 고락이 펼쳐지는 것입니다. 근본적으로 낙을 얻고 고를 없애려면 이 두 가지 인연에 대해서 껑충 뛰어넘어야 합니다. 한 생각을 쉬면 됩니다. 그런데 사람들이 가끔 거친 생각을 쉰 것을 쉬었다고 생각하여 머리가 빠른 사람이 공부를 좀했다고 하는데 그것은 현재의식에서의 얘기입니다. 잠재의식에서 더 닦아야 하고 나아가 무의식에서 최초의 무명을 뛰어넘어야 비로소 깨달음에 이르러 두 가지 병이 사라집니다.

　사실 '불사'라는 것도 맞지 않습니다. 태어난 적이 없는데 어떻게 죽습니까? 난 적도 없고 죽은 적도 없는 경지를 깨달아야 비로소 벗어날 수 있습니다. 난적이 없음을 어떻게 알 수 있는가? 허공에 비유해보면 옛사람이 본 허공이나 지금 본 허공이나 미래의 사람이 볼 허공은 똑같습니다. 이것이 마음의 본성과 비슷해서 마음을 공성이라고 표현하는 것입니다. 반야심경에서 공을 이야기하는 이유는 그런 것입니다. 따로 마음을 공하다고 하면 틀립니다. 사물에 비유할 때 마음과 유사한 것 중 하나로 금을 이야기 하는데, 어쨌든 삼라만상은 마음이 물질화되었기 때문에 다 마음의 한 습성을 지니고 있고, 허공도 마음이 물질화 된 것이지만, 우리가 금을 귀하다고 여기는 이유는 썩지 않고 예나 지금이나 세월이 흘러도 그대로 보존이 되기 때문입니다. 그래서 고금에 걸쳐서 금을 화폐로 쓰는 것입니다. 이 변하지 않음은 마음의 본처이고 금을 녹여서 불상을 만들거나 장신구를 만들면 그것은 작용인데 중생은 이 작업한 형상을 자기로 착각을 합니다. 그래서 미망이 생기는 것입니다. 마음의 병을 치료하려면 먼저 본체성을 알아야 하므로 불가에서 견성하는 법을 얘기합니다. 그런데 수행문에서 각자 닦아가는 방법이 다르기 때문에 어떤 이는 마음부터 닦은 후 경계를 닦고, 다른 이는 경계부터 닦고 나서 마음을 닦는데 이 두 가지가 마음의 병입니다. 여기서 마음의 병은 본성의 병입니다. 이 두 가지 병을 인식하지 못할 땐 끝없는 산하가 펼쳐지고 끝없는 우주가 펼쳐지며 끝없이 중생의 생사가 뒤풀이 됩니다. 그런데 깨닫고 보니까 일찍이 태어난 적이 없다는 것입니다. 태어난 적이 없는 그 영역이 자기임을 알 수 있어야 비로소 생사에 의해 쓰던 마음이 자기도 모르게 문득문득 쉬어집니다. 그전에는 아무리 인과를 알고 착한 행을 해도 좋은 복력의 세계는 만들지언정 생사자체는 끊어지지 않습니다.

'마음은 뿌리요 경계는 티끌이다.'

근본적으로 우리가 윤회하는 원인은 마음 때문입니다. 이것이 법문하는 사람마다 다른데 어떤 이는 마음이 부처라 하고 어떤 이는 마음을 모든 윤회의 뿌리라 하는데, 하나는 통달한 사람이 말하는 것이고, 하나는 통달하지 못한 중생에게 얘기 할 때 두 가지로써 하는 것입니다. 마음을 윤회의 뿌리로써 얘기할 때 마음은 보통 사량분별하는 육식을 말합니다. 이것이 여러분들이 잠을 깨어 눈을 떴을 때 처음에는 육식이 발동하지 않아 나라는 생각도 없고 사물을 분별하는 생각도 없다가 조금 지나면 육근의 기능이 작동을 하면서 육식이 만들어집니다. 여러분이 보는 마음, 듣는 마음 등이 만들어지면 '아! 이게 내 마음이구나.' 하면서 시작이 됩니다. 이렇게 육식이 우리 마음을 병들게 하는 근본 뿌리입니다. 육식을 현대 철학적으로 말하면 현재의식입니다. 여러분들이 현재 쓰고 있는 마음 하나하나가 여기에 기반을 두고 있습니다. 경계는 그것이 아무리 귀하고 좋은 것이라도 결국은 마음 뒤엎는 먼지와 같다는 것입니다. 그래서 티끌이라 하는 것입니다.

묘령의 아름답고 멋있는 사람이 나타나면 좋은 생각이 일어나고, 못생기고 추악한 사람이 나타나면 혐오심이 일어나는 것 모두가 경계가 티끌이라서 그런 것입니다. 기쁘거나 혐오스런 마음이 그 경계가 없을 때는 원숭이가 샘 속에 달을 움켜쥐는 것과 같이 존재한 적이 없습니다. 실재하지 않았는데 그 경계를 보면서 미혹함이 일어나고 마음이 미혹하기에 경계를 보면서 또 판단을 하여 이렇게 서로 의지하기에 경계를 티끌이라 하는 것입니다.

'두 가지가 마음 거울의 흠이다.'

이것은 수행을 할 때 어떤 수행을 해야 하는가를 분명하게 가르쳐 주는 것입니다. 하나는 예가 아니면 보지 않고, 듣지 않고, 말하지 않고, 맛보지 않는다고 하는 유교에서의 인의예지신(仁義禮智信)인데 작용을 다스리는 공부입니다. 그런데 인의예지가 일어나기 이전 마음자리는 그것으로 깨닫지 못합니다. 그것은 오직 인의예지가 일어나기 이전자리에 들어가 봐야 깨달을 수 있는 것입니다. 그래서 '두 가지가 다 거울의 흠이다.'라고 한 것입니다.

수행을 하려면 첫째 예가 아니면 말을 하지 않아야 합니다. 말을 한다는 것은 어떤 일이 닥쳤을 때 자기감정대로 처리를 한다는 것입니다. 자기는 속이 후련하겠지만 이미 예에 벗어났기 때문에 마음속에 다음 생에 받아야 될 과보가 각인이 되는 것입니다. 이것은 인연을 작용면에서 마음을 다스리는 공부입니다.

옛 스님이 말씀하신 구절 중에 **'마음 성품이 둥글어 인연을 따라 흐르니'** 마음이 아무것도 안하고 오래 앉아있고 고요히 한 것으로 도를 닦는다 했을 때 이것은 이미 귀신 굴에 들어가 있는 것입니다. 이것은 마음의 본성을 모르기 때문입니다. 마음 성품은 둥근 것입니다. 그래서 머문다고 해도 작용한다 해도 틀리는 것입니다.

수행하는 사람은 머무는 것에 집착해서 마음을 파악하려하고 범부들은 흐르는 것, 즉 작용하는 것에 집착해서 마음을 만족시키려 하는데 두 가지 다 병입니다. 이것은 묘한 도리입니다. 예를 들면 보살들을 집안에서는 아내고 아이들에게는 어머니인데, 어머니는 옳고 아내가 틀린다 하면 이것은 여자가 아니고 미친년입니다. 이 치를 잘 알아야 됩니다. 마음을 깨달아야합니다. 여러분은 아마도 나만 주장하는데 이것이 미친년과 다르지 않습니다. 그래서 자기에 대한 고정관념을 갖고서 다른 사람을 대하면 반드시 불화가 일어나게 되어 있습니다. 또한 반드시 다른 사람을 불행하게 만듭니다. 만약 보살들이 딸 노릇만 하거나 어머니 노릇만하고 아내나 또 다른 역할을 안 하게 되면 불화가 일어나게 되는데 이것은 한곳에 치우쳤기 때문입니다. 그런데 마음성품은 그게 아닙니다. 마음성품은 인연 따라 흐르는 것입니다. 인연 따라 정확하게 행동하고 말하고 처리하는 것입니다.

'흐르는 곳마다 성품을 알면' 여러분들이 일상생활에서 한사람이 어머니도 되고 동생도 되고 딸도 되듯이 여러 역할을 하게 되는데 그것을 다해도 근본성품을 알면 이것은 인연 따라 흘렀다가 인연이 다하면 존재하지 않는 것을 알면 집착하지를 않습니다. 누구를 아끼는데 있어서도 도를 닦는 사람과 범부들 사이에도 차이가 있습니다. 도 닦는 사람은 깨달음의 기틀을 마련하기 위해 상대방을 꾸짖기도 하고 칭찬도 합니다. 하지만 여러분들은 인연에 속아서 한번 미우면 영원히 밉고 한번 좋으면 영원히 좋은 것 처럼 합니다. 흐르는 곳마다 성품을 알면 되는데 여러분들은 모른다는 것입니다. 이때는 기쁨도 슬픔도 없습니다. 왜냐하면 꿈을 깬 사람 입장에서는 지난 밤 꿈속의 내용은 그냥 꿈일 뿐입니다. 허공 꽃과 같이 여러분 눈에 뭔가 세게 부딪혔을 때 불꽃이 번쩍 튀는데 중생은 이 번쩍한 불꽃이 안에서 왔는지 밖에서 왔는지 묻고 있습니다. 이것은 무지한 병으로 인한 것인데 그것을 모르고 불꽃이 바깥에서 왔다고 생각해서 바깥을 없애려고 산도 없애고 강도 없애고 사람도 없애고 하는 것입니다. **'마음 성품이 둥글어 인연을 따라 흐르니 흐르는 곳마다 성품을 알면 기쁨도 없고 슬픔도 없다' 이것이 '역무노사진'에 대한 적절한 표현입니다.**

'일어나는 것은 다만 법이 일어나고' 화두에 '만법귀일 일귀하처(萬法歸一 一歸何處)'란 것이 있습니다. 이것은 초지에서 10지까지의 보살들이 부처가 되기 위해 드는 화두인데 '만 가지 법이 하나로 돌아가는데 그 하나는 어디로 돌아가는고?'하는 것입니다. 이때 만 가지 법이란 말에 불교용어에 익숙하지 않는 사람은 이게 무슨 뜻인가 해석하는 데만 몰두하는데 이것은 마치 돌을 개에게 던졌을 때 개가 던진 돌을 무는 것과 같이 우둔한 것입니다. 뛰어난 사람은 돌을 던진 사람을 쫓아가 뭅니다. 그런데 우둔한 사람은 '법이 일어나고' 했을 때 법이 무엇인가에 생각을 몰두하게 됩니다. 만법이 하나로 돌아간다 했을 때 그 하나가 뭘까 하는데 생각이 갇혀 버립니다. 법이 뭐냐 하면 여러분이 보고 듣고 판단한 내용이 다 법입니다. 그러니 한두 가지가 아니라 여러분들이 나서 죽을 때까지 대했던 온갖 것들 입니다. 여러분 마음의 내용물들이 일어나고 멸하는 것인데 일어나는 것은 여러분들의 생각 따라 일어난다는 것이기에 일어나는 것은 다만 법이 일어난다는 것입니다. 여러분들이 여기 법당에 처음 와서 봤을 때 생각했던 것보다 넓고 시원하니까 좋다고 했을 때 여러분이 '좋다'라는 법을 건립한 것입니다. 같은 법이라도 싫거나 밉다는 이런 법을 건립할 일은 없습니다. 이런 것을 건립하게 되면 여러분 마음에 전이가 되어 다음 생에 다른 사람이 나를 보고 '아이 짜증나!'라고 하게 됩니다. 이것이 법의 원리로써 부처님이 시킨 것도 아니고 자기가 쓰는 대로 '일어나는 것은 다만 법이 일어나고' 라고 했습니다. **법이 왜 일어날까요? 자기 생각을 너무 사랑하고 아껴서 일어나는 것입니다.** 여러분의 생각을 아끼지 않고 무심해져 여러분들이 좋다 싫다하는 것도 상대방보고 일어나는 것이 아니라 내 생각이 너무 사랑스러워서 일어나는 것입니다.

'멸하는 것은 다만 법이 멸하는 것이다.' 이것을 화엄경이나 원효스님이 깨닫고 나서는 심생즉종종법생 심멸즉종종법멸(心生則種種法生 心滅則種種法滅)이라 했는데 마음이 일어나면 만 가지 법이 따라서 일어나고 마음이 멸하면 만 가지 법이 따라서 고요해진다고 했습니다. 수행의 요령이 여기에 다 들어 있습니다. 어떻게 마음 닦느냐고 물어보면 할 말이 없습니다. 평소에 늘 그 얘기를 해줬는데도 마음을 어떻게 닦느냐고 묻는 것입니다. 그 사람이 아둔한 근기로 우선 마음을 한곳에 모으는 주제를 주고 공부하게 합니다. 그런데 그것을 주면 그것이 공부인줄 아는 데, 그것은 공부가 아니고 그걸 준 후에 상대방의 흐름을 봐서 눈 깜박할 사이에 상대방의 명맥을 끊어 줄 수 있는 스승이 필요한 것입니다. 사실은 그런 스승을 만나기가 어렵습니다. '일어나는 것은 다만 법이 일어나고 멸하는 것은 다만 법이 멸하는 것이다.' 그래서 **이 생멸이 다음 생으로 넘어가게 되면 여러분의 생사가 됩니다. 여러분이 일으킨 마음이 다음 생의 원인이 되고, 일어났다 사라지게 된 마음의 원인은 다음 생에 죽음의 원인이 됩니다.** 여러분들이 장수하려면 생멸의 마음이 끊어져야 됩니다. 그런데 부처님 법은 불사(不死), 죽지 않는 법이라 했습니다. 생멸 자체가 없기에 적멸이 되어야 불사의 경지에 도달할 수 있다는 것입니다. 어느 생엔가는 도달해야 되는데 지금 걷지 않으면 다음 생에는 뛰어도 도달 할 수 없기에 배워야 하는 것입니다.

'이법은 서로 아는 일이 없으며' 제 스스로 일으킨 법은 자기가 누가 밉거나 좋거나 하는 것을 법끼리 서로 알지를 못합니다. 왜냐하면 허공 꽃이니까, 무단히 일어난 것입니다. 홀연히 한 생각 일어난 것이 법이란 것입니다.

'생 할 때도 내가 생한 것이라 말할 수 없다.' 원래 뿌리가 없기 때문입니다.

'이 법은 서로 아는 일이 없으며, 생 할 때도 내가 생하는 것이라고 말할 수 없고 멸할 때도 내가 멸한다고 말할 수 없다.' 본래 생멸이 허망한 것이고 여러분들이 보는 산하는 여러분들의 업력이 물질화된 것일 뿐입니다. 업력이 없다면 없는 것입니다. 그래서 부처님은 사바세계를 공계(空界)로 보았습니다. 천상 인간은 사바세계를 유리로 보고, 아귀는 사바세계를 불타는 세계로 보며 인간은 산하대지로 보는 것과 같이 자기 업력만큼 보는 것입니다. 일단 뭔가 본

다는 것은 자기 업이 개입이 되는 것입니다. 여러분의 업력이 개입
되지 않고 볼 수 있다면 '뜰 앞에 잣나무'입니다. 여기까지 역무노
사진을 설명했습니다.

제25강 무고집멸도

 '**무고집멸도(無苦集滅道)**' 남방불교에서 '고집멸도'에 의지해서 수행을 합니다. 그런데 대승에서는 '고집멸도' 까지도 망상으로 쳐버립니다. 우선 고집멸도에 대하여 알아보도록 하겠습니다. **부처님이 법을 설하실 때 외도의 법인지 아닌지 판단하는 근거가 삼법인과 사성제입니다.**

 삼법인(三法印)은 진리에 합당한 세 가지 도리이고, 사성제(四聖諦)는 네 가지 성스런 진리의 말씀이란 뜻입니다. 삼법인은 상근기에게 설하는 것인데, 제행이 무상하고 제법이 무아하며 열반이 적정하다는 말만 들어도 바로 깨달을 수 있습니다. 부처님 제자 중 사리불이나 목련 존자는 이 삼법인을 듣고 깨달았습니다. 사리불이 처음 깨달은 인연을 보면 스승을 찾아 성을 돌아다니다가 마승 비구(초전법륜의 5비구 중 한 분)가 걸식을 나왔는데 위의가 걸출하고 얼굴이 청량하게 보여서 따라가 당신의 스승이 누구냐고 물어봤습니다. 그래서 '고타마 석가모니 부처님이다'라고 답하고 '그 이가 무엇을 가르치느냐?'라는 질문에 '모든 것은 인연에 의해 생하고 인연이 다하면 멸한다.'라고 답했는데 사리불이 여기서 깨달은 것입니다. 이것이 상근기들이 도를 깨닫는 방법입니다. 그 인연법이 바로 '제행무상, 제법무아, 열반적정'의 삼법인입니다. 실제 삼법인으로 도를 깨달을 수 있습니다. 그런데 여러분들이 부처님이 태어나신지 2500여년 지난 말세에 태어난지라 이것이 어려운 것입니다. 그래서 다시 깨닫게 하기 위해 말씀하신 것이 사성제입니다. 이것은 누구에게나 적용이 되기 때문입니다. 기독교처럼 누구는 되고 누구는 안 된다는 것은 사법(邪法)이고 진리가 될 수 없습니다. **진리가 사람을 가려서 적용한다는 것은 Ego가 들어간 것인데 사성제는 과거, 현재, 미래와 시방의 모든 중생에게 모두 적용이 될 수 있습니다.**

부처님이 사성제를 설할 때 맨 먼저 **'고성제'**를 설하셨습니다. **고성제를 설하신 이유는 우리 인생의 실상을 먼저 알아야 되기 때문입니다.** 여러분들이 주위사람들을 유심히 살펴보면 고통이 없는 사람은 절대로 절이나 교회에 다니지 않습니다. 먹고 살만한 사람은 안 옵니다. 고통이 있는 사람은 그것을 벗어나기 위해 이 삶이 지긋지긋 한 것임을 알아야 도를 닦습니다. 부처님이 위대한 점은 왕자였음에도 향락이 고통임을 알았다는 것입니다. 여러분들은 그렇게 할 수 없을 것입니다. 향락을 고통으로 느낄 정도로 진정으로 본성에 가까운 마음을 지녀야 하는 것입니다. 천하 없는 향락이라도 지난밤 꿈속일인데 중생은 고통이 없으면 신앙심도 없고, 종교도 안 가지려하고, 도를 닦으려고도 하지 않습니다. 그래서 중생이 도를 닦으려면 원인이 있어야 됩니다. 인생의 실상을 가르쳐준 것이 빠르고 진실한 것이니까 인생은 '고'라 한 것이 고성제입니다. 불법은 교리 자체가 매우 과학적인 것입니다. 인생이 왜 고인지 제자들이 물어 본 것입니다. 앞에서 8고를 설명했기 때문에 간단하게 요약합니다.

인생은 첫째 '**생(生)', 태어났기 때문에 고입니다.** 둘째, **태어나면 늙기(老) 때문에 고입니다.** 셋째, 늙는 과정에서 **병(病)이 들기 때** 문에 고입니다. 넷째, 그러다가 **인연이 다하면 멸하는 죽기 때문에 고입니다.**

애별리고(愛別離苦), 사랑하는 사람과 헤어지는 것은 고입니다. **원증회고(怨憎會苦)**, 미워하고 싫어하는 사람과도 만나야 되는 고통이 고입니다. **구부득고(求不得苦)**, 내가 구하는 것을 다 얻지 못하는 고통이 고입니다. **오음치성고(五陰熾盛苦)**, '나다' 하는 마음이 치성하는 고통이 고입니다.

세가지 고통이 더 있습니다. 행고, 괴고, 고고입니다.

행고(行苦), 이러한 고통 속에 살고 있어도 움직여야만 살아갈 수 있는 고통입니다. 다음은 평생 행(行)을 했어도 **괴고(壞苦)**, 필경에는 죽으면 **평생에 쌓아놓은 것이 모두 무너져버리게 되는 고통입니다. 고고(苦苦), 태어나서 죽는 과정으로 가는 모든 것이 고통이라는 것입니다.**

어린아이가 엄마 뱃속에서 태어나서 처음 우는 소리가 '나도 이제 고통의 바다에 떨어졌구나.'하여 고고송이라 부르기도 합니다. 이렇게 11가지의 고통들이 돈 많고 명예를 가진 사람들에게는 없는 것이 아니라 다 있습니다. 그래서 인생의 실상을 객관적으로 보면 고통입니다. 인간세상의 실상을 부처님은 이렇게 정의 했는데, 여러분들이 잘 알아야 합니다. **우리의 삶, 이것이 고통인 줄 알아야 여기서 벗어나고자 하는 마음을 일으킬 수 있습니다. 이것이 곧 발심하는 것입니다.** 남에게 잘 보이려고 우쭐하는 마음은 발심이라

할 수 없습니다. 그건 보여주는 것이고 또 다른 업이 될 따름입니다. 그래서 사성제에서 첫 번째가 **고성제**입니다. 이 고성제가 얼마나 성스러운 것입니까? 우리의 삶 자체가 어떤 것인가를 이 고성제에서 다 보여주고 있습니다.

'집성제(集聖諦)', 여기서 더 근본적으로 우리가 왜 태어났는가, 우리가 고통을 받는 원인이 무엇인가를 집성제로 설명합니다. 한마디로 부처님은 그 원인을 '갈애(渴愛)'라 하셨습니다. 갈애는 목마른 사슴이 물을 찾아 헤매다가 멀리 아지랑이가 모락모락 이는 것을 보고 거기에 물이 있는 것으로 알고 막 달려가 보니 물은 없고 먼지만 일고 있었는데, 이때의 타는 심정이 갈애입니다. 이것이 중생의 사물과 자기에 대한 욕탐이 갈애와 같고 이렇게 끈질기다는 것입니다. 앞에서 말한 11가지 고통의 원인이 바로 '갈애'입니다. 갈애도 그냥 갈애가 아니라 목마른 사슴이 물을 찾다 아지랑이를 쫓아가는 것과 같은 심정의 갈애입니다. 이것이 여러분들이 이생에서 갈고 닦아 뛰어넘어야 될 과제입니다. **이렇게 고와 집의 두 가지를 세속제라 하는데 세속의 사람들은 누구나 이 영역에 속해 있습니다. 그래서 세속제라 하기도 하고 유루법이라고도 합니다.**

이 갈애를 없앤 사람은 있는가하고 물었을 때, 그 답이 바로 부처님입니다. 부처님의 경계가 '멸성제(滅聖諦)'입니다. 여기서 '멸'은 적멸할 때의 멸, 생멸이 멸하여 적멸이 나타났을 때의 그 멸을 말하는 것으로써, '적멸위락(寂滅爲樂)'은 부처님은 적멸로써 낙으로 삼는다는 것입니다. 여러분들은 Ego를 만족시키는 것으로써 즐거움으로 삼는 것인데 이것은 생멸법이라 하고, 부처님의 즐거움은 그 Ego를 소멸시켰을 때의 고요함을 즐거움으로 삼습니다. 저녁 종송(鐘誦) 중에 문종성번뇌단(聞鐘聲煩惱斷) 이란 구절이 있는데 깊은 산속에 홀로 있어 달이 고요할 때 아주 편안한 마음이 됩니다. 이 것도 비유고, 말로 설명하기 어렵지만, 그런 상태를 적멸이라 합니다. **여러분들이 쓰는 마음, 기쁘고 슬픈 마음은 생멸이라 하는데, 이러한 생멸이 다 멸했을 때의 마음을 적멸이라 하며 그것을 멸성제라 합니다.** 아까 얘기한 고의 원인과 결과가 있는데 이것을 뛰어넘을 경지와 사람이 있는가? 있습니다. 그것이 **삼법인에서는 열반적정인이고 사성제에서는 멸성제를 가리킵니다.** 이 경지를 부처님께서는 니르바나(Nirvana)라고 했습니다. 니르바나의 뜻은 촛불이 딱 꺼져버리면 유지했던 업력이 사라지는데 이 상태를 니르바나라고 합니다. 이것을 수행문에서는 적멸이라 합니다. 수행하는 사람은 그러한 경지가 있음을 알고 발심을 하게 됩니다. 지고지순한 진리, 멸성제를 말해 줌으로써 발심을 하게 해 주는 것입니다.

　사바세계의 윤회의 굴레를 벗어난 경지와 벗어난 분이 있으니 우리도 그것을 따라 가고자 하는데, 그 방법이 무엇인가 했을 때 '도성제(道聖諦)'가 나옵니다. 수도(修道)한다 했을 때 그 道(도)자를 쓰는 것입니다. 부처님 당시에는 그것을 8정도라 하여 8가지 바른 수행을 하게 되면 멸성제에 도달한다는 것입니다.

　8정도 중 가장 중요한 것이 첫 번째의 정견(正見)입니다. 올바른 우주 인생관을 갖고서 세계를 보는 것입니다. 올바른 우주 인생관은 인생이 고임을 알아 거기에 빠지지 않는 것입니다. 도성제는 멸성제에 도달할 수 있는 방법론입니다. 그 방법에는 화두선, 염불선, 다라니, 진언 등 여러 가지가 있는데 그것이 도성제를 말하는 것입니다. **멸(滅)성제와 도(道)성제를 합하여 제일의제라 합니다. 모든 것 중 가장 으뜸인 진리라 하여 제일의제(第一義諦) 라 합니다.** 그런데 반야심경에서 도를 깨닫고 보니까 고집멸도에 고집멸도가 없다고 했는데 무슨 뜻일까요? **이미 생사에 관여를 안 하니까 고집이 없고 고집이 없는데 고집을 뛰어넘을 멸도가 있을 수가 없는 것입니다. 그래서 무고집멸도(無苦集滅道)라 하는 것입니다.**

'이미 무명이 없으니 사제가 성립될 수 없다.' 병이 없는 사람에게 병의 원인인 고통, 병을 낫는 방법과 나았을 때 편안함 등과 같은 것을 설명할 필요가 없습니다.

'여래를 알고 싶은가?' 제자가 부처님을 칭할 때 '세존'이나 '여래' 라고 합니다.

'대나무 숲 우거져도 흐르는 물 막힘 없고,' 마음이 무심이면 이렇게 됩니다. 그런데 유심이면 '어! 여기 대나무가 있네. 피해가야 되겠네.'라고 하게 됩니다. 물은 무심이기 때문에 물질 중에 도(道)와 가장 가까워 비유되는데 네모난 곳에 들어가면 네모지고 둥근 곳에는 둥글게 만들어지고 뜨거우면 올라가고 차가우면 내려와서 얼고, 자기를 주장하지 않기에 천변만화를 할 수 있습니다.

'태산이 높다 해도 흰 구름 걸림 없다.' 이렇게 마음을 쓰라는 것인데 참 어렵습니다. 그러나 오늘 한 걸음이라도 진보를 안 하면 다음 걸음은 더 힘들어집니다.

'반야의 앎은' 보통 마음이 공하다 하면 허공처럼 인식하는데 허공이란 것도 마음이 물질화된 경계이므로 이것을 때려 부수기 위해서 반야의 앎은 역력히 보고 듣고 할 수 있습니다.

'그 앎은 스스로 아는 것을 알지 못하기 때문에' 여러분들이 뭔가 해놓고 내가 했다했을 때는 스스로 아는 것이 되는데 그땐 Ego가 들어간 것입니다. 그런데 착한 일을 했어도 착한 일인 줄 모르고 하는 경우도 있습니다. 이것이 반야가 하는 착한 일입니다. 이런 것들이 머무는바 없이 마음을 쓰는 것입니다. 기독교의 왼손이 하는 일을 오른손이 모르게 하는 것과 같은 경지를 말합니다. 보통사람들이 내가 착한 일을 했고 절을 몇 번했으며 다라니를 몇 독했다고 스님에게 말하는 사람들이 있는데 그것이 스님과 무슨 관계가 있습니까? 제 공부 스스로 하는 것으로 모두가 탐심에서 한 것을 보이려고 한 것일 뿐입니다.

그래서 **'반야의 앎은 스스로 아는 것을 알지 못하기 때문에 앎이 있는 것도 아니지만 사물에 대해 알기 때문에 앎이 없는 것도 아니다.'** 그러므로 어리석지 않다는 것입니다. 수행을 할 때 이 도리를 모르면 귀신 굴에 떨어지게 됩니다. 마음을 하나로 모으는 것을 도라 하는 것은 깊은 우물 속에 빠져드는 것이라고 옛 스님들이 말했습니다. 자기도 모르게 천성적으로 착하게 마음을 쓰는 것이 반야의 본성입니다. 보통은 내가 상대방에게 얼마나 잘 해줬는데 합니다. 이것은 자신이 쓴 마음이지 반야가 한 것은 아닙니다. 다 업력에 걸려 착한일 한 것은 악한일 보다 좋은 결과가 오겠지만 큰 복은 안 옵니다.

제26강 무지역무득 이무소득고 보리살타 의반야바라밀다고

마음 그 자체는 경계에 대했을 때 경계에 흔들리지 않는 것이 정상적 입니다. 그런데 경계를 본 후에 나의 몸과 마음에 고통을 주지 않으면 보통 우리는 즐겁거나 행복하다고 합니다. 마음이나 몸에 괴로움, 고통이 없을 때를 행복하다고 하는 것입니다. 따라서 행복이라는 것이 따로 실체가 있는 것이 아니고 상대적인 것입니다. 경계를 대했을 때 마음이나 몸에 괴로움이 있을 때는 고통스럽다고 하고, 그 다음에는 '그래 이것은 피하고 저것은 받아들이자. '이렇게 하게 됩니다. 그러면 우리가 사물을 판단할 때 이것은 좋고 저것은 싫고, 이것은 좇아가야 되고, 저것은 추구해야 되며, 저것은 멀리 해야 된다고 하는 이런 분별들은 경계에 의지해서 나옵니다. 처음부터 없었던 것입니다. 옛날에도 없었고, 미래에도 없고, 이 순간 경계에 부딪혀서 망령되게 마음이 일어났을 때 만 있는 것입니다. 그 마음을 붙들고서 도를 닦는 곳을 색계라고 합니다.

'마음 그 자체는 마음이 아니다.' 마음이라고 해서 선한 마음과 악한 마음이 있는데, 선한 마음과 악한 마음 그 자체도 선한 마음과 악한 마음이 아니고 색으로 인해서 마음이 생긴 것입니다. 그 색을 경계라고 합니다. 가령 가을 날씨가 좋으면 젊고 건강한 사람은 날씨가 참 좋다고 하지만, 지난밤에 잠을 잘 못잔 사람은 으슬으슬 하기도 하고 춥다고 합니다. 똑같은 경계인데 어떤 사람은 '야! 이런 날 소풍가면 좋겠다. 산에 가면 좋겠다.'고 하는 마음이 일어나고 어떤 사람은 '야! 날씨가 갑자기 쌀쌀해져서 쌍화탕이나 하나 끓여먹어야 되겠다.' 이렇게 됩니다. 두 가지 마음이 똑같은 경계인데 왜 이렇게 될까요? 이 마음은 본래 없던 마음입니다. 가을이라는 날씨로 인해서 마음이 일어난 것입니다. 이렇게 자각을 하는 정도면 조금 높은 영적 수준의 마음을 갖고 있는 사람입니다. 이런 사람들이 사는 세계가 색계천입니다. 색계천은 마음의 고찰이 없이는 절대 닦아나갈 수 없습니다.

수행을 안 한 사람은 이러한 경계를 이해 못합니다. 욕계에서는 선하게 마음을 쓰고 착하게 마음을 쓰는 사람은 복력이 많아서 욕계 6천 천상까지도 태어날 수도 있지만 그것은 욕심에 의지해서 적당히 선하고 적당히 베푼 마음이고, 색계천 부터는 지혜가 따라 들어가야 합니다. 지혜가 따라 들어가 '아 내가 지금 좋아하는 것 싫어하는 것 결국은 내 욕구에 맞춘 거구나.'하는 생각을 깨칠 수가 있어야 색계에 사는 것이고 여기서 얘기했듯이 '마음 그 자체가 마음이 아니고 색으로 인한 마음이구나.'하는 것을 알아야 합니다. '경계로 인해서 내가 화를 내고 있구나, 경계로 인해서 기뻐하고 있구나. 이 기쁨과 화를 내는 것은 이 경계가 없으면 없는 거구나.' 이 정도는 알아야 색계에 태어나는 것입니다. 이 정도의 불법을 수행하지 않는 이상은 다른 종교에서는 갈수가 없는 천상계입니다.

'색은 그 지체로써 색이 아니라 마음으로 인해서 색이 된다.'

바깥 경계를 대했을 때 '아! 오늘은 좋은날.'이라고 했을 때 날씨는 스스로 좋거나 싫다고 한 적이 없고 내가 정의 내린 것이며, 또 감기가 들고 몸살이 난 사람이 '아! 오늘은 쌀쌀한 날이구나.' 라고 했을 때도 그것은 마음이 정의내린 것입니다.

'마음과 모든 색이 없으면 이것이 무색계이다.' 여기서 색이라는 것은 그려 넣은 것을 얘기하는데 그려 넣은 것이 없으면 이것이 무색계인 것입니다. 아까는 색에 의해서 경계에 의해서 마음이 일어났는데 이젠 경계에 의해서도 마음이 동하지 않고 담연(淡然)하게 맑은 거울처럼 있는 대로 비출 수 있는 세계, 이것이 무색계입니다.

'이 무색계가 되어야 비로소 병이 없으면 약도 오히려 병이라는 것을 알 수가 있다.' 그런데 이 무색계까지도 부처님 말씀에 의하면 근본무명이 남아있습니다. 그래서 **무지역무득(無智亦無得)은 이것을 얘기합니다. 지혜도 없고 또한 얻음도 없다는 것입니다.** 지혜라는 것은 우리가 어리석은 상태에서 그것을 벗어나기 위해 노력해서 '아! 내가 어리석구나.'하고 아는 깨친 마음이 지혜인데 본래자리에는 그런 적이 없습니다. 가을 하늘은 원래 푸른데 구름이 끼었다가 구름을 벗기고 나면 가을 하늘이 드러납니다. 그때 '아 가을하늘이 원래 이렇게 푸르구나.' 이렇게 아는 마음이 지혜입니다. 그러면 스스로 이제 이런 것을 알았다거나 얻었다고 하는 '얻음'이 생기는데 가을하늘 자체는 그 사람이 그런 얘기를 하든 말든 언제나 푸르렀습니다. 그때 그 자리 입장에서 보면 얻음도 없고 지혜도 없기에 **'무지역무득'**인 것입니다.

다음은 **'이무소득고(以無所得故)'** 얻은 바가 없는 철저하게 마음의 바탕을 사무쳐 깊이깊이 알게 되었으니 어떠한 사람도 이런 사람의 마음을 흔들어 놓을 수 없습니다. '나다.' 하는 한 생각에 의지하는 마음이 허공에 뜬 구름과 같고 오색구름이나 먹구름과 같다고 하면, 이런 것이 철저하게 없는 상태 '하늘은 늘 푸르기에 여름에 아무리 장마가 져도 저 창공은 사라지지 않는다.'고 하는 그러한 상태가 이무소득고(以無所得故)로써, **얻은 바가 없는 연고로 본래 생멸이 없음이니 얻고 잃음도 없습니다.** 사람이 죽어 49재를 할 때 염불 내용 중에 **'생종하처래 사향하처거 생야일편부운기 사야일편부운멸(生從何處來 死向何處去 生也一片浮雲起 死也一片浮雲滅)'** 이라는 구절이 있습니다. 즉 산다는 것은 한조각 구름이 허공에 일어난 것이고 죽는다는 것은 구름에 바람이 훅 불어서 흩어져 사라지는 것입니다. 우리가 태어났다 죽는다는 것은 자기 망상에 홀연히 일어나면 태어나는 것의 원인이 되고 자기 망상이 흩어져 없어지면 인연이 다하여 사라지면 죽는 것이 되는데 허공은 망상이 일어나든지 일어나지 않든지, 구름이 일든 일지 않든지, 허공 자체는 변한 적이 없습니다. 그래서 그 자리에서 **'부운자체철저공(浮雲自體徹底空)'**이라 하여, 태어났다, 죽었다, 온다, 간다, 하는 이것들은 다 뜬 구름과 같은 것인데 철저하게 실체가 없는 것입니다. 수행을 해서 내가 부처가 됐다든가 아니면 중생이 되어 부처 성품을 잃었다는 것조차도 지난밤의 꿈속에서 잠꼬대를 하는 얘기입니다. 중생이 생멸(생사)에 뛰어든 것은 근본원인이 어디에 있는지 이것을 알라는 것입니다. 생사에 뛰어든 것은 지혜의 부족, 자기 마음의 본성에 대한 지혜가 없기 때문입니다. 하늘로 치면 푸른 허공은 인식 안 하고 허공에 떠 있는 몇 조각 구름을 보고서 그것을 오랫동안 유지시키려는 그 무명 마음 때문에 그렇습니다.

　'중생이 생멸에 뛰어든 것은 지혜가 부족하여 공의 이치를 모르고,' 여기서 공은 허공이 공이라는 애기가 아니고 우리가 일으키는 생사심이 공이라는 것입니다.

'**공의 이치를 모르고 가슴속에 쳐 넣은 알음알이로써 본심을 가리기 때문이다.**' 마음의 본바탕이 본래 어떠한 것에도 물들지 않음을 알 수 없기 때문에 마음 바탕에 생각이 하나 일어나면 그것이 내가 일으킨 생각이고, 그 생각을 유지하기 위해서 많은 선악업을 일으킵니다.

'**부처가 되고자 하는가?**' 부처가 무엇인가를 얘기 하는 것입니다.

'**생각 생각에서 벗어나서 삼계를 만들지 말라.**' 삼계를 얘기 했는데 욕계, 색계, 무색계는 우리가 생각 생각으로 만든 것입니다. 이것은 태어나서 죽을 때까지 불법의 견지가 없는 사람은 태어나서 죽을 때까지 생각 생각의 업을 짓는 것입니다. 기독교에서 원죄라는 것도 이런 의미로 해석하면 맞을 것입니다. 마음의 본바탕을 모르는 사람은 그 사람이 어떠한 기발한 생각을 하고 기발한 행동을 해도 다 업이 되는 것입니다. 그래서 생각 생각에서 벗어나서 삼계를 만들지 말라고 한 것입니다.

'**부처란 무엇인가?**' 그렇게 되면 부처가 무엇인지 알게 됩니다. 여러분들은 지금까지 배운 것으로 '마음이다', '본성이다.' 이렇게 얘기할 것인데 그것은 들은 대로 지식으로 얘기한 것입니다. 옛날 운문문언(雲門文偃: 864~949)선사한테 어떤 스님이 와서 '어떤 것이 부처입니까?' 하고 물었습니다. 운문문언 선사는 '마른 똥 막대기다.'라고 답했습니다. '마른 똥 막대기다.'하는 이 소식에 대해서 여러분들이 참구(參究)를 해서 견성하면 진짜 부처를 바로 드러냈음을 알 수가 있습니다.

'**마음이 특수한 형태를 취하지 않는 것을 진여(眞如)라 부른다.**' 마음이 특수한 형태를 취하지 않는다는 것은 여러분들이 입맛대로 다른 것을 가져다 보고 듣는 것으로 팔만사천가지 특수한 형태가 있습니다. 그런데 그렇게 하지 않음으로써 마음이 있는 그대로 드러나는 것을 진여라 부르는 것입니다.

 '마음의 변화 없음이 법성(法性)이다.' 변화라는 것은 일어났다 사라지는 것인데 생멸이 끊어졌기 때문에 그 자리는 어떠한 것으로도 표현할 수도 없고 흔들리게 할 수 없습니다. 저 창공을 보게 되면 봄부터 겨울까지 늘 그대로인데 다만 우리 중생의 업력이 봄에는 아지랑이를 일으키고, 여름에는 비를 오게 하며, 가을에는 단풍을 물들게 하고, 겨울에는 눈을 쏟아 붓지만 허공은 그것과 전혀 관계가 없습니다. 그것을 우리가 법의 성품이라 합니다. 하나는 체(體)와 상(相)을 얘기한 것이고 하나는 작용(作用)을 얘기한 것입니다.

 '마음이 어떠한 것에도 속하지 않는 것이 해탈이다.' 해탈이란 마음이 어떠한 것에도 속하지 않는 것입니다. 크게는 있고 없음이고, 인간 세상에서는 선악이고 또 감정적으로는 좋고 싫음 등과 같은 것입니다. 어떤 것에도 머물지 않음을 전통 수행자들도 '무심(無心)'이라고 합니다. 무심 하라는 것은 관심이 없는 것이 아니고 관심을 갖되 그것을 집착하지 않음을 얘기하는 것입니다.

 '마음 그 자체가 무애자재(無礙自在)하는 것을 깨달음이라 한다.' 마음이 걸림이 없이 자재하려면 첫 번째 탐·진·치가 없어야 됩니다. 예전에 개운사에서 조계종 총무원장을 지낸 큰 스님을 시봉한 적이 있었는데 예나 지금이나 정치승들은 서로 모함을 했습니다. 상대방이 모함을 하여 갑자기 검찰청에서 영장을 들고 와서 절을 수색하다가 금고를 열라고 하기에 그때는 제가 햇중이라 겁나는 것이 없었습니다. 그래서 죄지은 것이 없으니 큰소리로 '당신이 뭔데 열라고 하느냐?'고 맞섰는데, 막상 그 자리에 있던 큰 스님은 그 얘길 듣고 떨면서 열어주라고 했습니다. 그러고 나서 법당에 가서 고승이라는 스님이 왜 벌벌 떨까하고 가만히 생각해보니 살아온 자체가 탐·진·치였습니다. 정치를 하려니 일이 이미 그 인과에 걸린 것이었습니다. 그래서 수사하는 사람이 열어달라고 하면 열어 줄 수밖에 없었던 것입니다. 우리는 그런 것에 안 걸립니다. 무슨 도가 높은 것도 아니고 지혜가 있는 것도 아니고 마음이 떳떳한 것입니다. 거기서 느낀 것이 굉장히 많았습니다. 그것이 자재라는 것입니다. 보통 도를 깨달아 자재합니다. 말로써 누구를 이기는 이런 허성심(虛聲心)을 얘기하는 것이 아닙니다. 마음에 탐·진·치가 없어야 자재가 되는 것입니다. 여기서 마음 그 자체가 무애자재 하는 것을 깨달음이라 합니다. 탐·진·치가 없어야 깨달음에 도달할 수 있다고 말하는 것입니다.

제27강 심무가애 무가애고 무유공포

'**심무가애(心無罣碍)**' 마음에 걸림이 없음을 얻었다고 했는데 이러한 경계들은 실제 수행을 해서 단 한순간이라도 마음이 일체 사물의 안이나 밖에서 얽매이지 않는 것을 경험해봐야 마음에 걸림이 없는 연고를 알 수 있습니다.

예를 들면 한 학생이 몇 년에 걸쳐 시험을 준비하여 합격을 했을 때 그 동안 계속되었던 긴장된 마음이 다 풀어지고 이 순간보다 더 이상 부러울 것도 얻을 것도 없을 때 그 상태가 심무가애(心無罣碍)입니다. 하나의 욕탐이나, 하나의 목표, 목적을 갖고서 얘기할 때는 이렇게 되지만 근원적으로 무명이나 탐진치가 수행하다가 어느 순간에 마음이 탁 내려지는 경계가 있습니다. 밥을 먹다가도, 산에서 풀을 베다가도, 또는 앞산의 경계를 훑어보다가도 될 수가 있습니다. 그때는 평생을 끌고 다녔던 마음의 짐 같은 것이 털어지는데 이것을 '**마음의 소멸**'이라고 합니다. 여러분의 입장에서는 마음의 소멸이라고 하면 죽거나 기절한 것으로 생각하겠지만 그것은 말에 따른 해석일 뿐입니다. 마음을 깨달았다든지 도를 봤다는 사람의 입장에서는 평생 무엇이 자기를 괴롭혔는지를 알 수가 있습니다. 그 상태를 옛 스님들은 **'평상심'**이라 했는데 이 말이 참으로 무서운 말입니다. 전에도 언급했지만 옛 스님들도 **도를 깨닫고 보면 범부의 견해가 사라진 것 뿐이지 성인의 견해가 따로 있는 것이 아니라고 했습니다.** 아주 평범하면서도 너무 가까이 있어서 알 수가 없는 것입니다. 그래서 이 도리를 깨달아 들어가면 진실하고 자비로운 마음 외에는 아무 것도 없습니다. 이것에 들어가는 방법의 하나는 화두선입니다. 화두선은 1500년 묵조선의 병폐를 치료하기 위해서 나온 것이기 때문에 지금의 근기들이 화두를 들고 공부를 한다고 하면 대부분 아만만 높아지지 참으로 부처님이나 조사들이 원하는 참된 지혜를 얻는 사람이 거의 없습니다. 오히려 스스로의 양심을 비추어 선하고 자비로우며 진실함이 마음 바탕을 깨닫는데 도움이 됩니다. 왜냐하면 마음 바탕을 깨달아보면 평생 자기를 얽어매고 괴롭혔던 것이나, 또 그렇게도 구하고자 했던 열반, 불성이 지난 밤 꿈속 일인 것을 그때서야 알 수가 있기 때문입니다. 그것을 앎으로 해서 그 사람의 행동반경도 바뀌고 사람을 대하는 태도 자체가 바뀝니다. 도를 닦는 사람이 남에게 모진 마음을 쓸 수가 없고 자기 욕탐이 남의 눈에 보일 정도로 거칠게 나타날 수도 없습니다. 마음에 걸림이 없다는 것은 결국 탐심, 진심, 치심에 걸리지 않는다는 것이지 함부로 내 마음대로 쓰는 것이 아닙니다. 마음에 걸림이 없다는 것은 세속적으로 얘기하면 하늘을 우러러 한 점 부끄러움이 없는 생각과 행위를 하는 것입니다.

절에 오래 다녀 장판 때가 좀 묻은 사람들을 절도깨비라 부릅니다. 이러한 사람들을 보면 어느 절에서 몇십 년 수행을 했다거나, 아무개 스님을 잘 안다거나 하는 것으로 다른 사람들 위에 군림하고 시비를 걸기도 하는데 이것은 마사(魔事)를 짓는 일일 뿐입니다.

뭔가를 진실하게 이해를 못했기 때문입니다. 참으로 도를 닦는다는 것은 업을 덜고 지혜를 늘리는 행위를 하는 것인데 그와 반대로 형상이나 양적인 것으로 다른 이를 이기고 싶은 마음이 들게 되면 입만 열면 다 거짓말이 됩니다.

도는 어린 나이에 닦을수록 쉽게 깨닫는다고 했습니다. 짊어지고 가야할 책임이 별로 없고 지은 업이 별로 없기에 그때 법을 듣고 닦아 수행을 하게 되면 쉽게 도를 깨닫습니다. 이것은 너무 간단하기 때문에 참으로 단순한 사람만이 도를 깨달을 수 있습니다. 머리가 좋고 복잡하고 여러 가지 책을 본 사람들은 절대 깨달을 수가 없습니다.

'무가애고(無罣碍故)' 그래서 깨닫게 되면 여기서 얘기한 무가애고, '걸림이 없는 연고로' 이러한 것이 나타나는 것입니다. 걸림이 없다는 도리를 여러분이 확증을 하려면 참으로 성실하고 진실하게 살아야 됩니다. 화두선을 하는 사람은 화두선을 오롯이 하겠지만 일상생활에서는 참으로 도 닦는 사람의 마음가짐과 자세로 사람을 대해야 합니다.

'이미 허공이기에 일체가 그곳에서 마음껏 나타나고 사라진다.'

도를 깨달은 사람의 마음 상태는 우리와 다를까요? 배고프면 밥 먹고, 졸리면 자고, 도인도 성질 낼 일 있으면 성질도 내는데 도대체 우리와 뭐가 다를까요? 여기서 허공이기에 라고 했는데 허공이란 것은 사물에 비유한 것입니다. 태어나서부터 죽을 때까지 형상에 집착하고 얽매어 있기 때문에 형상이 아닌 것으로 치료를 하려다보니 허공이라고 한 것뿐이지 마음 바탕은 허공이 아닙니다. 마음 바탕에 번뇌란 것이 없을 때 허공입니다, 공이라 한 것뿐이지,

공이라 하여 마음이 없는 것이라고 착각을 하면 안 됩니다. 그런데 묘한 것은 마음이 선악, 시비, 장단에 머물지 않을 때의 상태를 공이라 했고 사물에 비유하여 허공이라 했는데 그렇게 해야 비로소 천지가 그 안에서 자유자재하게 인연 따라 생하고 멸할 수 있는 것입니다. 본성의 입장에서 볼 때 내 마음 바탕에 선이면 선, 악이면 악에 집착하게 되면 그것이 바로 악이 됩니다. 소위 말하는 선은 본성의 선이 아니고 인간 입장에서의 선이기 때문입니다. 500년 전의 선이 지금은 악이 될 수도 있고, 악이 선이 될 수도 있는 이치가 중생의 욕구에 의해서 변할 수 있는 것이기 때문입니다. 그러나 물들지 않는 마음은 만 가지 일을 나툰다고 얘기합니다. 그래서 무가애고는 이미 허공이기에 일체가 그곳에서 마음껏 나타나고 사라진다고 한 것입니다.

 '일체무애인 일도출생사(一切無碍人 一道出生死)'일체 걸림이 없는 사람은 한 길로 생사를 벗어난다고 했습니다. 이 한 길이 참 중요합니다. 만약 이 한 길을 여러분이 인식만 하게 되면 도를 깨닫는 것이 그리 멀거나 어려운 것이 아닙니다. 애석한 것은 여러분은 자기를 평생 괴롭혔던 그것이 무엇인지를 잘 모릅니다. 그것을 깨달아라는 얘기입니다. 반야의 지혜가 있어야 되기 때문에 반야심경을 공부하는 것입니다.

 옛 스님들은 '청산은 나를 보고 말없이 살라하고 창공은 나를 보고 티 없이 살라하네.' 라고 했는데 이것은 도를 깨닫기 위해 우리가 가져야하는 마음상태를 얘기하는 것입니다. 청산을 보면 언제봐도 청산은 거기에 있어 부동입니다. 마음이 그렇게 움직이지 않아야 하는 것입니다. 도 닦는 것 외에는 마음이 흔들리지 않아야 되고 명리나 애욕, 이런 것들에 흔들리지 않아야 합니다. 또 푸른 가을 하늘을 보면 티가 없습니다. 우리 마음이 그와 같이 티가 없어야 합니다. 도를 닦으려면 청산이나 푸른 하늘처럼 진실하고 곧아야 된다는 것입니다. 이것이 보통사람은 들을 뿐이고, 수행하는 사람은 스스로 체험하는 것이기 때문에 여기에 불법수행의 진면목이 다 들어있음을 압니다.

'사랑도 벗어 놓고' 여러분은 남녀 간의 사랑만 얘기하지만 자기가 좋아하고 자기 입맛에 맞는 행복함 같은 것 일체가 다 사랑입니다. 이런 것도 놓을 수가 있어야 합니다. 아무리 좋아도 잠 한번만 깊이 들면 사라지는 것이기 때문에 의지할 바가 아닙니다. 지난 밤 꿈속 같은 것이고 인연에 따라 일어났다가 인연이 다하면 흩어지는 것입니다. 그래서 먼저 '사랑도 벗어 놓고' 라고 했는데, 싫은 것은 우리가 벗어나려고 안간힘을 써지만 좋은 것은 벗어나려고 하지 않습니다. 전에도 얘기했지만 부자들은 죽을 때 대게 고통스럽게 죽고 가난한 사람은 쉽게 편하게 죽음을 맞습니다. 왜 그럴까? 가난하거나 힘든 인생을 산 사람은 이 삶에 미련이 없어서 죽음에 닥쳐서도 '아 잘됐다. 빨리 몸 바꾸자' 이렇게 하지만 재벌 총수들처럼 돈 많은 사람은 죽는다고 했을 때 얼마나 억울하겠습니까? 자기 돈으로 못할 일이 하나도 없다고 여기어 자기 몸에 애착이 깊은데 그 애착이 자기의 걸림 없는 마음을 가려서 업식 따라 떨어지는 것입니다. 그래서 삶이 힘들다 해도 나고 죽는 입장에서 보면 아주 공평한 것입니다. 사랑도 벗어놓고의 사랑은 오욕칠정(五欲七情)입니다. 오욕은 재물욕, 수명욕, 명예욕, 식욕, 색욕인데 이런 것도 벗어 놓아야 합니다. 그러니까 도를 닦는다는 것이 머리를 굴려서 또는 말 좀 잘해서 되는 것이 아니고 진짜 도를 닦으려면 평생을 바쳐 진실하고 곧게 닦아 나가야 한다는 것입니다.

'미움도 벗어놓고' 사랑 다음으로 우리가 떨쳐버리지 못하는 것이 미워하는 것입니다. 삶 자체가 전부 남의 탓이 되어버리는데 이런 것도 벗어나야 된다는 것입니다.

'물처럼 바람처럼 살다가 가라하네.' 물이란 참 묘한 것입니다. 우리가 부처님께 공양을 올릴 때 제일 먼저 촛불을 켜고 그 다음에 물을 올립니다. 옛날에는 차를 올렸다는데 물을 왜 올렸을까요? 무당이 기도를 해도 청수를 올리고 어떤 의식에도 물은 꼭 올립니다. 카톨릭에서는 포도주를 올리지만 동양에서는 물을 꼭 올립니다. 물이라는 건 자기를 주장하지 않습니다. 네모난 곳에는 네모난 형상이 나오고, 동그란 곳에 가면 동그란 형상이 나오고, 추우면 고체로써 얼음이 되고, 더우면 기체가 되어 하늘로 올라가는데 얼마나 유연합니까? 그런데 이 유연한 저변에 뭐가 있을까요? 여러분은 물의 모습을 모릅니다. 상이 없기 때문입니다. 그래서 일체무애인이라 함은 일체 마음이 물처럼 '나다.'하는 상이 없는 사람을 일컫는 것입니다.

바람은 있는 것 같지만 형상이 없습니다. 형상이 없지만 업풍으로 반드시 나타납니다. 그래서 바람은 걸리는 데가 없습니다. 마음이 떳떳함을 얘기하는 것입니다. 참으로 마음에 죄가 없고 지혜롭게 살면 누구를 대해도 떳떳하고 당당합니다. 우리가 사람을 대할 때 눈을 마주치지 못하거나 이상하게 주변머리 없이 비실비실하는 사람이 있는데 그것은 마음이 떳떳하지 못해서 그렇습니다. 마음이 떳떳하려면 기초적인 인과를 배우고 인과에 따라서 마음을 쓰게 되면 떳떳해질 수가 있습니다. 그래서 반야심경 공부에 새로 들어오는 사람에게는 기초가 있어야 도를 닦으니까 꼭 윤회와 같은 것으로 시험을 치는 것입니다.

 '사람의 본성은 고요하거나 동요됨이 없다는 것을 알 수 있다면 이미 자재를 얻은 사람이다.' 이것은 대단한 도리입니다. 이 도리를 알게 되면 여러분이 부처님 법이 얼마나 현실적인가를 알 수 있습니다. 여러분은 도를 닦는다고 하면 먼저 마음을 고요히 하려고 할 것입니다. 사실은 마음을 고요히 하려고 하는 것은 마음이 시끄러운 것을 전제로 하는 것입니다. 또 마음은 고요하려 하면 더 시끄러워집니다. 마음의 본성을 모르는 상태에서 마음을 닦는 사람은 천 년 만 년 수행을 해도 마음을 깨칠 수가 없습니다. 중요한 것은 마음은 고요한 것도 아니고 시끄러운 것도 아니며 움직이는 것도 아닙니다. 이 두 가지 상에 떨어지지 않고 마음을 쓸 수 있으면 자재를 얻은 사람이라고 얘기를 합니다. 가고 싶으면 가고 오고 싶으면 오고, 구름처럼 바람이 불면 밀려나가 듯 자재라는 것은 무애와 똑같은 얘기입니다. 이미 마음이 **무가애고**로, 걸림이 없는 연고로, 수행을 통해 어떤 경지를 알게 되면 그 다음은 세간 사람들이 가지고 있는 심성이 점점 옅어지는데, 단박에 옅어지는 사람은 대 도인이고 깨닫고 나서 점점 옅어지는 사람은 습관이 아직 남아 있으니까 보림을 하는 것입니다. 그런 사람의 말이나 행동을 일반 사람들이 만약에 보게 되면 도대체 이해가 안 되는 부분도 있고 때로는 너무너무 순수해 보이기도 합니다.

 '걸림이 없는 연고로 무유공포(無有恐怖)이다.' 공포, 두려움이 있지 않다는 말입니다. 두려움이라는 것이 왜 생길까요? 마음이 떳떳하지 않음으로 인해 생기는 것입니다. 그러면 마음이 가장 떳떳하지 않을 때가 언제 일까요? 나를 지키고 싶을 때, 나라는 것을 보존하고 싶을 때가 가장 마음이 떳떳하지 않을 때입니다. 일단 내 입장에서 세상을 보면 세상이 다 나한테 맞춰져야 합니다. 그래서 마음이 가장 두려운 상태에 도달할 때가 나라는 것에 대해서 집착이 가장 강할 때입니다. 비록 재벌이라도 죽을 때 두려워하는 것은 여태껏 돈으로 사람을 부렸지만 자기가 일으킨 업력은 돈으로 부리지 못하기 때문입니다.

'성품이 공한 것을 깨달으니 오욕칠정이 방해되지 않는다.' 이것은 소승이 아닌 대승법의 얘기인데 성품이 공한 것을 깨달은 사람, 즉 마음이 원래 선이나 악이나 오욕이 물들지 않음을 깨달은 사람은 오욕 속에서도 오욕을 쓰되 그것에 매몰되지 않습니다. 그런데 보통사람들은 오욕을 쓰면 그것에 의해서 업력이 발생합니다. 이것은 마음을 깨달은 사람은 남자든 여자든 재물이든 세계든 어떠한 대상이 와도 귀중하다고 생각하는 것이 없습니다. 왜냐하면 모두가 마음이 지난 세월에 일으켰던 업력의 물질화이기 때문에 마음에 속지 않습니다. 그런데 보통 사람들은 바깥에 나타난 경계가 자기 마음이 만들어낸 것인 줄 모르고 실재하는 것으로 믿기 때문에 경계가 좋은 것이 오면 웃고 싫은 것이 오면 찡그립니다. 그래서 웃고 찡그리는 사이에 무한한 업을 지어 다시 태어나고 죽는 것입니다.

앞에서도 얘기했지만 만약에 서울의 삼각산에 큰 바위가 있으면 사람들이 큰 바위 위에 올라서 편하게 있다가 어느 날 신심이 강한 어떤 사람이 이곳에 '佛'자를 새겨 놓았는데 그 후에 불교 신도는 그것을 보고 기쁜 생각을 일으키거나 합장을 하고 그 바위에 함부로 올라가지 않습니다. 그런데 기독교인들이 지나가다 그 바위를 보고 佛자가 있으니 정으로 찧어내고 거기에다 십자가를 새겨 놓는다면 십자가를 보는 기독교인들은 기쁘다고 찬양노래도 하겠지만 불교 신도는 마음이 불쾌합니다. 이 상황을 놓고 봤을 때 처음 그 바위에 아무것도 없었을 때는 양쪽이 다 편안한 마음, 무심으로 대한 것입니다. 이것이 공한 도리입니다. 그런데 거기에 부처나, 하나님을 세우는 순간에 원수가 되고 기쁘기도 하고 화가 나기도 하는 것입니다. 그래서 여기서 하는 말이 '성품이 공한 줄을 알면...' 하는 것은 부처의 성품, 기독교에서 얘기하는 십자가의 성품, 바위의 성품이란 것이 본래 우리가 규정지은 만큼만 우리에게 인식되는 줄을 알면 오욕칠정이 방해되지 않는다는 것입니다. 오욕은 재(財), 색(色), 식(食), 명예(名譽), 수면(睡眠)에 대한 욕망이며, 칠정(七情)은 기쁨(喜), 노여움(怒), 슬픔(哀), 즐거움(樂), 사랑(愛), 미움(惡) 욕망(慾)인데 마음을 깨달은 사람은 그것을 쓰되 그것에 침몰이 되지 않습니다. 이것은 내가 지금 꿈을 꾸는 상태에서 반응하는 마음이기에 속지를 않습니다. 그래서 도를 깨달은 사람은 누구를 꾸짖거나 누구한테 얘기할 때 감정으로 하는 것이 없습니다. 그렇게 해야 상대방이 굴복이 되고 교화가 되기 때문입니다. 여기서 성품이 공하다고 하는 것은 마음의 성품도 되고, 마음이 물질화된 세계 즉 앞에서 말한 바위와 같은 것들의 본성도 공한 줄을 알게 되면, 즉 무애를 얻은 사람은 바위에 '佛'자나 십자가를 새기는 행위를 하지 않습니다. 그렇지 못한 사람들은 자기 것에 지나치게 집착하여 바위에 佛이나 십자가를 새기게 되고 또한 그렇게 새겨진 것에 현혹되는 것이 일체중생이기도 합니다. 성철스님이 돌아가실 때 중생들이 얼마나 어리석은지를 꾸짖어 주려고 평생에 남녀를 속였다는 말씀을 하셨는데, 그 스님이 속이려고 속인 것이 아니고 바른 도를 일러줬는데 어리석은 사람들은 말끝에서 알아차리려 하다 보니 바위에 글자나 형상을 새기는 것입니다. 그것이 속은 것입니다. 거기에 속지 않아야 마음이 무애하고 공하다는 것입니다.

'**모든 현상은 물위에 비친 달과 같은 것, 달은 하늘에 있고 달은 천강에 비친다.**' 천강유수천강월(千江流水千江月), 천강의 흐르는 물에 천개의 달이 비칩니다. 그런데 중생은 그 달을 놓아두고 비춰진 달그림자를 보고 실재하다고 집착한다는 얘기입니다. 여러분이 보게 되면 나서부터 죽을 때까지 또는 지금까지 보고 듣고 했던 모든 것, 지금 이 순간에는 어제 일까지도 실재하지 않습니다. 또 매일매일 잠 한 번만 깊이 들면 여러분이 그렇게 아끼고 사랑했던 남편, 아내, 자식, 자기 몸, 생각까지도 소멸되어 버립니다. 그래서 모든 현상은 물위에 비친 달과 같은 것이라고 한 것입니다. 만약 공의 깨달음이 확고하다면 감각기관을 사용해도 집착하지 않습니다. 깨달았다고 해서 맛있는 반찬을 안 먹는 것도 아니고 추우면 옷을 더 입고 더우면 옷을 벗습니다. 감각기관을 사용하지만 그것은 깨달음과는 관계가 없는 것입니다. 깨달음을 방해하지 않습니다. 깨달은 사람은 어떤 특별한 일을 하는 줄 알지만 그것은 아닙니다. 깨달은 사람은 다만 어리석지 않을 뿐이고 범부견해가 사라질 뿐입니다.

제28강 원리전도몽상 구경열반
(遠離顚倒夢想 究竟涅槃)

　'우리들이 보고 있는 생멸하는 것은 환상이 발생한 것일 뿐이다. 실은 발생한 것이 아니다. 또 환상이 소멸한 것일 뿐 소멸한 것도 아니다.' 여기 한사람이 있어 이 사람을 우리가 무지한 마음으로 봤을 때는 영원히 실재하는 것으로 보이지만 부처님 법으로 보면 이것은 인연에 의해서 생했다가 인연이 다하면 그 사람이라는 실체는 존재하지 않습니다. 한 사람이 존재하려면 그 사람의 조상이 있어야 하고, 또 태양과 지구, 살아갈 수 있는 환경이 있어야 하며, 의식주가 다 해결되어야 하나의 인간이 성장을 할 수 있습니다. 그런데 이 사람을 딱 놓고 이 모든 것을 제거해버리면 이 사람이 '이것이 나다.'라고 주장할 만한 것이 아무것도 없습니다. 이 사람이 가지고 있는 피와 살조차 음식에 의해서 나타난 것이기 때문입니다. 음식의 인연이 이 사람의 생명력, 그것을 조합해서 이 사람의 모습을 만든 것입니다. 그래서 인연이 있으면 있다, 생 했다고 하고 인연이 흩어지면 죽었다고 하는데, 우리의 본바탕 인연의 영역에 속하지 않는 그 본바탕을 깨닫게 되면 나고 죽음이 본래 없음을 안다는 것입니다. 그래서 여기서 생멸하는 것은 환상이 발생한 것으로 지금 여러분들의 키, 몸무게, 얼굴, 사는 습관, 환경이 서로 다른데 이것은 다른 사람의 그 무엇이 있어서 만들어진 것이 아닙니다. 여러분의 마음이 일으킨 업력만큼 판이 짜진 것이기 때문입니다. 그래서 지금의 여러분들의 모양이 만들어진 것입니다. 지금의 그 모양, 그 꼴을 만든 그것은 여러분이 일으킨 망상에 의한 환상이라는 것입니다. 그래서 환상이 발생한 것일 뿐이라고 말하는 것입니다.

그런데 실제로는 발생한 것이 아닙니다. 물의 젖는 성품을 보면 물이 얼거나, 구름이 되거나, 비가 되어 내려도 젖는 성품은 그것들의 영향을 받지 않으므로 무엇이 되더라도 물의 젖는 성품은 변하지 않습니다. 그래서 '실은 발생한 것이 아니다.' 이렇게 되는 것입니다. 본체의 측면에서 고찰했을 때 발생하는 것이 아니고 작용면에서 봤을 때는 발생한 것이 됩니다. 그래서 여러분이 업을 지으면 업을 또 받지만 도를 깨달은 사람은 업을 지을 수가 없습니다. 무엇을 해도 물의 젖는 성품이기 때문입니다. 파도가 되어도 물의 젖는 성품이고 꿀물이나 흙탕물이 되어도 물의 젖는 성품이기 때문에 거기는 업이 저장될 수 있는 인연이 만들어지지 않습니다. 그래서 도를 깨닫지 않고 도를 닦는 것은 다 마업(魔業)입니다. 왜냐하면 무엇을 하든 자기 주관이나 개념이 들어가서 또 하나의 업력을 만들어내는 역할을 하기 때문입니다.

'또 환상이 소멸한 것일 뿐 소멸한 것이 아니다.' 라고 한 것은, 이것은 인연이 만나면 있고 인연이 없어지면 사라지지만 그 있고 없음은 마음의 작용과 본체에 해당하는 것입니다. **마음의 본체를 관찰해서 수행할 때는 한 물건도 없지만 일체중생을 제도하는 입장에 있을 때는 환(幻)을 일으켜야 합니다.** 환인 마음은 묘한 것입니다. 이것이 원각경에 나오는데 보통 수행을 하면 고요하고 마음의 본체, 체성만 얘기하려다보니 사람이 오는 것도 싫고 사람하고 교섭하는 것도 싫어지게 되는데 그것은 반쪽자리 공부입니다. 그런데 거기서 환인 줄 알면서 환에 속지 않으면 자비심이 일어나는데 그것은 작용을 제대로 깨달았을 때 그 마음이 나온다는 말입니다. 그래서 파도가 곧 물이지만 물이 곧 파도일 수도 있는 것입니다. 현실 자체가 대긍정으로 돌아와서 현실참여가 일어난다는 것입니다. 작용으로도 나오고 체로도 나오는 이것이 도대체 무엇인가? 거두면 한 티끌도 볼 수가 없고 펼치면 대천세계가 이것에 의지해서 우주가 유지되는데 도대체 어떤 물건인가? 이때 '이 뭐꼬?' 화두를 드는 것입니다. 그래서 여러분이 수행을 할 때 화두를 들기 전에는 진실하고 곧은 마음을 항상 놓치지 않아야 되고, 화두수행을 할 때는 일심으로 화두에 몰입을 해야 합니다.

'**원리전도몽상(遠離顛倒夢想),**' 그래서 공포가 있지 않으니 전도된 몽상이 멀리 떠난다고 했습니다. 전도몽상은 크게 교학적으로 두 가지입니다. 하나는 '내가 영원히 실재하는 무엇이다.'라고 하는 것이고, 또 하나는 '세계가 영원히 유지된다.'라고 생각하는 것입니다. 이것은 불교의 인생관과 우주관인데 불교적으로 봤을 때 기독교에서는 어떤 신을 잘 섬기면 그 신의 눈에 띄어서 천당에 간다고 합니다. 그런데 이것을 철학적으로 분류하면 '상견외도'입니다. 이것은 '나'라는 것이 태어나서부터 영원히 고정적으로 생각이 되는 것으로써 한번 태어나면 죽은 다음에도 그 태어났던 것이 유지된다고 생각하는 것입니다. 즉 고정불변한 나의 실체가 있다는 것입니다. 그런데 연기법으로 보면 나라는 것도 여러 가지 인연이 모여 나, 아무개라는 것이 생성이 되었고 그 여러 가지 인연이 다 흩어지면 나, 아무개라는 그것도 사라져버립니다. 실제 여러분들도 백년 안쪽에 다 사라집니다. 그런데 기독교식으로 말하면 백년이 지나도 나는 그대로 있다고 생각하는 것입니다.

원리전도몽상에는 두 가지가 있는데 첫째로 마음의 본성을 깨닫게 되면 내가 나라고 했던 것은 인연의 소산물임을 알고 인연에 속하지 않는 나라는 것을 깨닫게 됩니다. 더 깊이 깨닫게 되면 이 세계가 내 마음이 물질화 된 것임을 깨닫기 때문에 내 마음이 고요하면 세계조차도 존재하지 않음을 깨닫게 됩니다. 그것을 실증하기 위해 삼매에 들게 되면 이 몸과 마음도 사라질 뿐만 아니라 세계도 사라지게 되고 거기서 깨닫게 되면 확실하게 나와 세계가 인연의 소산으로 잠시 있는 것이지 영원히 실재하는 실체가 아니라는 것을 깨닫게 됩니다. 이미 깨닫고 걸림이 없으니까 전도된 몽상을 멀리 떠난다고 하는 것입니다.

'범부는 멋대로 분별하여 탐·진·치가 많다. 이런 어리석은 사람은 반드시 삼악도에 떨어진다.' 기독교에서는 하나님을 믿지 않으면 삼악도에 떨어지는데 불교에서는 '나다'라는 것이 영원한 실체라고 주장하면 삼악도에 떨어집니다.왜냐하면 인연, 연기법을 모르기 때문입니다. 나라는 것이 여러 가지 인연이 모여서 나라는 어떤 이미지가 형성되는데 그 인연이 다 흩어지면 내가 주장하는 나라는 것이 없습니다. 지금 스님의 경우를 보면 곡기가 없으면 스님 몸의 살이 모두 빠져버립니다. 그리고 태양이나 불빛이 없으면 생명력이 사라지고 바람이 없으면 호흡이 끊어져버립니다. 능엄경에 보면 밝은 것은 태양으로 보내고 보이지 않는 것은 어두움으로 보내고 이렇게 해서 쭉 돌려보내고 '나'와 '나의 것'이라고 주장했던 실체가 없어져버린다고 했습니다. 이렇게 해서 깨닫는 것이 소승법이고 대승법은 자기 마음만 깨달으면 이게 다 드러납니다. 삼악도는 지옥,

아귀, 축생입니다. 지옥은 못된 짓을 많이 해서 떨어지는 곳이고, 탐욕이 많으면 아귀에 떨어지며, 어리석음이 많으면 축생에 떨어집니다. 그래서 나라는 것을 주장하고 사람을 대해서 이기려는 허성심을 가지면 그 한 생각 생각들이 결국 삼악도의 원인이 됩니다. 이것은 굉장히 중요한 얘기입니다. 아무리 절에 오래 다녀도 소용이 없습니다. 자기가 쓰는 마음이 자기의 업력이기 때문입니다. 될 수 있으면 다른 사람을 용서하고 다른 사람에게 져주는 연습을 하는 것이 더 낫습니다. 육도 중생 중에 사람만이 남한테 져주는 심성을 가지고 있습니다. 짐승은 져주는 법이 없습니다. 자기가 힘이 있고 지혜가 있어도 남한테 져줄 수 있는 것, 그것이 업력을 소멸시키는 제일 첫 번째 원인입니다. 눈앞에서는 손해를 보는 것 같지만 눈앞의 경계에 속지 않으니 자기의 영성이나 심성은 지혜롭고 밝아지는 것입니다.

'죄는 안에도 밖에도 중간에도 있는 것은 아니다.' 이것이 불교의 죄에 대한 정의입니다. 기독교에서의 죄는 아예 원죄라는 것이 따로 있고, 기독교를 믿지 않으면 다 죄인이라 하는데 기독교의 제일 나쁜 점은 그 종교를 믿음으로써 믿지 않는 사람을 증오함을 가르치는 것입니다. 남을 증오하는 것을 가르치는 것부터 죄가 됩니다. 그런데 불교에서는 '죄는 안에도 밖에도 중간에도 있는 것이 아니다.'라고 합니다.

'사람이 지옥을 만드는 것은 스스로 집착하는 자아가 있다고 생각하기 때문이다.' 이것은 모든 죄의 핵심이 내 입맛이라는 얘기입니다. 내 입맛을 만족시키려고 남의 종교를 헐뜯고 마귀, 사탄이라고 하는 것입니다. 그것을 모르고 나는 놓아두고 다른 사람을 고치려고 하는 것이 얼마나 몰염치하고 어리석은 일이겠습니까? 그래서 사람이 지옥을 만드는 것은 스스로 집착하는 자아가 있다고 생각하기 때문이며 이것을 악업이라고 합니다. 불교에서 얘기하는 원리는 **'나다'**라는 그 한 생각, 이것이 만 가지 악의 근원인 것입니다.

 '원래는 아무것도 없는 것을 멋대로 이리저리 분별하여 있다고 생각하는 것이 악업이다.' 이것은 어리석음에 대한 것입니다. 앞에서 얘기했듯이 원래는 그냥 바위였는데 불교신자가 거기에 '佛' 자를 새겨 넣고 부처님이 계신다고 규정 지은 것이나, 기독교인이 십자가를 새겨 넣고 예수님이 계신 성역이라고 하는 것은 모두 악업이라는 얘기입니다. 보통 불교나 기독교 신자들은 자기들이 착한 짓 한다고 그러겠지만 왜 엄한 바위에다 정으로 찧어서 佛자 새기고 십자가를 새기냐는 것입니다. 그게 악업입니다. 그 사람이 부처를 모시고 하느님을 모신 이유가 무엇이겠습니까? 내 입장에서 나에게 이익이 된다는 전제, 즉 탐욕이 전제가 되었기 때문입니다. 그 탐욕은 바로 나에 대한 탐욕, '내가 이렇게 바위에다 부처님을 새기고 뭘 하면 부처님이 잘 봐주겠지'하는 탐욕이 전제되어 있어 악업이라는 것입니다. 그래서 불법을 믿는 데 바른 지견이 없으면 수십 년을 돌아다녀도 필경은 악업밖에 짓는 것이 없습니다. 자기를 닦지 않고 남을 닦으라는 것이 얼마나 뻔뻔스러운 짓인지 알겠습니까? 그것도 같은 맥락에서 '나는 닦지 않아도 이 사람들을 닦게 했으니 부처님이 잘 봐주겠지.'하는 교묘한 계산이 있는 것입니다. 진짜로 닦은 사람은 '아, 이것은 내가 닦아보니 진짜 마음이 영특해지고 지혜롭고 맑고 순수해지는구나. 그러니까 너도 닦아봐.' 이렇게 하는 것은 맞지만 '이것은 어디 쓰여 있기 때문에, 누가 말했기 때문에'하는 것은 다 거짓말입니다. 부처님이 열반에 드실 때에도 '설사 오랜 전통이라도 그것이 법에 합당하면 따르고 합당하지 않으면 따르지 말라. 그래서 법에 의지할지언정 사람에 의지하지 말라. 자기에게 의지할지언정 다른 것에 의지하지 말라.'라고 하셨습니다. 부처님이 철저하게 말씀하셨는데 오늘날은 완전히 반대입니다. 이렇듯 원래는 아무것도 없는 것을 멋대로 분별하여 있다고 생각하는 것이 악업입니다. 성인은 자기라는 것이 없습니다. 무애하는 도를 보았을 때 최초에 깨닫는 것이 있는데 평생 동안 자기를 누가 괴롭혔는가를 알 수가 있습니다. 그것을 깨달아야 비로소 마음에 평화가 옵니다. 명상이나 참선, 염불 등을 하거나 좋은 말씀을 듣고 나면 일시적으로 평안한 것 같지만 그건 자기가 자기를 위로하려고 몸부림을 친 것일 뿐입니다. '아, 저 얘기를 들으니 나도 저렇게 살아야지. 참 좋은 말씀이다.' 이렇게 자기가 자기를 다독거릴 뿐입니다. 정신이 없어 다독거릴 시간이 없을 땐 옛 본성이 그대로 튀어나와 버립니다. 먼저 본성을 봐야 된다는 것입니다. 그래서 불교에서는 깨달음을 중요시 여기는 것입니다.

 '나타나고 있는 대상은 나타나고 있는 마음에 지나지 않는다.' 아주 명쾌하게 얘기입니다. 여러분이 누구를 보고 속으로 '아, 저 사람 참 미워 죽겠어.'라고 했을 때 그것은 자기 마음입니다. 그 사람이 미운 것이 아니라 그 사람이 미워 죽겠다는 마음이 그 생각을 일으켜서 정의를 내린 것입니다. 그래서 불교에서는 무심이 도라고 하는 것입니다. 먼저 정의를 내린 후에 미워하고 좋아하고 괴로워하는 것입니다. 만약 여러분이 어떤 사물에 대해서 정의를 내리지 않고 거울처럼 비추기만 하면 그 비친 대상에 대해서 영향을 전혀 안 받습니다. 그런데 여러분들은 오랜 습관으로 사물에 대해서 의미를 부여하고 해석을 하여 좋거나 싫다는 분별을 일으키고 스스로 기쁘거나 분노가 일어나게 되는 것입니다. 끊임없이 자기가 스스로를 갈구는 것입니다. 그래서 나타나고 있는 대상은 나타나고 있는 마음에 지나지 않는다고 합니다.

'아녀자를 업은 정명도'라는 이야기가 있습니다. 정명도, 정이천 형제는 주자학에서 당·송 팔대가였습니다. 정명도가 동생하고 어디를 가다가 개울을 만났는데 개울가에 어떤 젊은 여인이 물이 깊어서 건너지를 못하고 있었습니다. 옛날에는 여인이 종아리만 보여줘도 정조를 잃었다고 할 정도로 남자 위주의 시대였는데, 정명도가 그걸 보더니 그 여인을 등에 업고 냇가를 건너 주었습니다. 개울을 건너고 한참 가다가 동생이 '그래도 천하에 알아주는 대인이고 군자이며 선비인데 어떻게 젊은 아녀자를 등에 업을 수 있느냐?'고 했더니, 정명도가 '너는 그 젊은 아녀자를 아직도 업고 있느냐? 나는 아까 그 개울을 건너서 내려놓고 지금은 업고 있지 않는데.'라고 했습니다. 마음을 쓰는 도리를 아주 정확하게 설명한 것입니다. 여러분들이 업을 만드는 방식을 잘 보여준 것입니다. 앞에서도 얘기했듯이 사물을 보고 사물에 대해서 평가하고, 좋거나 싫어하며, 집착하고 끈질기게 갖고 다닙니다. 그런데 **도를 닦는 사람은 '일념 단속', 최초에 마음이 어디에 물들거나 집착하려고 할 때 재빨리 알고서 본성으로 비춰서 녹여버리고 쉬어 버립니다.** 앞에서 동생은 형이 선비로서 아녀자를 등에 업었다는 그것이 마음에 걸려서 계속 그 생각만 하고 왔는데, 도를 닦은 형님은 인연 따라 비추어 '저 사람은 지금 내가 업어주어야 되겠다.' 해서 그 행동만 하고 딱 내려놓고 싹 잊어버린 것입니다. 이것이 무심이며 불가에서 얘기하는 도입니다. 여러분들이 이러한 얘기를 많이 들어도 일상생활에서 적용을 안 하게 되면 이건 그냥 지식일 뿐이고 지혜를 배우는 것은 아니라는 것입니다.

'마음을 진정시키면 마음은 청정하게 되지만 한 생각이라도 분별을 일으키면 마음은 더러워진다.' 우리의 마음이 더러워진 이유를 설명한 것입니다. 기독교에서는 원죄라 하여 원래 죄를 업고 태어났으니 누구나 죄인이지만 불교에서는 원죄라는 것은 없고 내 마음에 나라는 입장에서 마음을 일으키면 마음이 어두워지고 분별을 일으켜 마음이 더러워지게 됩니다. 도를 닦는다는 것은 누누이 얘기했지만 한 생각 한 생각 잘 비추어 속지 않아야 합니다. 자기가 쓰는 마음에 다른 사람은 나를 속이지 못하는데 스스로 잘 속습니다. 그런 것들을 미세하게 분별 하려면 참선 수행을 해서 최초의 단서, 한 생각이 일어나는 순간에 바로 눈치를 채어 쉬는 것이 도인입니다. 그런데 사람들은 한 생각이 일어나서 업으로 지어진 다음에야 '아휴, 내가 말을 잘못했다. 행동을 잘못했다.' 하는데 이것이 범부입니다.

'이리저리 쓸데없이 망상 하여 그릇된 생을 날조하는 것이구나!' 우리가 왜 태어나느냐? 이리저리 분별하는 거기에 있다는 것입니다. 우리가 나고 죽는 원인이 태어나서부터 죽을 때까지 끊임없이 사물에 의미를 부여하고, 평가하고, 판단하는데 이것은 자기 입장에서 보고 듣고 한 것을 자기 아뢰야식에 종자로 저장되었다가 다음 생에 자기가 일으켰던 마음만큼 다시 태어나는 것입니다. 그래서 윤회를 끊거나 헛되이 나고 죽지 않으려면 마음을 단속하라는 것입니다.

'모든 꿈같은 생각이 이미 멀리 여의었는데 마음은 지금 어느 곳에 안심입명 하고 있는가?' 만약에 마음이 본래 한 물건도 없고 본래 청정한 것을 알았다면 그것을 안 사람은 마음이 어디에 머물러 있을까요? 여러분 같으면 지금 법문 하는 곳에 머물러 있고 또 보통사람들은 자기의 이런 욕구, 하는 일에 마음이 딱 달라붙어 있는데, 마음을 밝게 깨달았다는 사람은 일상생활에서 마음이 어디에 머물러 있을까요? 이같이 어디에 머물러 있는지 몰랐을 때 참구 하는 것을 화두를 든다고 하는 것입니다. 도반이 운영하는 절에 점안식이 있어서 법문을 하러 갔더니 그 스님이 먼저 법문을 했는데 여러분의 마음이 어디 있느냐고 물어 놓고 본인은 소리를 '꽥' 질렀습니다. 그러니까 옆에 있던 스님이 또 북을 쳤는데 그게 진짜 답입니까? 그 스님들한테서 마음이 어디에 있는가를 배울 수 있을까요? 이것은 여러분이 각자 수행을 해서 알아야 합니다.

'구경열반(究竟涅槃)' 중생의 인생관이나 세계관이 잘못된 것을 한마음 깨치고 보니 세계 전체가 마음인 것을 알게 되고 그리하여 모든 잘못된 몽상들이 멀리 사라져버립니다. 왜냐하면 마음을 깨치지 못했을 때 나와 세계가 대립 되어 그 세계에서 내가 살아남기 위해 온갖 업을 짓습니다. 마음을 깨치고 보니 내가 생각했던 세계와 내가 둘이 아닌 것을 알게 되고, 나되 난바가 없고 죽어도 죽은 바가 없는 자리를 알게 됩니다. 이런 사람들이 가는 곳이 구경열반입니다. 필경에는 열반에 든다는 것입니다. 그러면 열반이라는 것은 어떤 것일까요?

'범(凡)과 성(聖)이라는 것. 범부와 성인이라는 것은 모두 멋대로 망상 하여 지어낸 것에 지나지 않는다.' 여기서 왜 구경열반에 대해 사족을 붙였는지 여러분은 잘 이해해야 합니다. 우리가 천국, 지옥, 하나님, 부처님 등 어떠한 개념을 갖다 붙여도 그건 가설일 뿐입니다. 그리고 이름 붙일 수 없는 것에다 우리 입장에서 좋은 것들을 갖다 붙인 것입니다. 멋대로 망상한 것에 불과하다는 것입니다. 그런데 도를 깨달은 사람은 한 번도 부처님을 보고서 예를 한 적도 없고 경솔히 한 적도 없습니다.

　예전에 내가 대학을 졸업하고 화양계곡에서 천 일 기도를 했는데 끝나고 수덕사 노스님께 가서 '기도를 천 일 동안 했습니다.' 했더니 '어떻게 했느냐?'고 물으셔서 '천 일 동안 관세음보살님 얼굴을 한 번도 본 적이 없습니다.'라고 했습니다. 멋대로 상상을 지어내지 않기 위해서 저는 안 본 것입니다. 이것이 도 닦는 사람의 자세입니다. 여러분이 이런 구절들을 잘 이해를 해야 합니다. 진정으로 여러분을 괴롭히는 것이 누군가를 알아야 합니다. 그것은 남편도 아니고 아내도 아니고 자기 자신의 '무지'입니다. 도를 깨달으면 참으로 내가 나를 괴롭혔음을 알 수가 있고 그걸 알아야 비로소 도를 닦는 **오후보림(悟後保任)**이 시작이 되는 것입니다.

제29강 삼세제불 의반야바라밀다고
득아뇩다라삼먁삼보리

‘**삼세제불(三世諸佛)**’ 시간과 공간적으로 불교적인 우주관이 여기에 포함되고 함축되어 있는데 불교에서 얘기하는 삼세는 과거 장엄 겁, 현재 현겁과 미래 성수겁을 말합니다. 과거 장엄겁은 불교적으로 공간적인 우주관으로써 우리 지구에 살고 있는 인간은 생명체가 있는 것은 태양계 속의 지구 하나로 보겠지만 불교의 화엄사상이나 법화사상에 의해서 이 우주 공간을 측량할 때는 우리가 살고 있는 이 우주는 일정 기간 어떤 형성력에 의해 우주가 만들어지고 그 다음 머무르며 또 변했다가 사라지는 것을 성주괴공(成住壞空)이라 하며 이러한 것을 우주의 생노병사라고 합니다. 불교에서 삼세라 함은 보통 과거·현재·미래를 말하지만 광범위하게는 과거 장엄겁을 이야기하며, 태양계가 이루어지기 이전 태양계를 과거 장엄겁이라고 합니다. 그래서 불교식으로 그것을 논의하게 되면 ‘과거에 천 부처님이 지나가셨다.’라고 얘기하는 것입니다. 그러면 한 부처님이 보통 출세하실 때 기간이 우리가 보통 미륵부처님이 앞으로 오실 기간을 56억 7천 만 년이라고 하는데 과거 1000부처님이 계셨으니 그만한 태양계가 있었다는 것입니다. 즉 과거 장엄겁 입장을 현재라고 봤을 때 또다시 과거 장엄겁이 또 있으니까 태양계 이전의 태양계가 또 있었을 것입니다. 그리고 현재 우리가 살고 있는 이 태양계를 '현겁'이라 하는데 현겁의 수명은 현겁에서 천불이 출세하신 다음에 우리가 알고 있는 태양계가 무너진다고 합니다. 그런데 석가모니부처님은 이 현겁의 일곱 번째 부처님이고 미륵부처님이 여덟 번째 부처님으로서 이렇게 해서 천불이 지나간 다음에 우리가 알고 있는 태양계나 안드로메다 성운과 같은 이 모든 우주가 완전히 파괴가 됩니다. 다시 아득한 세월이 지나서 우주가 다시 빅뱅과 같은 대 폭발을 일으켜서 우주가 만들어지는데 그것을 '미래 성수겁'이라고 합니다. 그래서 과거·현재·미래의 삼세라 했을 때는 굉장히 광대한 의미가 있습니다. 중생이 한량없는 오랜 옛날부터 끊임없이 이렇게 겁에 의지하여 나고 죽는 윤회를 되풀이하기 때문에 그것을 벗어나기 위해서는 깨달아야 하며 그 깨달은 내용은 불법 가운데에서는 자성을 청정히 하는 것, 거기에 집중을 하는 것입니다. 여기서 **삼세제불이라 할 때 시간적으로는 과거 장엄겁과 현재 현겁과 미래 성수겁을 얘기하는 것이고 공간적으로는 이 우주 간에 끝도 시작도 없는 중중무진(重重無盡)한 모든 별 안에 있는 모든 생명체, 그 안에도 각 곳마다 부처님이 계신다고 했는데 그런 부처들을 통틀어서 삼세제불이라 합니다.**

보통 우리가 알고 있는 과거의 부처, 현재의 부처, 미래의 부처가 우리 지구상, 또는 태양계 안에 국한된 것이 아니라 한량없는 오랜 세월, 우리가 기억조차도 할 수 없는 우리 우주가 만들어지기 이전 우주부터 부처님과 같이 깨달은 분이 있었고 또 중생을 교화하는 분이 있었기에 삼세제불이라고 하는 것입니다.

그런데 과거나 현재 모든 부처님이 부처가 된 연유가 무엇일까요? 삼세제불 했을 때 여기서는 **'지금 현전의 한 생각에 분별하는 그것이 삼세이다'** 이것은 앞에서 우리가 과거, 현재, 미래를 얘기할 때 과거의 장엄겁, 현재의 현겁, 미래의 성수겁을 얘기하며 굉장히 아득하고 어마어마하게 멀고 아득하게 느껴지는 시간인데 이 모든 것이 우리 한 생각에 의지하여 나타난다는 것을 보여주기 위한 선구(禪句)입니다. 교리적인 것은 하나하나 이론적으로 분별하고 따지지만 선이라는 것은 바로 자기 마음을 비춰보게 되면 본성이 드러나는 것이기에, 교리적으로 설명을 한 다음 선구를 얘기해서 직관으로 마음을 이해하게 합니다. 참선하는 사람들끼리 유통이 되는 것으로써 이 입장에서는 공부를 한 번도 한 적이 없는 사람이라도 제대로 된 사람한테 한 마디를 들어서 그 마음의 고정 관념이 없어지면 바로 마음바탕이 들어나기 때문에 돈오사상도 나온 것입니다. 그래서 '지금 현전의 한 생각에 분별하는 그것이 삼세다.'라고 하여 수행문에서는 삼세를 아득하게 멀리 보지 않고 지금 현전 일념, 여기에서 과거, 현재, 미래를 따지는 그 마음이 삼세라고 말하는 것입니다. 이것은 여러분들이 수행을 하거나 명상을 해보면 이 이치가 들어날 때가 있습니다. 그래서 삼세제불이라 그랬는데 장엄겁 전에 아득한 우리가 알지 못하는 우주, 또 다른 우주에서 그 시대에서도 중생이 있었고 부처가 있어서 법을 얘기하고 수행을 했는데 미래에도, 현재에도 시방세계 곳곳에서 모든 부처님과 수행자들이 수행을 하고 깨닫고 도를 닦는다는 의미입니다.

 '그 삼세제불을 알고 싶으냐? 어떤 것이 부처냐?' '부처님을 알고 싶은가? 진주의 무는 알겠는데 청주의 베옷은 모르겠다.' 이 구절에 오면 여러분들이 이게 대체 무슨 소린가 이렇게 될 것입니다. 이것은 옛날에 조주스님의 은사 스님인 남전스님이 선의 왕이라 하여 '왕화상'이라고 불리었는데 깨달은 바가 아주 깊었다고 합니다. 어느 날 조주 스님께 어떤 학인이 와서 '스님이 남전스님을 친견하셨다는데 사실입니까?' 라고 물었습니다. 여기서 친견했다는 것은 깊은 의미가 있습니다. 여러분들이 지금 여기 법회에 와서 스님을 봐도 스님의 겉모습은 보지만 스님이 알고 있는 것들, 예를 들어 '업에 대한 이해'같은 것들은 볼 수가 없습니다. 그러니까 조주스님께 학인들이 남전스님을 뵈었느냐고 묻는 것은 남전스님의 법을 보았느냐는 것을 물어보는 것입니다. 그런데 조주스님이 답을 "진주에는 큰 무가 난다." 라고 했습니다. 중국에서 진주라는 고을이 무가 아주 유명한 생산지였던 모양입니다. 그런데 어찌 삼세제불을 알고 싶은가 해 놓고서 이런 대답이 삼세제불을 드러내는 애기인가 하는 것입니다. 이 자리에 와서는 여러분이 이전에 알고 있던 법, 즉 유식, 반야 이론, 공, 불타 등 일체가 여기에 개입이 안 되고 다만 이 한 구를 꿰뚫어야만 알 수가 있는 것으로써 이것을 조주스님처럼 친히 남전스님의 면목을 깨달은 연후에야 알 수 있는 것인데, 조주스님은 물어본 학인이 수행승이니까 이렇게 대답을 한 것입니다. 그리고 그 다음에 '청주의 베옷은 모르겠다.' 라고 했는데 청주의 베옷이라는 또 유명한 화두가 있습니다. 불가에서 처음에 수행을 한다고 하면 스님들로 부터 법문, 화두를 달라고 합니다. 여러분들은 화두를 들어도 화두가 다 똑같은 줄 알지만 화두는 병에 따른 약 처방이기 때문에 스님들은 상대방의 근기를 봐서 지적으로 아주 예리한 사람한테는 그 지적인 것에 합당한 화두를 주고 정적인 것에 예리한 사람한테는 정적인 것에 합당한 화두를 줍니다. 그 학인이 경전을 많이 읽은 사람이니 경전과 비슷한 그런 화두를 주면 몰록 의심이 나고 집중이 되니까 그 사람한테는 그런 화두를 줍니다. 어떨 때는 학인들이 경전을 읽고 와서 조주스님한테 물어보기도 했는데 이것은 조주스님이 도를 아는지 모르는지 달아보려고 할 수도 있고 몰라서 물어볼 수도 있는데 **'만 가지 법이 하나로 돌아간다.'**고 했는데, 하나라는 것을 여러분은 보통 공이나 마음이라고 말을 할 것입니다. 그렇죠? 그런데 **'하나는 어디로 돌아갑니까?'** 하고 물어보는 것입니다. 왜냐하면 하나라고 했을 때 벌써 한 생각이 일어난 것이기 때문입니다. 마음이나 공이라고 했을 때 벌써 한 가지 마음이 흔들린 것입니다. 그러면 흔들리지 않았을 때 그 하나는 어디로 돌아가느냐고 물어보는데 조주스님은 **'내가 청주에 있을 때 누가 장삼을 한 벌 맞춰줬는데 그게 무게가 서 근이다.'** 라고 했습니다. 이런 언구는 수행을 하는 사람끼리 통하는 언구입니다. 이 사람이 도를 통했는지 안 통했는지 문제를 물어봐서 대답하는 이런 차원이 아니고 직관에 의해서 마음을 터득했는지 알아보려면 이런 질문들을 하는 것입니다. 만법이 하나로 돌아간다는데 불교에서는 만법이 다 유식, 오직 마음이라 그러는데, 그러면 그 마음은 어디서 나왔느냐고 이렇게 물어보는 것입니다. 기독교에서 천지를 하나님이 창조했다는데 하나님은 어디서 나왔냐고 물어보는 것 하고 똑같은 것입니다. 불교에서는 하나님 대신 마음이라 했으니까 천지를 마음이 만들었다 했고, 그 마음은 어디서 나왔느냐고 이렇게 얘길 하는 것입니다. 여러분이 어머니 뱃속에서 태어났을 때부터 마음이라는 것, 즉 '나'라는 생각이 있는데 그런 것이 의식되기 이전에 여러분은 어디 있었는지 이것을 물어보는 것입니다. 그런데 조주스님은 '내가 청주에 있을 때 누가 장삼을 한 벌 맞추어줬는데 그 무게가 삼서근이다.' 라고 했습니다. 이러한 도리를 알면 어떠한 언구,

기존적인 개념, 종교, 신앙 같은 것들에도 얽매이지 않고 자유로워질 수 있기 때문에 해탈이라고 말하는 것입니다. 왜 해탈을 못하느냐 하면 이슬람교 믿는 사람은 이슬람교를 믿지 않으면 지옥에 간다고 하고, 기독교인은 기독교를 믿지 않으면 지옥에 간다고 하며 힌두교인은 힌두교를 믿지 않으면 지옥에 간다고 하는데 이런 것들을 쭉 나열해보면 사람들이 어디에 얽매여 있는가를 알 수 있는데 바로 자기 것에 얽매여 있기 때문입니다. 그런데 불교에서는 그 얽매여 있는 것 그것이 고통의 시작임을 가르쳐줍니다. 그래서 **'나없음'**부터 시작하는 것입니다.

'마음 그 자체는 마음이 아니라 색으로 인해서 만들어진다.' 여러분들이 내 마음, 내 마음 하는 것은 중생을 제도할 때 선구로써 제도하는데 하근기 중생은 경계를 없애주면 마음이 편하다고 해서 경계를 없애버리는 수행 방법을 설명해줍니다. 하근기들은 경계만 보면 마음이 끊임없이 일어나기에 깊은 산 속에 들어가서 공부를 해야 합니다. 경계에 의해서 반연한 마음, 흔들리는 마음을 자기 마음으로 안다는 것입니다. 중근기는 경계에 의해 마음이 끌려 다니지는 않는데 자기 스스로 일으키는 의욕 때문에 마음이 흔들립니다. 이 사람들한테는 공부 방법이 또 다릅니다. 그런데 상근기는 경계와 마음에도 머물지 않는다고 하는 그 한 법집에 집착을 하는데 이 법집을 다스릴 때 제일 빠르게 도를 통할 수 있는 방법이 '화두선'이라는 것입니다. 진주에 큰 무가 난다든가 아니면 내가 장삼을 맞췄는데 무게가 마 서 근이라고 하는 것은 여러분들 경계나 마음가짐으로는 알 수가 없습니다. 다만 이 한 생각을 꿰뚫고 들어가야 타파가 됩니다. 상근기가 수행하는 법이 화두선입니다. '과거 현재의 모든 부처님이 지금 어디에 계시는가?' 이렇게 해놓고 아주 친절하게도 여러분들이 사량으로 추측해 들어갈 수 있도록 통로를 열어놓는데 이것을 노파선(老婆禪:간절하고 자상한 마음으로 지도하는 것으로 긍정적 측면과 부정적 측면이 모두 있다.)이라고 합니다. 초반에는 과거·현재·미래라는 것이 장엄겁으로부터 현겁, 성수겁을 얘기했는데 수행문으로 얘기할 때는 지금 한 생각 일으키는 그곳에 과거·현재·미래가 있다고 했는데 그 부처님이 지금 어디에 있느냐는 것입니다. 무엇이 부처의 본래 모습인가 이것을 가르쳐 주는 대목입니다. **'저녁에 뜨는 해요. 아침에 지는 달이다.'** 라고 했는데 여러분은 이걸 무심히 읽을 것입니다. 저녁에 해 뜨고 아침에 달이 지는 것을 본 사람은 없을 것입니다. 이 구절이 상근기가 도에 들어가는 아주 긴요한 문인데 여러분들이 이러한 구절을 이해할 수 있으면 여기 와서 법을 들을 필요가 없습니다.

'의반야바라밀다고(依般若波羅蜜多故)' 삼세제불이 왜 제불이 되었느냐? 반야바라밀다에 의지했기 때문입니다. 반야바라밀다는 한문으로 번역하면 도피안, 저 언덕에 도달하는 지혜인데 안이나 밖에서 얻을 수 없음을 확연히 아는 지혜에 의지하는 것입니다. 즉 모든 부처님이 교학적으로 부처가 될 수 있는 이에게는 안이나 바깥에서는 한 가지도 얻을 수 없음을 자기 스스로 확인을 했기 때문입니다. 이것은 마음자리를 요달 해서 조금이라도 보게 되면, 자기가 일으키는 일체 것들이 '인연생 인연멸'임을 알아 자기가 일으킨 생각에 머물지 않습니다. 머물지 않으면 집착하지 않기 때문에 마음이 항상 자유롭고 편안하고 평상심에 머무르게 됩니다. 이슬람교인들이 힌두교나 기독교를 상대로 테러를 일으키는데 똑같은 신을 믿으면서 내가 믿는 신을 믿어야 지옥에 안가고 천당을 갈 수 있다고 서로 주장합니다. 이것이 무엇일까요? 자기가 일으킨 념, 여기에서 안이나 밖에서 뭔가 얻을 수 있다고 확신하고 그것에 집착하기 때문에 마음 바탕이 더러워지고 그 바탕 위에서 자기가 일으킨 바탕과 맞지 않는 사람은 저주하고 미워하고 테러처럼 폭력도 쓰게 되는 것입니다. 이것을 근원적으로 없애려면 **내가 일으킨 상념에 대하여 하근기는 '이것이 경계에 물들어서 나오는 마음이구나.' 하고 알게 되면 마음을 쉬고, 중근기는 '내가 일으킨 생각에 내가 속았구나.' 이렇게 알면 마음을 쉬고, 상근기는 '일념 자체가 홀연히 일어나는 근거가 없는 것이구나.'** 하고 알면 마음을 쉬게 됩니다. 여러분은 이 셋 중에 하나를 붙들고 들어가야 공부를 하게 되고 도를 닦는 것입니다.

 '이것을 여의고 한량없는 세월을 부지런히 수행하고 도를 이루려 해도 모두 꿈속의 일이다.' 제방에 보면 수행 방법이 참 많고 여러 가지 수행을 하는 사람이 많습니다. 호흡, 무술, 주력, 염불, 다라니 등 여러 가지가 있지만 결국은 자기 마음 안에 있는 미혹, 한 생각 겨우 일어나기도 전에 그 생각 자체가 흔들린 것을 깨치지 못하면 내 입장에서 세계를 보고 사람을 판단하기 때문에 마음에 진정한 해탈이나 자유를 얻을 수 없는 것입니다. 가끔 신문에서 보면 입산수도 몇십 년을 한 스님에 관한 기사가 있었습니다. 어떤 이야기를 해도 기가 안 죽을 수 있는 이유는 **몇십 년 해서 닦아야 할 도가 아니라 이것은 한 생각 바뀌는 것입니다.** 그런데 사실은 몇십 년 안 하면 또 이것을 알 수도 없는 묘한 도리가 있습니다.

 '항상 능소(能所)가 구별되기 때문이다.' 몇십 년 수행을 해도 지난 밤 꿈속 일이라고 했는데 **닦는 나와 닦아야 할 도가 따로 있다**

고 생각하기 때문입니다. 불법 이외의 모든 수행을 하는 수행인들을 보면 깨달아야 할 도가 따로 있다 생각하고, 내가 지금 먹고 살고 하는 이것 이외에 따로 있다고 착각을 하는 것입니다. 그것을 능소라 하는데 능은 주관이고 소는 객관, 능은 보는 자고 소는 보이는 대상입니다. 그래서 '항상 능소가 구별되기 때문이다.' 라고 하여 도를 닦는 방법으로써 능(주관)인 아집과 소(객관)인 법집 이 두 가지를 뛰어넘으라고 교리적으로 설명을 해 주는 것입니다.

　'오직 한 가지 일만이 진실이요, 나머지 이승과 연각은 참다운 것이 아니다.' 그래서 이 자리에서는 이승과 연각까지도 참다운 길이 아니라고 했습니다. 이승은 소승불교를 얘기합니다. 소승불교는 삼법인 중에 무상과 무아를 체득해서 마음에서 염착을 버리는 것인데 왜 그것을 부정했을까요? 소승불교에서는 아직 수행 면에서 깨달아 아라한과를 얻는 자기, 즉 미세번뇌가 남아있습니다. 그래서 물리치는 것입니다. 연각이라고 하는 것은 인연, 예를 들어 봄이 오고 계절이 바뀌면서 꽃이 피고 떨어지는 것을 보고 모든 것이 인연에 의해서 생했다 인연이 다하면 사라지는 것을 알고 집착할 바가 없음을 깨닫고서 마음의 평화를 얻는 것인데 거기에도 깨달은 자기 자신이 남아있다는 것입니다.

　'득아뇩다라삼먁삼보리(得阿縟多羅三藐三菩提)' 아뇩다라삼먁삼보리는 서천축 말인데 우리말로 하면 '아'는 '없다(무;無)'라는 뜻이요, 뇩다라는 '위(상;上)'라는 뜻이며, 삼은 바르다(정;正)는 뜻이고, 삼보리는 올바른 깨달음(정각;正覺)이라는 뜻이니 아뇩다라삼먁삼보리를 번역하면 **무상정각(無上正覺), 즉 위없는 올바른 깨달음이 됩니다.** 앞에서 말한 소승이나 이승은 정각이 아니고 편각이라고 합니다. 편각은 깨달은 것이 치우쳤다는 것입니다. 자기에 대해서는 이해했어도 세계에 대해서 이해하지 못했거나 세계의 존재본성에 대해서는 진리적으로 이해했지만 자기의 본성에 대해서는 이해하지 못한 것을 편각이라 합니다. 그 모든 것을 확연히 아는 사람을 원각(圓覺) 또는 정각 이라고 합니다. 그래서 아뇩다라삼먁삼보리를 얻는다고 했는데 삼세의 모든 부처님이 모두 이 무상정각을 의지하여 닦고 깨달아서 성불하셨습니다. 무상정각을 얻는 가장 근본이 '한마음'이라 그랬습니다. **과거·현재·미래도 이 한 마음에 의지해서 나온 것이고, 시방세계도 마음에 의해서 나온 것이며, 나와 남도 내 마음의 분별에 의해서 나온 것이니 분별이 나오기 이전 그 마음자리를 아는 것을 무상정각이라고 하는 것입니다.**

'**탐욕의 마음은 범부의 마음이다.**' 마음에 여러 가지 차원이 있음을 설명해줍니다. **탐욕이나 분노나 어리석음을 가지고 일상생활을 오르내리면서 허덕거리며 사는 그 마음을 범부의 마음, 평범한 마음이라고 하는데 누구나 똑같이 쓸 수 있는 마음으로써 특별하게 남보다 뛰어난 마음이 아닙니다.** 미운 사람이 있으면 미워하고 예쁜 사람이 있으면 좋아하며, 나에게 이익이 되면 취하고 이익이 안되면 버리는 누구나 할 수 있는 것이 범부의 마음입니다. 여기서 탐욕의 마음은 범부의 마음이라고 한 것입니다. 이 마음을 가지고 있으면 현생을 살 때는 편한데 이 마음속에 또 다른 나를 만들어 다음 생에서는 또 다른 내가 고통 속에 헤매게 되는 것입니다. 그래서 범부의 마음을 가지고 있을 때 여러분들이 수행을 해야 되는 이유가 아이를 임신하면 태교를 하고 낳으면 어려서부터 올바른 습관을 갖게 하려고 가르치거나 꾸짖는 것과 같습니다. 범부들이 일상생활에서 부딪히는 낱낱의 경계에 따라 분별하고 반응하는 그 마음은 평범하게 욕탐과 분노와 어리석음에 의지한 마음이기 때문에 깨끗한 것이 아닙니다. 그런데 이것들이 자기 마음의 잠재의식이나 무의식에 저장이 되었다가 다음 생에 또 다른 자기라는 것을 만들어내는 역할을 하게 됩니다. 이것이 아이가 어미 뱃속에 있을 때 태교하는 것이나 여러분이 일상생활에서 하나하나 마음을 진실하고 밝고 맑게 쓰는 것과 같습니다. 지금 쓰는 대로 마음에 저장이 되었다가 다음 생의 내가 형성이 됩니다. 그래서 도를 닦는다는 것은 평생 태교를 하는 것과 같은 마음으로 보면 하근기에게는 그래도 마음을 조심스럽게 쓰게 할 것입니다.

이보다 조금 뛰어난 사람이 성문의 마음이라고 했는데 성문은 존재를 공으로 봅니다. 예를 들어 젊은 남녀들의 첫사랑이 대체로 결혼까지 잘 이루어지지 않는다고 하는데 왜냐하면 첫사랑을 하는 사람들은 이성을 처음 봤을 때는 사회 물정이나 사람에 대하여 제대로 파악을 하지 못하고 다만 우리의 지·정·의 중에서 정적인 마음만 가지고 상대방을 보기 때문입니다. 그러다 보니 자기는 상대방이 죽도록 좋은데 주위의 부모 형제나 경험이 많은 사람은 별로 좋지 않은 말을 하게 되고 오래 가다보면 주변의 압력을 이길 수 없게 되어 첫사랑은 잘 이루어지지 않습니다. 그 정적인 마음이 고통의 원인이 되어 괴로움이 생기는 것을 꿰뚫어 보는 것이 성문의 마음입니다. 그래서 여기서 존재를 공으로 본다고 한 것입니다. 형상이 눈앞에 닥친 경계가 실재하지 않음을 꿰뚫어 보는 마음이 생기는 것이 성문의 마음인데 부처님의 교리에 의지해서 세상을 보는 것이 성문입니다. **성문이란 불법을 귀로써 소리를 듣고 이해를 했기 때문에 '아 무상하고 무아구나'라는 이 이치로 세상을 바라봅니**

다. **그래서 존재를 공으로 보는 것이 성문의 마음입니다.** 앞에서 범부의 마음은 존재를 실재하는 것으로 봐서 집착을 하지만 그 병을 없애주기 위해서 '존재가 실재하지 않다.'라고 부처님이 아함경에서 설하신 것을 이해하여 사물을 관찰하고 사물을 닦아나가는 것이 성문의 마음이라 하는데 그 수행방법이 위빠사나 수행입니다. 자기의 감정과 신체의 세계 하나하나가 인연에 의해서 생겼다가 인연이 다 하면 실재하지 않음을 알아서 처음부터 마음을 빼앗기지 않는 것이 바로 성문의 마음입니다.

　다음으로 연각의 마음이 있는데 법이 고요한 체성을 갖지 않는 것은 연각의 마음입니다. 한 차원 높은 수준에 있는 사람은 산하대지나 인연이 나타나고 사라지는 걸 보고 모든 것이 연기에 의해 인연에 의해 생겼다가 인연이 다 하면 사라지는 걸 알아서 마음이 흩어지지 않고 뺏기지 않는 경지에 오른 사람이 연각승입니다. 그래서 연각의 마음은 성문의 마음보다는 한 차원 높은 마음입니다. 성문은 배운 대로 보는 마음입니다. 여러분이 기독교인이면 기독교 교리대로 세상을 보고, 이슬람교인은 이슬람 교리대로 세상을 보며 힌두교인은 힌두교 교리대로 세상을 보고, 불교인은 불교 교리대로 세상을 보게 되는데 마음이 오염되지 않게 노력하고 발버둥치는 마음이 성문의 마음이라고 하면 연각은 스스로 태어날 때부터 영적인 차원이 높습니다. 그래서 웬만한 오욕에는 마음이 흔들리지 않습니다. 다만 자연의 이법에 대해서 모릅니다. 그러다 오래 동안 명상을 하고 숙고를 하다가 어느 날 꽃이 뚝 떨어지는걸 보고 "아! 세계 실체는 이거구나!" 하고 탁 깨닫는 것입니다. 이것이 연각의 마음입니다. 여기서부터는 어떠한 종교에 얽매여서 다른 사람을 미워하거나 좋아하는 마음이 떨어져나갑니다. 꼭지가 떨어지는 마음인 것입니다. **그런데 이 마음에도 아직 안 떨어진 꼭지가 있는데 무엇을 알아서 희열하는 마음이 남아있는 것입니다. 내가 깨달았다는 마음이 남아 있고 아는 마음이 남아 있습니다.**

 그것을 벗어나는 마음이 보살의 마음입니다. 그래서 '**해탈이라고도 미혹이라고도 보지 않는 것은 보살의 마음이다.**'라고 했는데 이것은 대단한 경지입니다. 옛 스님들은 이 경지를 '평상심이 도다.'라고 했습니다. 여러분은 평상심이 도라고 하니 일상생활에서 쓰는 마음이 평상심이라고 말하는데 그것이 아니라 일상생활에서 **어떠한 경계가 와도 마음이 그것에 의해서 따라가지 않는 마음, 흔들리지 않는 마음, 부동의 마음인데 이것이 보살의 마음입니다.** 여러분이 해탈이라고 하면 좋아하고 미혹이라고 하면 싫은 견해가 일어나지만 보살은 그것이 다 자기 한 꼭지 분별에 의지해서 나타나는 가법(假法), 실재하지 않는 법임을 깨달은 분입니다. 이러한 사람은 어떠한 경계가 나타나도 그것에 의해서 마음이 흔들리지 않는데 이것이 곧 보살의 마음입니다.

 '만약 금계를 깨뜨렸을 때 그 당황하는 마음이 불가득임을 알면 이미 해탈한 것이다.' 이 경지에서는 굉장히 사는 것이 편합니다. 소승이나 연각까지는 자기가 과거의 인연이든 현세의 어디서든 계를 파하게 되면 그것으로 인해서 번민을 하고 고통을 받지만, 보살의 경지에서 마음을 깨달은 이는 그 일어나는 마음 자체가 실재하지 않음을 알기 때문에 이미 해탈했다는 것입니다. 이 사람은 계를 지켰다든가 안 지켰다든가 하는 자체가 보살의 경지에서는 아무 의미가 없게 되는 것입니다. 그런데 이런 경지는 참 어려운 것입니다. 근래 경허스님 같은 경우에는 이 경지를 많이 써서 후학을 대단히 미혹시키기는 했지만 경허스님 잘못은 아니라고 봅니다. 계를 깨뜨렀을 때 두려워하는 마음 자체가 실재하지 않음을 아는 보살의 마음, 참 어려운 마음입니다. 여러분들은 이 마음을 알면 마음이 자유로워지고 해탈해 지는데 보통사람은 어려운 것입니다. 천수경에 보면 '죄무자성종심기(罪無自性從心起)'라 하여 죄라는 건 본래 자성이 없고 마음이 흔들림으로 인해서 쫓아 일어나는 것인데 그 흔들림이 흔들림이 아님을 알게 되면 해탈입니다. 그런데 보통사람은 기껏 성문이나 연각 정도의 의식 상태에서 도를 닦고 있기 때문에 이런 얘길 하면 '아, 나도 저렇게 해볼까?' 하는데 이 또한 마음이 더 흔들리는 것이고 말에 떨어지는 것이 됩니다.

 '무상정각을 알고 싶은가?' 이것은 반야의 참 지혜를 알고 싶은가 하는 의미입니다.

 '산이며 강이며 온 세상 누리가 부처님의 알몸을 그대로 드러냈다.' 이것은 바로 드러내어 얘기한 것입니다. 근래의 선지식 중에 금봉스님이 계셨는데 해인사 조실을 지내고 열반에 드실 때 해인사 홍류동 계곡에 옷을 다 벗어 옆에 챙겨놓고 게송을 하나 짓고 열반하셨는데 그때 이 경지가 바로 부처의 경지를 드러낸 것입니다.

 '산색(山色)은 문수안(文殊眼)이요. 수성(水聲)은 관음이(觀音耳)라.
 금일(今日) 세연진(世緣盡) 하여 의구수동류(依舊水東流)다.'

 눈앞에 보이는 산의 푸른 색깔은 문수보살의 눈동자고, 홍류동 계곡에 흐르는 저 물소리는 관세음보살님의 귀이다. 이제 세상의 인연이 이미 다 해서 몸을 벗으려고 하는데 물은 옛것을 따라서 동쪽으로 흐른다.

 이것이 바로 **'무상정각을 알고 싶은가? 산이며 강이며 온 세상 누리가 부처님 알몸을 드러냈다.'** 깨달은 도인은 보이고 들리고 말하는 것 자체가 다 부처님이 현전하는 것입니다. 현전한다니까 여러 분들은 또 '부처님이 눈앞에 보이는 건가?' 하고 생각을 할 수도 있는데 불가나 수행에서 부처가 나타난다고 했을 때는 눈에 보이는 것을 말하는 것이 아닙니다. 부처와 같이 마음이 어떠한 것도 탐착하지 않고 현전하는 것을 의미합니다. 그런데 가끔 기도하다가 부처를 봤다는 사람들이 있는데 그것은 부처에 대한 자기의 욕탐이 일어난 것입니다. 옛 설화에 보면 수행승들이 부처님이 타나나서 뭐라고 하셨다고 했을 때 그 부처님은 눈에 보이는 부처님이 아니고 마음이 부처님과 같이 지혜롭고 참된 상태에 도달한 것을 비유적으로 부처님이 나타났다고 한 것입니다.

'청산첩첩미타굴 창해망망적멸궁 물물염래무가애 기간송정학두홍(靑山疊疊彌陀窟 滄海茫茫寂滅宮 物物拈來無罣碍 幾看松亭鶴頭紅)' 새벽 예불 때 쇠송이라고 큰 종을 놓고 이 염불을 합니다. 이것은 온 누리가 부처임을 드러내는 선구입니다. 문을 열면 눈앞에 보이는 산들이 첩첩이 있는데 이것이 아미타불의 굴이요, 창창하고 망망한 바다가 적멸궁이란 말입니다. 부처의 자리는 마음이 적멸하지 않으면 도달할 수 없는 자리로 눈앞에 보이는 창파가 적멸궁이라는 멋있는 구절입니다. '물물염래 무가애', 마음자리를 딱 지키고 있으면 어떤 경계가 나에게 다가와도 거기에 걸리질 않습니다. 마지막 구절이 참 지극한 것인데 '기간송정학두홍', 소나무는 푸르고 학의 머리는 빨간 것을 몇 번이나 봤느냐하는 것입니다. 이 구를 알면 부처가 현전한 것을 스스로 알 수가 있으며, 이런 것들은 수행을 한 사람만이 알 수 있는 것입니다.

제30강 반야를 깨치고 싶은가
(득아뇩다라삼먁삼보리)

‘**반야의 앎은 스스로 아는 것을 알지 못하기 때문에 있는 것이 아니지만 사물에 대해서 알기 때문에 앎이 없는 것은 아니다.**’ 이것은 바로 ‘진공묘유(眞空妙有)’입니다. 앎 자체는 볼 수도 없고 만질 수도 없고 상상할 수도 없지만 그것이 없다고 할 수 없는 것이 실제 그것에 의지해서 사물을 분별하고 선악을 따지고 생활을 영위하고 평생을 의지해서 살기 때문에 앎이 없는 것은 아닙니다.

탑이나 불상, 경전 속의 일체 말씀도 중생을 제도하기 위한 방편입니다.

후 500세, 말세에는 조탑(造塔), 즉 불사를 많이 하고, 그 뒤 말세에는 끊임없이 서로 싸운다고 했는데, 애초에 탑이나 불상을 모신 것은 하근기 중생들이 거룩한 모습을 보고 스스로 반성을 하고 마음을 더럽히지 않고 중생을 불법으로 이끌기 위한 방편일 뿐이지 바른 불법이 아니라는 것입니다. 반야의 목표는 생사의 윤회를 멈추고 자유롭게 되는 것입니다. 우리가 왜 도를 닦고 법문을 들으며, 반야지혜가 있어야 하는 것일까요? 생사윤회를 멈추고 해탈을 위함입니다. 그래서 삶이 넉넉하고 살만하고 행복한 사람은 다음 생에도 자기가 이렇게 살 것이라 착각하고 도를 안 닦는데 그 사람이 이 생에서 넉넉하고 여유 있게 사는 것은 전생에 남한테 베풀고 따뜻한 마음으로 살았기 때문에 그 과보로 사는 것이지 자기가 잘나서가 아닙니다. 그런데 잘 먹고 잘 사는 사람은 이것을 믿으면 손해니까 믿지를 않습니다. 대개 도를 닦는 사람은 부처님처럼 뛰어난 지혜가 있거나 아니면 삶이 피곤하고 힘들어서 여기서 벗어나고 싶은 사람들로서 대조를 보입니다. 그래서 부귀하면서도 도를 닦는 사람은 대단히 뛰어난 사람인데 그런 사람이 거의 없다는 것입니다.

'마음이나 의식이라는 붓으로 지옥을 그리고 나중에 공포를 느낀다.' 이것이 여러분들이 걱정하는 것입니다. 여러분들은 애착과 욕탐이 너무 많아 자신에 대해서는 조그만 일만 생겨도 마음으로 그 일에 대해서 이것저것을 그려 넣고 걱정 근심을 합니다. 만약 도를 깨닫게 되면 **'아, 이것은 내가 일으킨 마음으로 원래 경계가 없으면 실재하지 않는 마음이구나.'** 하고 쉬어버리는 것입니다.

'마음에 미혹이 없으면 망상은 사라진다.' 미혹이 없다는 것은 근본적으로 아공과 법공을 깨달아야 되겠지만, 일상사에서는 눈앞에 펼쳐진 모든 경계가 자신이 평가한 대로 인식된 것을 모르기 때문에 미혹하게 됩니다. 자기 깜냥만큼 사물을 보고 사람을 판단하기 때문에 의식이라는 붓으로 색·성·향·미·촉이란 다섯 가지 대상을 그리고 탐·진·치를 일으켜 각종 업을 짓는 것입니다. 우리가 업을 짓는 것은 앞에서 얘기한 지(知)가 아니고 여기서 얘기하는 분별 때문입니다. 사물에 대한 분별, 욕탐에 의지한 분별, 분노에 의지한 분별, 어리석음에 의지한 분별로써 색·성·향·미·촉이라는 다섯 가지 대상을 그리게 되는데 이 세계를 판단하는 근거가 색·성·향·미·촉입니다. 이것이 여러분들이 알고 있는 세계의 전부입니다. 다섯 가지 대상과 탐·진·치를 일으켜 거기서 취하고 버리는 온갖 업을 짓게 되는 것입니다.

 '마음으로 사자, 악귀, 염라대왕을 그리고 스스로 마음으로 분별하여 각종 고뇌를 일으킨다. 이것이 중생의 실상으로 해탈이 없고 자유롭지 못한 것이다.' 여기에는 아주 묘한 것이 있습니다. 법당 부처님 뒤에 탱화가 있는데 자세히 보면 붓끝에 필력도 있고 아주 섬세하게 잘 그려졌습니다. 원래는 하얀 백지였는데 화가가 자기 마음에 떠오르는 대로 그림을 그려놓고서는 부처님이 참 거룩하게 보인다고 했었습니다. 우리가 일상생활에서 이렇게 마음을 쓰는 것입니다. 참 묘한 얘기입니다. 자기가 그려놓고 스스로 거룩하다, 흉악하다, 무섭다고 하는 것이 중생들이 쓰는 마음입니다. 색·성·향·미·촉·법에 대해서 경계를 만들어 그림을 그려놓고는 스스로 좋아하고 싫어하는 이런 경지를 일상생활에서 느끼는 현상입니다. 예를 들면 여러분들이 친구를 봤을 때 어떨 땐 친구가 참 좋고 어떨 땐 싫어질 때가 있는데 이것이 앞에서 탱화를 그린 사람과 같이 자기가 그려놓고서 자기가 기분에 따라 좋은 그림으로 보이거나 그렇지 않게 보이는 것과 같은 것입니다.

 그러면 **미혹의 원인이 어디에 있을까요? 바로 자기가 그리는 그 한 생각 일으키는데 있습니다.** 도를 닦는다는 한 생각 일으키기 이전을 깨닫지 못하면 자유로울 수가 없기 때문에 이 이야기를 해주는 것입니다. 마음이나 의식이란 붓으로 지옥을 그린다고 했는데 나는 지옥을 그리는 사람을 참 많이 봤습니다. 오래전에 스님이 청주에 간 적이 있었는데 어떤 여자가 '여기 지옥이 있습니다.'라고 적어 놓고서 사람들을 보고 지옥이 있다고 떠들고 있었습니다. 청주에서 일을 다 보고 가는 길에 보니 그때까지도 떠들고 있기에 옆에 있는 사람에게 내가 '저 사람 죽으면 지옥 간다.'고 그런 적이 있습니다. 우리가 그림을 그리듯이 그 사람은 끊임없이 지옥을 그렸는데 그렇게 그린 것이 어디로 가느냐는 것입니다. 바로 스스로 마음에 그려주는 것입니다. 지옥에 대한 상상을 늘 하고 있는 사람은 그것이 전조가 되어 지옥이라는 안경을 하나 받게 되며 그 눈으로 세상을 보는 것입니다. '이것도 지옥 갈 것, 저것도 지옥 갈 것.'이라고 하면서 자기가 지옥을 만들어 놓고 가는 것입니다. 그래서 **화엄경에 심여화공(心如畵工)이라 하여 마음은 화공과 같아서 온갖 것을 다 그리는데 온갖 것을 그리지 않는 마음, 그것이 부처의 마음이라고 한 것입니다.** 아주 간단명료한 것입니다. 그래서 여러분들은 마음이 어떤 것에도 물들지 않도록 명상을 하고 수행을 하는 것이며, 마음이 자유롭고 깨끗한 거울처럼 대상을 있는 그대로 비출 수 있습니다. 그런데 지옥이라는 그림을 그려놓고 보게 되면 지옥 아닌 것이 없습니다. 안경에다 빨간 색깔 넣고 보면 산하대지가 다 붉게 보이듯이 자기가 지옥을 그려놓으면 자기가 먼저 지옥에 간다는 것입니다. 그러나 마음을 깨닫게 되면 그것이 실재하지 않음을 알기 때문에 그런 것에 속지 않습니다. 그 상태에서는 그냥 알고 있기에 굳이 마음을 일으켜서 마음을 관찰할 필요가 없습니다. '아, 마음이 이걸 반영했구나.'하고 쉬는 것입니다. 쉬고 쉴 뿐입니다. 그래서 깨닫기 이전이 어렵지 깨닫고 나면 마음 닦는 것은 참 쉬운 것입니다.

'만약 마음이 원래 공적하고 색이 아님을 알면 스스로 색이 아니라 자신의 분별이 변화한 것임을 알면 이것이 반야이다.' 마음이 색이 아님을 안다는 것이 무엇일까요? 색의 정체가 여기서 드러납니다. 반야심경에 대하여 제방에서 이야기 하는 것을 보면 색을 물질로 보고 양자역학의 원자에 비유해서 설명합니다. 수행문에서는 그렇지 않습니다.

 '색이란 법처소색(法處所色)을 얘기하는 것이다.' 자기가 마음에 그려서 사람을 볼 때 그 그려진 마음, 그것이 색입니다. 내가 선한 마음으로 사람을 보면 선하게 보이고 악한 마음으로 사람을 보면 악하게 보이는데 이것이 색즉시공(色卽是空)입니다. 색이란 마음이 그려놓은 모양을 말하는 것입니다. 이것을 일반적인 언어로 '선입감'이라 하는데 누구나 갖고 있는 것입니다. 불교인 같으면 이슬람이나 힌두교나 기독교에 대한 선입감이 있을 것이고 그 쪽에서도 불교에 대한 선입감이 있을 터인데 이것이 없어져야 합니다. 이것이 없는 분이 부처님입니다. 부처님을 우상이라 하는 사람은 부처님을 우상이라는 선입감을 갖고 부처님을 보는 겁니다. 이미 다른 사람의 견해에 얽매여서 세상을 보는 법을 배웠기 때문에 자유로울 수가 없습니다. 이것을 없애는 것이 반야지혜입니다. 그래서 반야지혜가 중요한 것입니다. 여러분들이 다른 사람의 견해로 세상을 보면 그것은 노예입니다. **만약 마음이 원래 공적하고 색이 아님을 알면 그것은 스스로 색이 아니라 자신의 분별이 변화한 것임을 알면 이것이 반야다.'** 이 말이 도 닦는 요령을 바로 가르쳐준 것입니다. 일상생활에서 자신의 분별이 변화한 것임을 알고 일념을 딱 쉬면 도를 닦는 것입니다. 오후(悟後) 보림을 할 때도 이 구절을 갖고 도를 닦습니다. 그래서 선입감을 갖고 사람을 보는 것이 가장 큰 죄악입니다. 수행을 통해 반야에 대해 배우지 않는 사람은 자기가 어떤 종교를 열심히 믿는다고 해도, 죄를 심고 있다는 것을 모르는데 그것이 무명입니다. 무명에 의해서 탐욕이 일어나고, 자기 뜻대로 안되면 분노가 일어납니다. 이것을 사탄이니 마귀니 말하는데 잘못된 것입니다.

'반야를 깨치고 싶은가? 존재의 본성, 그것이 공인가 아닌가? 이 의문만 가져도 생사의 세계는 산산이 부셔진다.' 이것은 티벳의 유명한 성자였던 밀라레빠가 말한 것인데 만약 교학적으로 얘기하면 몇 백 명을 주술, 흑마술로 죽였기 때문에 성자가 될 수 있는 사람이 아닙니다. 그런데 선입감 없이 마음도리로 딱 들어보면 금계를 깨뜨려 설사 살생을 했어도 살생한 그 마음 자체가 자기의 참 마음이 아님을 요달하게 되면 마음이 자유로워집니다. 석가모니 부처님 당시에도 앙굴리라마가 99명의 손가락을 끊어서 목걸이를 하고 다녔어도 부처님을 만나고난 뒤 아라한이 되었다고 했습니다. 이것이 불법의 아주 오묘한 점입니다. 천하 없는 죄인도 마음을 깨달으면 죄에서 벗어날 수 있습니다.

제31강 지혜의 주문
(고지반야바라밀다 시대신주 시대명주 시무상주)

 '고지반야바라밀다(故知般若波羅蜜多) 그런 고로 알아라. 반야바라밀다를'

 '반야의 앎은 스스로 아는 것을 알지 못하기 때문에 있는 것이 아니지만, 사물에 대해 알기 때문에 앎이 없는 것도 아니다.' 예전에 여러분에게 '마음의 본성이 무엇이냐?' 하고 물어본 적이 있습니다. 자기가 스스로 알아야 힘이 되는데 이렇게 하면 공부는 한 10년은 떨어질 것입니다. **마음의 본성은 '아는 것'입니다.** 일체 모든 것이 본성이 있는데 영각(靈覺), 신령스럽게 아는 것은 마음밖에 없습니다. 하택신회(荷澤神會:685~760, 6조 혜능의 5대 제자 중 한 분) 스님은 '지지일자 중묘지문(知之一字 衆妙之門)'이라 하여 안다는 것 이 한마디가 온갖 묘한 이치의 문이라고 했습니다. 지(知), 안다는 이 한 글자가 모든 수행의 가장 중요한 핵심이라고 말하는 것입니다. 여러분들이 태어나서 지금까지 배가 고프거나 노래를 부르거나 나이가 많거나 적거나 이 지(知)를 떠난 적이 없습니다. 그런데 그 앎이란 것이 어떤 앎인가 하는 것입니다.

'반야의 앎은 스스로 알지 못하기 때문에', 그런데 이 안다는 자리는 자기가 무엇을 알고 있지만 스스로에 대해서는 알 수가 없습니다. 아는 놈이 아는 놈을 알 수가 없다는 것입니다. 이것을 유식에서는 자증분(自證分), 증자증분(證自證分) 이라고 말하는데 사물에 대해선 뚜렷이 알고 있습니다. 예전에 어떤 보살이 저의 법문 테이프를 우연히 듣다가 법문하는 스님이 누군지 모르겠다고 했더니 그 보살의 남편이 20여년 전에 나하고 잘 알았던 터라 내 목소리를 듣고 기억했다가 어느 스님이라고 가르쳐 주었는데 이것이 아는 것입니다. 이것은 분별로 아는 것은 아니고 그냥 아는 것입니다. 그러니까 사물에 대해서 어떠한 상태에서도 다 알 수 있는 마음이 있습니다.

'시대신주(是大神呪)' 이 반야는 가장 위대하고 신령스런 주문입니다. 천하에 없는 악인도 마음을 닦으면 바로 보살이 되고 부처가 될 수 있는 도리가 이 반야의 힘에 의한 것이기에 가장 위대하고 신력이 있는 주문이라고 한 것입니다. 이것은 중생이 본래 가지고 있는 마음의 주문입니다. 여러분들은 '아제 아제 바라아제' 이것이 주문인 줄 아는데 사실은 앞에서 말한 반야지혜가 언설(言說)로써는 설명할 수가 없고 그 공덕을 측량할 수 없기 때문에 주문이라고 얘기한 것 뿐입니다.

'이것은 중생이 본래 가지고 있는 마음의 주문이다. 이 신주는 마음을 일으키고 생각을 움직이면 근원에서 어긋난다.' 중생들은 이 신주를 본래부터 늘 지니고 있는데 마음을 일으키고 생각을 움직이면 바로 어긋난다는 말입니다. 여러분들도 일상생활에서 마음을 일으키지 않고 생각을 하지 않고 살 수 있습니다. 자기가 쓰는 마음에 자기가 집착하지 않으면 생각을 일으켜도 생각에 물들지 않는 법칙이 있습니다. 남자가 예쁜 여자를 보고 '야, 예쁜데!' 하고는 바로 쉴 수 있어야 되는데 '예쁜데 같이 있었으면…' 하면 이미 물이 들어버리는 것입니다. 생각을 일으키고 생각을 움직여도 거기에 물들지 않는 것이 보살의 경계입니다. 소승은 일으키고 움직이지 않으려고 산속에서 마음을 하나에 딱 묶어놓고 있는데 이것이 근기의 차이라는 것입니다.

'**그대 자신이 마음대로 각종의 애착과 두려움을 일으킬 뿐, 반야에 대한 지혜가 없어서 일으킬 뿐, 일체 대상은 스스로 애착이다, 애착이 아니다, 두려움이다 라고 주장하지 않는다. 마음과 대상이 본래 아무런 관계가 없음을 깨닫는 것이 반야이다.**' 참 묘한 도리입니다. 마음과 대상이 본래 아무런 관계가 없는데도 제 7식 말라식의 습성대로 우리 마음은 항상 대상을 보면 해석을 하고 의미를 부여하려고 하는데, 그것이 망념임을 깨달으면 쉬어버립니다. 이것이 '일념단속 수행'으로써 마음과 대상이 관계가 없음을 알게 됩니다. 여기서 **마음과 대상이 관계가 없다고 한 것은 대상에 대한 내 해석이 쓸모가 없다는 것을 안다는 것입니다.** 예전에 스님이 상원사에 있을 때 어느 노승이 관세음보살을 보여준다고 해놓고 어떤 바위를 보여줬습니다. 노스님은 바위의 모습이 관세음보살과 비슷하게 생겼으니 관세음보살이라고 자기가 그려놓고 존경하는 마음을 일으킨 것입니다. 그런데 저는 '저것은 돌일 뿐 관세음보살이 아니다.' 라고 하여 마음이 대상에 의미를 부여하지 않았기에 대상에서 자유로워진 것입니다. 이런 것이 반야라는 것입니다.

'**이 주를 알고 싶은가?**' 그래서 이 반야는 신령스러워 말로 설명할 수 없으니 주문이라 한 것인데 '이것을 알고 싶은가?' 라고 한 것입니다. 불교에서 재가 거사로서 부처님 경지까지 도를 깨달은 분들이 있는데 인도의 유마힐(維摩詰)거사, 중국의 방거사(방온: 龐蘊,? ~ 808), 우리나라에서는 신라의 부설(浮雪)거사입니다. 그 중 방거사가 깨닫고 나서 그 깨달음을 표현한 시를 소개해드리겠습니다. 반야의 지혜라는 것이 여러분들이 들어보면 참 아무것도 아닌 것처럼 느껴질 수도 있을 것입니다.

'하루하루 하는 일은 다른 것 없고 오직 나 스스로와 친해지는 것.' 이것은 대단히 지극한 얘기로써 우리가 하루하루 하는 일들, 도를 닦는 것이 자기의 본심하고 친해지는 것 밖에 할 일이 없다는 것입니다. 이런 것을 우리가 무학(無學)이라고 하여 아무것도 배울 것이 없다는 것입니다. 여기서는 오직 자기 본래의 청정한 마음과 친해지는 것, 이것이 할 일이라는 뜻입니다.

'무엇이든 취하거나 버리지 않고' 취하거나 버리지 말라는 것인데 곧 집착하지 말라는 말입니다. 우리가 미혹하기 때문에 사물에다 의미를 두고 취하고 버리는 그 마음이 나로부터 멀어지는 것입니다.

'어디서나 틀리거나 어김이 없다.' 마음바탕이 한 티끌도 떳떳하지 않은 것이 없어서 있는 그대로 행동하기 때문에 틀릴 수도 없고 어긋날 수도 없는 것입니다. 잘못한 것은 잘못한 것이고 옳은 것은 옳고 그른 것은 그른 대로 행동을 하는 것입니다. 여러분들은 이 사람은 같은 종교를 믿으니 좋아하고, 저 사람은 나랑 친하니 봐주고, 또 어떤 이는 무엇 때문에 싫어하고 이렇게 되어버립니다.

'옳고 그름을 누가 말해도 산언덕 티끌이 이미 끊어졌노라.' 범부들은 의미를 주게 되면 옳고 그름이 바로 따라 나오는데 마음 바탕을 깨달은 사람은 아무리 상대방이 옳고 그름을 얘기해도 그것은 상대방의 욕구에 의지해서 나온 것이며 스쳐 지나가는 것일 뿐이기 때문에 거기에 관심이 없습니다.

'신통(神通)과 묘용(妙用)이 별 다른 것 없으니 물 긷고 나무하는 그런 것이다.' 산속에서 공부할 때 제일 힘든 일이 먹을 물 길어오는 것과 밥 지을 장작을 패는 것입니다. 산에서는 이것이 자기 할 일이니 마음에 비친 대로 때가 되면 가서 물을 길어오고, 나무하고 장작을 패는 것이 평상의 일입니다. 여기에는 특별한 것도, 신비한 것도, 위대한 것도 없으며 더군다나 기적 같은 것은 있을 수 없습니다. 만약 기적이 있다면 탐욕이 됩니다. 특별한 것을 원하는 마음이 탐욕이고 특별하다는 것에 의미를 부여하고 있다는 것입니다. 기독교에서 부활이나 오병이어 같은 것을 얘기하며 예수가 위대하다고 하는 것을 보면 참으로 이 종교는 진부하고, 지적으로 너무 탁해 보입니다. 중생의 욕구에 맞추는 말만 하기 때문입니다. 그렇게 해서는 나하고 점점 멀어진다는 것을 알아야 합니다.

하루하루 하는 일 다른 것 없고 오직 나 스스로와 친해지는 것.
무엇이든 취하거나 버리지 않고, 어디서나 틀리거나 어김이 없다.
옳고 그름을 누가 말 해도 산언덕에 티끌이 이미 끊어졌노라.
신통과 묘용이 별다른 것 없으니 물 긷고 나무하는 것이다.

이것을 경봉스님 언구로 말하면 **한 생 안 태어난 셈 치고 산다**는 것입니다. 여러분은 태어나 바락바락 한 생 잘 살려고 하니 인생이 고단할 수밖에 없는 것입니다.

'시대명주(是大明呪).' 반야는 밝음만 있음을 설명하고 있습니다.

'마음광명은 우주 어느 곳의 태양보다도 밝고 밝아 비추지 않는 곳이 없다. 사물은 모두 탐욕스런 마음으로 그 모습이 나타나는데 탐욕스런 마음이 안에도 밖에도 그 주변과도 관계하지 않는다.' 겨울이 되면 평창 방면 영동 고속도로가 꽉 막히는데 스키를 타고자 하는 사람의 욕구가 있기 때문입니다. 그래서 내가 일으키는 탐욕이라는 것이 안이나 밖이나 중간에도 있지 않음을 알면 마음이 바로 쉬어집니다. 앞에서 과거 장엄겁, 현겁, 성수겁을 얘기했지만 그보다도 본질적인 것이 이 세계, 이 우주의 시초가 언제인지 알 수가 없는 것입니다. 여러분들이 잠이 들면 꿈을 꾸고 어떤 세계가 만들어지는데 어디서부터 시작되었을까요? 이렇기 때문에 불교에서는 무시(無始)라고 하여 시작이 없는 것입니다. 여러분들이 알고 있는 세계는 여러분이 꾸는 꿈과 같습니다. 지금처럼 낮이라도 잠이 푹 들면 나름대로 세계를 만들어놓고 꿈을 꾸는데 그 세계가 어디서부터 시작되었을까요? 출발선을 그어놓고 거기서부터 시작했을까요? 여러분이 한 생각 본성을 더럽혔을 때 펼쳐진 세계, 이렇게 시간과 공간이 만들어지기 이전에 나타난 세계인데 그것을 10차원이라 해도 되고 12차원이라고 해도 될 것입니다. 그래서 '마음이 안에도 없고 밖에도 없고 그 주변과도 관계하지 않는다.'라고 한 것입니다.

'분별은 공한 것인데 범부는 그 분별로 인해 불탄다.' 우리의 마음이 불타는 이유는 탐·진·치 삼독에 의한 분별 때문입니다. 그래서 부처님이 제자들을 산에 데려가서 산 아래 동네를 가리키면서 '제자들아 저 아래 세계가 불타고 있다. 무엇에 의해서 불타고 있느냐? 탐욕에 의해서 불타고 있고, 분노에 의해서 불타고 있고, 어리석음에 의해서 불타고 있다.' 라고 말씀하셨던 것입니다. 그럼 탐욕, 분노, 어리석음은 자신의 분별에 의해서 나온 것입니다. 나는 인도인이고 너는 파키스탄인이고, 이런 식으로 하여 분별이 일어나면 아무리 옳은 말을 해도 자기가 생각하는 것 외에는 옳지 않다는 결정론이 되면 그때부터는 죄악으로 들어가는 것입니다.

'사물의 옳고 그름은 밖에도 안에도 없으며 다른 것에 있는 것이 아니다. 대상이 자신의 마음에서 일어나는 것을 깨달아라. 이 대명주를 알고 싶은가? 못을 파서 달 나오기를 기다리지 않아도 연못이 되면 밝은 달은 스스로 나타난다.' 이것은 도를 닦아 마음에 도가 나타나도록 노력을 하라는 말입니다.

'시무상주(是無上呪)' 이것이 위없는 주문입니다. 이 세상과 저 세상에서 수많은 주문이 있지만 오직 이것이 가장 뛰어난 주문이라고 한 것입니다. 대지도론(大智度論：인도의 용수보살이 저술한 대품반야경의 주석서)에 반야바라밀다주가 모든 주문 중에서 가장 뛰어난 이유에 대해서 언급한 것이 있는데 이 주문은 다른 주문과 달라서 부처님 법을 깨닫게 하는 공능(功能)이 있기 때문이라고 했습니다. 이것 외에 다른 주문들, 능엄주, 신묘장구 대다라니, 옴 마니 반메 훔, 그리고 외도들이 하는 여러 가지 주문들이 있는데 이런 것들은 세상의 욕구, 인간의 욕구를 만족시키는 한 방편으로써 주문을 주로 사용하는데 **이 반야바라밀다주만은 세상의 욕구를 뛰어 넘는 것을 목표로 설했기 때문에 반야의 지혜로 세상의 무명과 어리석음, 탐심, 분노, 이런 것들을 다스릴 수 있는 지혜를 주는 주문이라고 하여 이 세상에서 어떤 것도 견줄 수 없다는 것입니다.** 그리고 또 세상의 많은 주문은 자기가 필요로 하는 인연사를 얻기 위해서 번뇌를 일으키기도 하고, 또 흑마술 같은 것은 주문으로 상대방을 저주하기도 합니다. 티벳의 밀라레빠 같은 경우도 처음에는 대성자가 아니었고 자기 집안의 재산을 빼앗고 핍박했던 친족들을 멸망시키기 위해서 주문을 배워 많은 사람을 죽였습니다. 세상에서 사용하는 주문이란 결국은 어떤 한 인간, 개인의 욕구를 만족시키기 위해서 쓰는 것에 지나지 않기 때문에 그런 주문들은 퍼지면 퍼질수록 사람들을 살상하고 멍들게 하고 또 고통 속에 뛰어들게 합니다. 이 반야주 만은 그것을 뛰어넘는, 마치 탁한 물에 여의주를 넣으면 그 물이 맑아지는 것과 같은 그런 공능이 있기 때문에 위없는 주문이라고 하는 것입니다. 그래서 이런 주문들은 보통 정신을 모아서 되는 주문이 아니고 반야의 밝은 마음이 있어야 되기 때문에 부처님만이 할 수 있고 그래서 시무상주인 것입니다.

'일체 만법이 이 마음의 주문을 벗어나지 못한다.'

일체 만법이라는 것은 일체 중생들이 쓰는 마음이며 그 마음들은 탐욕과 분노에 물들어 있는데 이 주문을 외우게 되면 그 탐욕과 번뇌가 사그라지기 때문에 이 마음의 주문을 벗어나지 못한다고 한 것입니다.

'어떤 것이 이 무상주인가?' 무상주의 정체를 알려면 무상주가 무언가를 알아야 되는데 무상주라는 것이 지혜를 의미합니다.

'의식이란 붓으로 색·성·향·미·촉이라는 다섯 가지 대상을 그린 다음 그것을 보고 탐·진·치 삼독을 일으키고, 어떤 때는 넋을 잃고 바라보고, 어떤 때는 마음이나 의식으로 분별하여 각종 분별을 일으킨다. 만약 마음이나 의식이 원래 공적하여 대상으로 보여지는 모습이 없음을 알면 이것이 도를 닦는 것이다.'

우리가 도를 닦는다고 했을 때 첫째는 마음에 욕탐이 없는 것이고 둘째는 욕탐이 없어진 상태에서 나타난 밝은 마음, 그 지혜를 말하는 것이니 그것이 무상주라는 것입니다.

 '색은 그것이 스스로 색이 아니라 자기 마음이 변화한 것이다.' 우리가 단풍이 든 산이나 사람을 볼 때 그 산색은 스스로 아름답다고 한 적이 없는데도 바라보는 사람이 자기 욕구나 조건에 맞으면 좋은 날씨, 좋은 산색, 좋은 사람이라 하고 욕구에 맞지 않으면 나쁜 날씨, 싫은 산색, 싫은 사람이라고 분별을 합니다. 우리가 좋거나 싫다고 하는 그 분별이 게재되지 않았을 때 산을 보아야 되지만 그렇게 못 보기에 결국 이것은 색은 스스로 색이 아닌 것을 증명하는 것입니다. 그래서 많은 사람이 마음을 닦는다고 하지만 지혜가 없이 마음을 닦게 되면 마음을 모으는 연습만 하게 되는데 그것을 **'고요함에 탐착한다.'**고 하는 것입니다. 왜냐하면 마음이 고요한 것을 생각하면 고요함이 나타나고, 마음이 공을 생각하면 공이 나타나며, 더러운 것을 생각하면 더러운 생각이 일어납니다. 그 모든 것이 마음에 의지해 마음은 일찍이 그런 것에 영향을 받은 적이 없다는 것입니다. 그래서 옛 스님들은 화엄경의 육상원융(六相圓融:모든 존재는 여섯 가지 상, 즉 총상, 별상, 동상, 이상 성상, 괴상을 갖추고 있으며 이 육상은 전체와 부분, 부분과 부분이 한 몸이 되어 원만하게 융화 되어 있다.) 에서 그것을 설명할 때 금을 가지고 금사자나 금팔찌를 만들어 좋다고 하지만 금 자체는 금사자도 금팔찌도 아닌 금일 뿐입니다. 그래서 이 금일 뿐인 마음을 체득을 해야 세상의 만 가지 법이 오더라도 그것에서 벗어날 수가 있고 그것을 부릴 수가 있습니다. 이것이 무상주이며 지혜를 뜻하는 것입니다.

제32강 시무등등주(是無等等呪)

'시무등등주(是無等等呪)' 등(等)은 가지런하다, 비슷하다, 대등하다는 의미로써, 무등등주는 어떠한 것과 비교할 수 없는 주문이라는 뜻입니다. 여기서 비교할 수 없는 것은 인간들이 가지고 있는 바로 유위(有爲)의 마음입니다. 유위의 마음은 조작하는 마음, 의도적인 마음, 욕탐이 붙은 마음인데 그 마음으로는 부처님의 마음이나 성현의 마음을 대적할 수가 없습니다. 왜냐하면 성현의 마음은 흔들리지 않지만 중생의 마음은 끊임없이 경계에 따라 흔들리기 때문입니다. 어려서 친하여 서로 의지하던 친구가 나이 들어서는 변해 있고, 또 나이가 들어 의지하는 사람이 옛날에 내가 미워했던 사람일 수도 있는데 그것은 변하는 마음, 유위법이기 때문에 그렇습니다. 의도를 가지고 쓰는 중생의 마음은 언제든지 변할 수가 있습니다. 이것을 뒤집어 보면 선한 마음도 악하게 변할 수 있는 것이며, 악한 마음도 선하게 변할 수 있는 것이 중생의 마음입니다. 그런데 성현이라든가 부처의 마음은 이 마음이 아닙니다.

당나라 때 동산스님이 어느 도량에 초청을 받아 조실스님으로 가셔서 15년을 담담히 머무셨습니다. 도를 닦은 사람은 경계가 오면 비춰서 그 경계에 따라서 시절인연을 베풉니다. 조금 전에 어떤 보살이 와서 앉아 있는데 목을 지탱하는 것만으로도 몸이 아프다고 하여 그 사람에 맞춰서 몸을 어떻게 하는 것이 좋겠다고 말을 해주었습니다.

내 생각에는 젊은 사람들은 MP3나 휴대폰, 컴퓨터를 만지작거릴 것이고, 나이든 사람은 신문이나 잡지, TV 같은 것을 볼 것이며, 조금 학식을 좋아하는 사람은 책을 볼 것입니다. 그런데 도를 닦은 사람은 그냥 담담히 있습니다. 그런데 여러분들은 이것이 이해가 안 갈 것입니다. 그냥 담담히 있는 사람에게는 의도적으로 흔들리는 마음을 가진 사람이 쓰는 마음이 훤히 보이지만, 흔들리는 마음을 가진 사람은 담담히 있는 사람이 도대체 무슨 생각을 하는지 알 수가 없습니다. 담담한 사람은 생각을 안 하는 것이 그 사람이 하는 행위입니다. '길 없는 길'을 쓴 소설가 최인호가 경허스님이 도를 깨닫고 난 뒤 했던 딱 한마디 '내가 할 일은 아무것도 하지 않는 것'이라는 것에 반해서 경허스님의 일대기를 썼다고 합니다. 이것이 참으로 어려운 것입니다. 그럼 반대로 아무것이라도 하는 것은 여러분 마음입니다. 그것은 아주 쉬운 것입니다. 뭔가 짓고, 까불고, 얘기하며 생각을 굴리는 것이 모두 여러분의 마음이지만 도를 닦는다든가 수행을 한다든가 지혜를 얻는다는 것은 무위라 합니다.

그런데 이 동산스님이 15년을 그곳에 가만히 계셨는데 어느 날 홀연히 부엌에 가고 싶어 나갔다가 거기에 누가 쌀을 몇 알 떨어뜨려 놓은 것을 보았습니다. 우리가 어려서는 쌀 한 톨이라도 함부로 땅에 버리게 되면 그것이 다 썩을 때까지 제석천이 한발로 합장하고 서 있다고 교육을 받았습니다. 제석천은 하늘의 하느님인데 그 하느님이 한 발을 든 채로 그 쌀을 들고 다 썩을 때까지 합장을 하고 있다고 하니 쌀 20알만 떨어뜨려 놓으면 한 두어 달은 갑니다. 지금은 먹는 것이 풍족하여 그런 것에 관심이 없습니다. 스님이 승려생활한지 40여년 정도 되는데 그 옛날에 처음 수계 하고 옷을 받았던 그 옷감이 포플린, 새로운 모직물이었습니다. 그래서 그 승복이 아주 질기고 좋다고 신나서 동네방네 입고 자랑한 적이 있었습니다.

그래서 동산스님이 그것을 보고는 **'누가 아까운 쌀을 버렸나?'** 하면서 홀연히 한 생각을 딱 일으켰는데 그때 어떤 노인네가 나타나서 합장하고 인사를 하는 것이었습니다. 동산스님이 '노인장은 누구시오?' 하고 물었더니 '제가 이 도량을 지키는 도량신입니다.'라고 하여 '그런데 왜 나타났소?' 라고 되물었더니 '아, 스님이 새로 오셔서 스님을 뵈려고 15년을 기다렸는데 볼 수가 없는데 오늘 염심을 한 번 일으키시니 지금에야 비로소 인사를 드립니다.'라고 했습니다. 이것이 도인이 귀신 눈에 안 띄는 도리입니다. 여러분들이 상가에 가면 귀신 눈에 띄거나 상문살 같은 탈이 붙을까 하고 그 염심을 끊임없이 일으키는데 도를 닦은 사람은 그 염심의 근원을 압니다. 도를 깨닫는다는 것은 그 염심이 실재하지 않음을 자기가 온 몸으로 체득을 하는 것입니다. 그것을 체득한 사람은 마음을 쓰지만 물들지 않습니다. 동산스님 정도 되면 조동종을 창시한 분이고 대단히 마음이 깊고 맑으며 고요함이 있는 분이니 설사 부처님이 온다 해도 마음을 일으켜서는 안 되는 스님입니다. 그 경계에서는 부처가 오면 부처를 베고 조사가 오면 조사를 물리칠 수 있는 정도로 자기의 맑은 마음바탕에 의지하고 있어야 도인인데 그 쌀알 몇 알 떨어진 것을 보고 홀연히 아깝다는 생각을 일으켰다가 신장의 눈에 띄어버린 것입니다. 그 짧은 순간에 쌀 한 알이 아까운 생각이 일어나서 귀신의 눈에 띄었던 것입니다. 그런데 귀신 눈에 안 띄는 방법이 있습니다. 사람이 왜 귀신 눈에 띄는가 하면 귀신은 사람의 몸을 절대 못보고 귀신이 볼 수 있는 것은 사람에게 일어나는 생각만 봅니다. 그러면 사람은 어떻게 귀신을 볼까요? 사람은 귀신의 몸을 절대 볼 수가 없고 다만 사람이 현재의 의식이 어떤 원인에 의해서 혼란스러워져 잠재적인 마음이 발동할 때 귀신을 보게 됩니다.

예를 들어 공동묘지 같은 으슥한 곳에서는 자기 스스로 마음을 일으켜 으스스한 느낌과 귀신이나 무언가 있을 것 같은 생각이 일어나는 순간에 현재 의식이 약화되면서 잠재의식 세계로 자기가 빨려들어 가게 되고 그 세계에 있는 귀신이 보이는 것입니다. 무당을 영매라고 하는데 그런 사람은 현실 감각이 없는 사람이어서 귀신 씨나락 까먹는 소리만 하는 것입니다. 원래 그럴 수밖에 없는 것이 그런 사람은 잠재의식에 들어가는 신체적 음체를 타고 나서 현실세계보다는 잠재의식에 의지해서 사는 사람이 되고 어떤 귀신이든 쉽게 그 몸에 들어갈 수가 있는 것입니다. 그런데 도를 닦는 사람 몸엔 못 들어갑니다.

첫째는 반야지혜가 있어서 어떠한 일념이라도 허망한 것임을 알기 때문에 쫓아가지 않아 마음이 항상 텅 빈 허공이 되니 귀신이 그 허공을 볼 수가 없습니다. **거기에 구름이 일어나야 '아, 저것이 흰 구름이다, 탁한 구름이다.' 라고 알게 됩니다.** 그래서 비교할 수 없는 주문이라는 것입니다. **그 텅 빈 자리에 들어간 사람은 아무도 알아 볼 수가 없다고 한 것입니다.**

옛날 당나라 숙종황제 당시에 신통이 자재한 사람이 있었다고 합니다. 전등록(傳燈錄: 과거 7불부터 인도 28조 중국 6조를 거쳐 북송 초기에 이르는 1701명 조사들의 깨달음에 관한 이야기를 모은 전집)에 보면 이 사람이 과거 가섭불 시대에 수행자인데 지혜가 없이 마음을 집중하는 수행만 하다가 그 세계의 산천이 무너지고 개벽을 하면서 용암이 흘러 정에 들어 있는 그 사람을 덮었는데 그것이 굳은 상태로 바위 속에 묻혀 있었습니다. 석가모니 부처님 시대까지 한 50억년이 흐른 뒤 중국 사람들이 길을 낸다고 바위를 깼는데 정에 든 사람은 절대 죽지 않으니까 그 사람이 바위에서 툭 튀어나온 것입니다. 당나라 숙종 황제가 이 사람을 장안으로 데려와 신통을 시험해보니 굉장히 뛰어나 육조 혜능스님의 직제자였던 당시 남양혜충국사에게 신통을 잘 부리는 사람이 있으니 한 번 만나보기를 권했다고 합니다. 그래서 남양 혜충국사가 그 사람에게 '당신이 사람 마음을 아는 타심통을 가졌다는데 내가 지금 어디 있는지 한 번 알아 맞춰보시오.' 하고서 장안의 어느 다리 위에 아름다운 여인들이 우산을 받치고 걸어가는 모습을 생각하니까 그 사람이 그걸 맞추었고, 또 깊은 산 속의 원숭이가 뛰어노는 광경을 생각하니까 그것을 맞추었습니다. 그러다가 남양혜충국사가 앞에서 얘기한 이 무등등주, 한 생각에도 물들지 않는 자기 본성에 딱 머무르니 '자수용신(自受用身: 수행이 완성되어 복덕과 지혜가 원만하고 밝아 늘 진리를 관조하여 스스로 그 법락을 받는 불신)'이 되어 볼 수가 없었습니다. 몸은 그 자리에 있는데 그 사람의 마음은 어디 있는지 알 수가 없는 것입니다. 그래서 남양혜충국사가 '자네가 익힌 것은 도깨비 같은 흔들리는 마음으로 흔들리지 않는 마음은 꿈에도 못 보니까 너는 아직 도에 멀었다.'고 하며 쫓아버렸다는 기록이 있습니다.

제33강 능제일체고(能除一切苦)

'어떠한 주문도 이 주문과 비교할 수 없다고 한 것은 이 주문은 마음의 본성을 스스로 경험해야 하는 것이기 때문이다.' 마음의 본성은 말로 하면 참 어려운 것 같지만 사실은 한 순간에 알 수가 있는 것입니다. 스님이 누누이 얘기하지만 이것은 수행을 많이 했다고 해서 알 수 있는 것도 아니고 수행이 없다고 해서 알 수 없는 것도 아니며, 이것은 다만 한 생각 돌이켜 자기 자신을 비추는 데에 있는 것입니다. 그래서 이것을 비추게 하기 위해서 '이뭐꼬' 화두를 줍니다. '이뭐꼬' 화두도 잘못 들어서 계속 이뭐꼬, 이뭐꼬 하는데 그것은 화두가 아니고 '화미'라 합니다. 이뭐꼬 화두를 들 때 '이 놈, 밥 먹는 것이 이뭐꼬. 나라는 것이 이뭐꼬.' 이렇게 하게 되면 밥 먹고 말하는 데 쫓아가게 되기 때문에 경계를 따라가는 마음이 되어 백년, 천년을 들어도 근본으로 돌아가질 않습니다. 그럼 화두란 것은 뭐냐? 이뭐꼬 화두를 할 때 밥 먹을 줄 아는 이놈, 밥 먹을 줄 아는 자리가 있는데 그 자리를 비추면서 이뭐꼬 해야 됩니다. 밥 먹는 것이 이뭐꼬, 무엇을 하는 것이 이뭐꼬가 되어 경계를 쫓아다니면 화미를 든다고 하여 선가에서는 그것을 죽은 구, '사구(死句)'라 합니다. 그런 생각으로 공부를 해봐야 도를 이룰 수 없다는 것입니다. **'마음의 본체는 기본 되는 체가 없다.'** 여러분들이 본성을 너무 모르고 나라는 것이 고정된 실체가 있다고 하는데 마음의 본성을 깨달으려면 먼저 그 견해가 깨어져야하기 때문에 여기서 마음의 본체는 기본 되는 체가 없다고 한 것입니다. 여러분들이 잠이 깊이 들어 꿈도 없고 생각도 없을 때 '너는 누구냐?'라고 물어보면 뭐라 할 것입니까? 우리가 알고 있는 것은 전부 경계에 따라서 아는 마음이 나온 것입니다. 여러분들이 여기에 오면 제불선원, 스님, 부처님, 반야심경법회 같은 것을 생각하는데 이것들이 모두 여러분이 일으킨 생각이고 아는 마음인데 만약 제불선원이라 할 때 제불선원이라는 이름을 붙이지 않았다면 여러분들이 제불선원이라는 마음이 여러분 마음에 일어나지 않습니다. 인연 따라 일어난 마음이라는 것입니다. 여러분들이 누가 예쁘고 곱다고 느껴질 때 그 예쁘고 고운 것이 실재한다고 믿으면 상대방에 대한 애착과 집착이 일어나게 되고, 또 누가 밉고 싫을 때 밉고 싫다는 것이 실재한다고 생각하면 상대방을 원망하고 미워하는 마음이 생겨납니다. 그런데 이러한 예쁘고, 곱고, 밉고, 싫은 마음은 내 입맛, 즉 자기 욕구에 맞추어 나온 것입니다. 여러분들이 노란 안경을 끼고 사물을 보면 다 노랗게 보이고 파란 안경을 끼고 사물을 보면 다 파랗게 보이는 것과 같습니다. 그러면 어떤 안경도 끼지 않았을 땐 어떻게 보일까요? 이것이 굉장히 중요한 것입니다. 여러분들이 마음을 닦는다고 했을 때 어떻게 해야 되는지 지금 방향을 얘기해 주는 것입니다. 우리는 대상을 볼 때 한 꺼풀 씌어서 보는데 그 꺼풀의 기본이 내 마음대로 보고 싶어하는 것입니다. **오랜 세월동안 자기 하고 싶은 대로 하고 사는 것이 중생이며, 자기 하고 싶은 대로가 의지하고 있는 것이 바**

로 '나다'라는 한 생각입니다. 그래서 수행을 통해 나라는 것을 비우면 나라는 마음으로 지어놓았던 그 업력이 의지할 곳이 없으니까 사라져 버리는 것입니다. 이것이 진짜 참된 것이고 업이 바로 소멸되는 가장 빠른 첩경입니다. 옛 스님은 그런 마음을 무심이라고 합니다.

'우리가 아는 마음은 현상이 비춰진 것일 뿐이다.' 현상이 있고 거기에 대해서 어떠하다는 분별심이 일어났다는 말입니다.

'일체법이 있다고 생각할 때도 그것은 스스로 있는 것이 아니다. 다만 마음이 있다고 독단 하는 것에 불과하다. 그래서 이 무등등주를 알고 싶은가? 삼이 세근이다.'

이것은 선구로써 참선 수행하는 사람들한테 수행 주제를 주기 위해서 나온 것입니다. 동산수초 스님이 삼을 저울에 달고 있었는데 어떤 젊은 스님이 도인스님한테 와서 '어떤 것이 불법의 진짜 뜻입니까?' 하고 물었는데 '삼서근이다.' 이라고 답했습니다. 이것을 알게 되면 이 무등등주를 알 수 있습니다.

'능제일체고(能除一切苦).' 이것을 알게 되면 일체 고통을 제거합니다. 얼마 전에 어느 스님이 전화가 와서 도를 못 깨달아 마음이 답답하다고 했는데 이런 고통이 도를 깨달으면 사라진다는 것입니다.

'삼세제불이 출세하신 것은 중생의 일체 고통을 없애기 위해서이다.' 그런데 일체고통을 없애려면 고통이 무엇에 의지하고 있는가를 알아야 합니다. 일체고통은 내 욕구, 내 분별에 의지하고 있는 것입니다. 나라는 분별에 의지해서 거기서부터 내 생각이 나오고, 내 생각에 의해서 취하고 버리는 마음이 나오며, 취하고 버리는 마음이 나옴으로 인해서 욕심이 이루어지면 즐겁고 그렇지 않으면 괴로워서 눈물도 흘리는 것입니다.

 '무엇으로 없애는가?' 삼세제불이 중생의 고통은 바로 지혜로 없애는 것입니다.

 '원래 그림의 도구 속에는 두려워할만한 것은 아무것도 없는 것이다. 다만 스스로 망상으로 그렇다고 생각하고 있는 것에 불과하다.' 요즘 어린아이들이 절에 잘 가려하지 않는 이유 중에 신장과 같이 무서운 그림을 탱화에다 그려놓는데 어른들은 몰라도 어린아이 입장에선 그게 진짜 무섭다는 것입니다. 그런데 중생이 이 세상에 대하는 태도가 그와 같다는 것입니다. 원래 바깥에는 실재하는 것은 없어서 두려워할 만한 것이 아무것도 없는데 자기 스스로 망령되이 생각하는 것일 뿐입니다.

 '만약 마음이 귀중하다고 생각하는 것이 있으면 천한 것도 있게 된다.' 이것은 아주 아이러니하게도 내가 행복하게 살고 싶으면 내가 비천하게 살 수 있는 것도 같이 나타난다는 것입니다. 그래서 진짜로 행복하려면 행복과 비천, 두 가지 다 추구하지 않아야 됩니다. 앞에서 언급한 동산스님이 떨어진 쌀을 보고서 마음을 일으키기 이전 마음과 같이, 귀천에 대한 것을 한 생각도 마음에 담아두지 않는 상태가 되어야 합니다.

 '만약 마음에 좋다고 생각하는 것이 있으면 싫은 것도 있게 된다.' 절간에 보살들이 특히 누가 맘에 들고 누구는 싫다고 입방아를 찧고 하는데 그러면 그 상대도 그렇게 생각합니다. 여러분들이 모르지만 사람과 사람이 딱 부딪힐 때는 그 사람이 가지고 있는 오로라와 내 오로라가 먼저 접속을 하여, 내가 판단을 내리기 이전에 느낌으로써 벌써 상대에 대하여 어떻게 대해야 되겠다는 것이 스스로 컴퓨터처럼 다 계획이 돼 있다가 겉으로 나타납니다. 미혹한 사람은 그게 얼굴에 다 나타나고, 조금 지혜로운 사람은 입으로는 비단 같이 말은 하거나 웃고 떠들고 하는데 그렇지만 감각에 예민한 사람은 2m 앞에서 서로 부딪히면 몸에서 나타나는 방사체가 있어서 대상의 내면이 어떻다는 것을 알아봅니다. 그런데 여러분들은 너무 탁하고 어둡게 살아서 그걸 모르지만 공부를 오래오래 해보면 그런 것들이 예민하게 느껴지고 대상을 어떻게 다루어야 되는지 계산 없이 나오게 됩니다. 그래서 꾸짖을 사람은 그때 꾸짖고 칭찬할 사람은 칭찬하고 달아볼 사람은 달아보고 합니다.

'만약 마음이 어떤 것을 선으로 생각하는 것이 있으면 일체의 것은 불선이 된다.' 우리가 어떤 대상에 대하여 마음으로 선이라고 했을 때는 자기주관으로 만든 선일 따름입니다. 이스라엘과 팔레스타인의 하마스가 전쟁을 하는데 이스라엘 사람들은 팔레스타인에 폭격을 하여 민간인 어린아이들이 죽고 다쳐도 그 사람들한테는 그것이 선입니다. 만약 선이 있다고 하면 나머지 것은 다 불선이 되는 것입니다. 그런데 또 바꿔 얘기하면 독일이 과거 유태민족을 학살했을 때는 독일 입장에선 그게 선이었고 자기네는 그때 불선을 당했는데 그런 것은 까마득하게 잊은 것입니다. 자기 안경으로 사람을 판단하고 세상을 보게 되면 그런 위험이 많다는 것입니다. 그런 것에 머물지 않으려면 선이나 악에 물들지 않은 마음이 살아나야 합니다. 금강경에서는 '응무소주 이생기심(應無所住 而生其心)', 머무는바 없이 마음을 일으키라고 했습니다. 깊게는 무지한 마음에 머물지 않아야겠지만 일상생활에서는 선악을 분별하는 자기마음에 머물지 않고 마음을 쓸 줄 알아야 합니다. 상대방이 눈앞에서 자기 흉을 봐도 마음이 거기에 머물지 않으니까 밝게 대할 수 있습니다. 그릇이 완전히 차이가 나는 것입니다.

'만약 마음이 하나의 것과 친하면 일체의 것은 미움이 된다. 만약 이 색에 머물지 않으면 색 아닌 것에도 머물지 않는다.' 색에 머물지 않는다는 것은 눈에 보이는 것에 집착하지 않아서 눈에 보이지 않는 것에도 집착하지 않는다는 것입니다. 자기는 아무 노력을 하지 않고 부처님이나 하나님한테 기도하면 다 이루어진다고 하는 경우 이것이 보이지 않는 것인데 이런 것에도 머물지 않아야 합니다. 지혜로운 사람은 자기가 밥을 안 먹는데 자기 배가 부를 수 없음을 압니다.

'만약 마음에 머무는 것이 있으면 그것은 얽매임이다.' 한 터럭 끝이라도 마음에 무엇을 붙들려고 하면 그건 무명(無明)이란 말입니다. 스님이 옛날에 남산 독서실에서 금강경을 읽다가 깨달은 얘기는 자주 해서 다 알 것이고 대학교에 들어가서 1학년 때 남해 보리암에서 21일 기도를 한 적이 있었습니다. 그때 가삼이라는 비구니 스님이 한 15년인가 30년 공부를 했다고 했습니다. 그 스님 공부가 어떠한지 얘기 해보려고 가는 도중에 스님이 능엄경을 읽고 있었는데 그 소리를 들으면서 모든 것을 머무는 바 없는 자리에 비추어보았습니다. 그런데 능엄경에서 '마음도 아니고'라는 소리를 듣는 순간 이제까지 내가 마음이 도라고 했던 생각이 사라져 버렸습니다. 이것은 도를 닦는데 있어서 마음이 도라고 하면 그 마음까지도 의지하는 바가 되기에 그것까지도 사라져야 된다는 것입니다. 그것이 사라져야 비로소 천지와 내가 한 뿌리가 되는 그런 기특한 도리가 나오게 되는 것입니다.

만약 마음이 머무는 것이 있으면 그것은 얽매임입니다. 그래서 도라는 것에까지도 머물면 안 된다는 것입니다. **자기가 깨친 도리까지도 거기에 머물면 그것은 자기가 맛본 것이기에 자기가 사라**

진 다음의 도가 아닌 내가 깨달은 도, 내 입장에서의 도라는 것입니다. 도를 수행하거나 공부하는 사람이 종종 빠지기 쉬운 함정입니다. 공부를 하다가 어떤 시원한 경계라든가 완연한 경계를 탁 맛보게 되면 알았다고 하는데, 안 것까진 좋은데 누가 알았느냐는 것입니다. 내가 알았다고 하면 아직은 그건 도가 아닙니다. 내가 알았다는 마음이 사라져야 합니다. 그래서 **'공하되 공하였다는 그것조차도 공하다.'**라고 말하는 것입니다. 이것은 참으로 순진하여 티끌 없는 마음이 되어야 합니다. **여러분들은 어느 스님한테서 몇십 년 공부를 했고 도를 닦고 법문을 들었다고 말 하는 것은 그건 자기 탐욕일 뿐입니다.** 오죽 못났으면 몇십 년을 도를 닦는데도 그 스님의 도를 못 보고 못 깨닫고 있을까요? **탐욕이 많고 어리석어서 못 보는 것입니다.**

제34강 진실불허 고설반야바라밀다주
'아제 아제 바라아제 바라승아제 모지 사바하'

'만약 마음이 대상을 가지면 그것은 계박이다.' 이것은 얽혀서 꼼짝을 못한다는 말입니다. 깨달은 도인조차도 그것을 주장하면 얽혀 버리는 것입니다. 그래서 금강경에서한 마디로 딱 그려놓았습니다.

'수보리야 네가 아라한과를 얻었느냐?'

'아닙니다. 저는 얻지 않았습니다. 제가 만약 아라한과를 얻었다고 하면 부처님께서 저를 아라한이라고 부르지 않았을 것입니다.'

얻을 내가 사라지고 없는 그것이 참 도라는 것입니다. 그래서 도를 아는 사람은 상대방 언구만 봐도 이 사람이 책을 많이 보고서 하는 말인지 조금은 도의 맛을 봤는지 알 수가 있습니다. 나오는 언구 자체가 아무리 속이려고 해도 내 입장에서 하는 얘기와 그것이 사라진 것을 맛보고 하는 얘기하고는 다르다는 것입니다.

일체 고통이 여기를 어떻게 들어가겠습니까? 깨달은 도까지도 용납을 안 하는 자리인데 중생의 욕탐이나 어리석음이나 분노로 만들어진 고통이 설자리는 어디에도 없습니다. 일체 고통이 지난밤 꿈 속 같은 것이고, 아침이슬과 같으며, 번갯불처럼 스쳐 지나가는 것입니다. 도인도 몸이 아플 때가 있습니다. 몸을 가지고 있을 때 물질의 영향을 안 받는다면 그것은 외도입니다. 그렇지만 그것이 번갯불과 같음을 알아서 그것에 머물지 않습니다. 고통은 있되 근심은 없는 것이 도인의 몸입니다. 중생은 근심도 있고 고통도 같이 갖고 있는데 이것이 깨닫지 못한 사람의 단상입니다.

'만약 마음이 이치를 중요하게 취급하면 이치가 그대를 억압하고,' 절 도깨비 보살들이 절에 처음 오는 사람에게 이것저것 가르치다가 방석을 조금 삐뚤게라도 하면 큰일 날것처럼 와서 꾸짖고 하는데 그것이 욕먹을 일은 아닙니다. 그냥 자기가 참으로 진실할 것 같으면 자기가 바르게 해 놓으면 되는데 꼭 와서 시비를 합니다. 이런 사람은 가는 곳 마다 자기는 안하면서 그건 이래야 되고 저래야 된다고 합니다. 만약 이같이 이치를 주장하게 되면 나머지 사람은 다 원수가 되어버립니다. 여러분들이 사람들과 왜 적을 만들게 되는지 가만히 들여다보면 사물을 해석하는 순간 자기 의도가 들어가서 그것과 맞지가 않으면 화가 나게 됩니다. 도인은 아예 해석을 하지 않습니다. 해석을 하는 순간부터 나와 너, 나와 하늘, 이렇게 주관과 객관으로 반드시 편이 갈라져 버리는 것을 알기 때문입니다. 여러분들의 습성 중에서 제일 제어하기 어렵고 힘든 것이 의미를 갖고 상대방에게 얘기를 하는 것입니다. 자칫하면 그때부터 원수가 되는 것입니다. 친구와 친하게 잘 지내다가도 누가 '그 친구가 너를 속였어' 라는 말을 듣고서 괘심한 생각이 들고 화가 나서 '너 왜 나 속였냐?' 라고 하면서 의미를 주는 순간에 친구는 '내가 널 언제 속였냐?'하고 서로 싸우게 되는 것입니다. 여러분들이 사람이나 사물에 대하여 이렇게 의미를 부여하는 것입니다. 그냥 물과 같이 높은데 있으면 내려가고, 낮은데 있으면 고이고, 막힌데 있으면 돌아가고 자기주장 없이 의미를 두지 않아야 합니다. 그런데 여러분들은 높은데 있으면 높은데 있다고 뭐라 하고, 낮은데 가면 낮은 곳에 있다고 말을 하는데 이것은 말도 안 되는 전도몽상입니다. 여러분들은 이치에 억압을 당하며 살면서도 '아, 나는 그래도 착하고, 올바르고, 도를 닦으며 살고 있어.' 하면서 계속 그렇게 살고 있는데 거기에는 공통분모가 있습니다. 바로 '나'입니다. 나란 것이 일어나면 이치를 따지게 됩니다. 내가 사물을 볼 때 무심히 보지 않고 사물에 대해서 의미를 부여 하려합니다. 그래서 도를 깨달을 수 없는 사람 중에서 한 예로 시인들은 사물에 대해서 끊임없이 미추를 보기 때문에 도를 깨달을 수 없습니다. 현대 사회가 정서적으로 아주 각박하여 시를 쓴다고 하면 우아해 보일 수도 있고 정서상으로는 좋을지 모르지만 도 닦는 입장에선 좋은 것과 싫은 것에 대한 강한 편 가르기 하는 심상만 키울 뿐입니다.

부처님 당시에 부처님이 어느 마을에 갔는데 서커스 하는 사람들을 만나게 되었습니다. 그중 한 사람이 높은 장대 위에서 서커스를 하며 사람들을 웃겼다 울렸다 하다가 장대 위에서 부처님을 보았는데 그 위의가 너무 훌륭하여 서커스를 마치고 내려와서 부처님께 궁금한 것을 여쭤보았습니다.

"부처님, 저는 평생 사람을 즐겁게 했으니까 다음 생에 죽으면 천상 간다는데 맞습니까?" 부처님이 대답을 하지 않았습니다. 세 번을 물었는데도 대답을 하지 않아서 막 조르니까 부처님이 "너는 법에 의지해서 지옥에 갈 것 같다." 라고 했습니다. 이것이 여러분들이 사는 법과 성현들이 생각하는 법이 다른 점입니다. 언뜻 봐서는 우리를 기쁘게 하고 긴장도 풀게 했으니까 좋은 일을 한 것 같은데 왜 그러느냐고 물어보는데 이런 것들을 두고 반야심경에서 전도몽상 되었다고 얘기하는 것입니다. 그 물음에 대하여 "너는 사람의 마음에 기쁨과 슬픔을 나누는 그 집착심을 더 심어주었을 뿐이지 마음의 욕탐이나 번뇌가 쉬는 것을 방해한 죄가 있다."라고 했습니다. 이것은 아주 무서운 얘기입니다. 그래서 처음 스님이 되어 받는 사미 10계에 보면 노래하고 춤추지 말라는 대목이 나옵니다. 이것은 마음 바탕이 원래 명정한 것인데 그 명정한 것에 어떤 그림을 하나 그려놓고 그것이 좋은 곳이라고 물고기 떼처럼 계속 몰아가서 마음을 더럽히게 되고 마음을 닦을 생각을 일으키지 않게 하기 때문입니다. 이 자리에서는 제대로 도 닦는 사람이 없습니다. 현대 사회에서는 TV나 컴퓨터 등 매스컴이 아주 발달되어 있는데 서구에서 들어온 이러한 물질문명은 불교식으로 얘기하면 하늘이 만들어준 마구니, 천마입니다. 어떠한 사람도 거기서 못 벗어납니다. 그 테두리 안에서 웃고 울며, 미워하고 사랑하는 이런 것들 밖에 하지 않습니다. 이것이 그 얘기를 하는 것입니다.

 '마음이 무언가를 하나 존중하면 마음은 반드시 천한 바를 갖게 된다.' 인간은 어리석어서 행복하고 좋은 것을 추구하지만 인과적으로 전생에 지은 복이 없이 추구하다 보니 허망한 것이 되고, 또 행복하고 좋은 것을 갖는다 해도 그것은 자기가 지어놓은 복을 소모하는 것에 지나지 않는다는 것입니다.

 '어디서나 돌아갈 길 만나게 되니 언제든지 그 자리가 고향인데' 이것은 굉장히 중요한 얘기입니다. 도를 조금이라도 맛본 사람은 이것이 당연한 것을 알 수가 있습니다. 알기 쉽게 얘기하면 지금 여러분들이 법문을 듣는 이 자리, 미한적도 없고 또 깨친 적도 없는 이 자리, 선과 악이 물들지 않는 자리, 바로 그에 관한 얘기를 하는 것입니다. 여러분들이 어디서 무엇을 하든지 이 자리가 현석을 한다는 것입니다. 우리의 마음자리를 잘 비유해서 말해주는 중국 원나라 때 한시를 하나 소개하겠습니다.

**종일심춘불견춘 망혜답파영두운 귀래소연매화후 춘재지두이십분
(終日尋春不見春 芒鞋踏破嶺頭雲 歸來笑然梅花嗅 春在枝頭已十分)**

해마다 봄이 오기에 하루 종일 봄이 어디 있는지 찾았지만 보지 못하고/ 고갯마루 구름 속을 짚신 신고 헤매다가/ 지쳐 돌아와 매화 향기 따라 웃으며 사립문을 열고 가보니/ 뜰 앞 매화가지 끝에 매화가 핀 것을 보고 천하에 봄이 왔음을 알았다.

'옛날이나 지금이나 드러난 일을 무엇 하러 이리저리 생각하리요.' 깨달음의 자리는 옛날이나 지금이나 항상 있기에 바깥에서 찾을 일도 아니고 찾아서 되는 일도 아니라는 말입니다. 여러분들이 이렇게 되려면 어떻게 해야 할까요? 바깥에서 의미를 찾고자 하는 그 한 생각을 쉴 줄을 알아야 합니다. 얼마 전에 어느 애기보살이 앞으로 인생이 자기 뜻대로 펼쳐지지 않는다는 예언을 듣고 몇날 동안 울었다고 했는데 왜 그랬을까요? 자기 마음의 의미를 찾아가지고 자기 인생을 설계했기 때문에 그런 것입니다. 그것은 중생세계의 일이고 도를 닦는 문에서는 그 생각을 딱 놓아 버리면 새로운 세계가 펼쳐지고 천년만년 쓸 세월이 나타납니다. 그런데 일상생활에서는 사람들이 그런 것을 접할 기회도 없고 알 수도 없으니 자기 뜻대로 안되면 분하고 서러워서 계속 우는 것입니다. 그런데 자기 뜻만 놓아버리면 천하가 태평입니다. 그래서 도인의 경계를 배고프면 밥 먹고 졸리면 자는 것이라 하고 이외에 다른 것을 찾는 것 자체가 자기 욕탐을 연장시키는 것이 됩니다. 인생에 있어서 가장 고

귀한 사람은 욕탐을 이긴 사람입니다. 이 입장에서 보면 자기 욕구가 이루어지지 않았다고 우는 것은 웃기는 일입니다.

'**진실불허(眞實不虛)**' 이러한 주문들이 진실해서 허망한 것이 아니라는 것입니다. 왜냐하면 삼세제불이 다 증명했기 때문입니다.

이리하여 경의 맨 앞 관자재보살부터 여기까지가 현설반야(顯說般若)인데 이것은 언어로써 현실적으로 반야에 대해 설명을 해준 부분입니다.

'**고설 반야바라밀다 주 즉설주왈(故說 般若波羅蜜多 呪 卽說呪曰)**' 여기서 부터는 '밀설반야(密說般若)' 로써 은밀하게 우리는 이해할 수 없는 주문으로 설명하는 부분입니다. 밀교에서는 주문을 좋아하지만 현교에서는 주문을 전혀 쓰지 않지만 깨닫게 하길 위해서 다시 밀설반야를 설하는 것입니다. 그래서 진실불허까지가 229자 이고 그 다음은 깨우침을 주려고 거듭해서 '고설 반아바라밀다 주' 라고 한 것입니다.

주문에 두 가지가 있습니다. 보통 다라니나 주문, 진언 같은 것은 신비한 힘이 있습니다. 하나는 그 신비한 힘이 자기의 어떤 업력을 다스리려고 할 때 주문하는 것을 '주력(呪力)', 주문의 힘을 쓰는 것이고, 그리고 주문을 할 때 주문이 나오는 그 자리를 지켜보면 그때는 마음을 근원으로 돌이키기 때문에 주력이 아니고 '주력선(呪力禪)'이 됩니다. 그래서 같은 주문을 가지고도 수행하는 방법이나 정신세계에 따라서 달라지는 것입니다. 고로 반야바라밀다 주문을 설하겠다고 해놓고, 즉설주왈, 곧 주문을 설하겠다는 것입니다.

'**진언도 진리 사체가 음성적으로 나툰 모습이다.**' 진언이 왜 효과가 있는지 이해를 잘 해야 합니다. 동양의 음양오행으로 따져서도

설명 할 수가 있는데 우선 근본적으로 진언이 효과가 있는 이유에
는 세계적으로 통하는 공통적인 언어가 있습니다. 어머니를 뜻하는
그 글자에 'ㅇ'자가 들어가 있습니다. 그래서 이 'ㅇ'자는 태초의 소
리라 하여 인도에서는 '옴'자가 모든 주문의 어머니입니다. 그래서
신비스런 주문에는 반드시 옴자가 들어갑니다. 어떤 사람은 맨 날
'옴~옴~옴' 이렇게 하기도 하는데 이것을 생리적으로 보면 옴을
하면 두뇌가 진동을 하고 뇌파가 이것의 영향을 받는다는 것입니
다. 우리의 마음의 본성이 소리로 나올 때 최초의 진동음을 옴이라
하는데 이것은 진리가 자기 자신을 소리로써 나투었을 때 옴이라고
나오는 것입니다. 이것이 인간으로 나투었을 때는 부처로 나오고
소리로 나투었을 땐 옴으로 나오는 것입니다. 그리고 사물로는 물,
바람과 같은 사대(四大)로 나타날 것입니다. 그것도 진리자체가 자
기를 나툴 때 근원적인 모습으로 자기를 형상화 시킬 때, 근본적인
진리로 나올 때 나타나는 음이기 때문에 그 이치를 잘 알고 주력을
하게 되면 효과를 볼 수 있습니다. 그런데 주력을 왜 하느냐는 것이
중요합니다. 그것이 단순히 재·색·식·명·수의 오욕(五慾)을 만
족시키기 위해서 하느냐, 아니면 업장을 참회하기 위해서 하느냐,
도를 얻기 위해서 하느냐에 따라서 주문도 달라지겠지만 그 주문에
서 실려 오는 기운이 달라지는 것입니다. 그것은 그 사람이 일으키
는 마음이 바로 그 주문의 주인이기 때문입니다. 그래서 일제 강점
기 때 6대 선지식 중 한 분이었던 수월스님은 '신묘장구대다라니'
하나로 도를 깨달았습니다. 그 스님이 만주에 가서 산속에서 공부
를 하고 있을 때 마을사람들이 불이 났다고 하면서 불을 끄러 올라
와보니 그 스님이 혼자 앉아있었고 몸에서 화광(火光)이 충천했다
고 합니다. 이와 같이 도를 닦는 사람은 주문이 도의 수단이 되고,

일반사람들은 업장 참회나 자기 욕구를 만족 시키게 해 달라고 합니다. 그래서 진언이 근원적으로 진리자체가 음성적으로 나툰 모습이라는 전제하에서 주력을 해야 하는 것입니다. 진리란 어떠한 것에도 영향 받지 않는 마음의 본성을 말하는 것이고 내가 신묘장구대다라니 기도를 한다고 할 때 내 마음자리가 그것을 하는 것입니다. 즉 내 마음이 표현된 것입니다. 그래서 그것을 간절히 하게 되면 원이 이루어지게 되는 것입니다. 우리의 원이 안 이루어지는 것은 업력 때문인데 내 마음의 본바탕에서 하면 업력이 사라져버립니다. 이것은 마치 허공이 내 마음이라고 하면 허공에 온갖 색깔의 구름이 일어나듯이 업력이 일어나는데 주력을 하면 허공에 바람을 일으켜 구름을 쓸어 버리면 허공이 드러나는 것과 같습니다. 이것이 주문, 밀설반야입니다.

'**따라서 산하대지가 모두 진공의 표현이다.**' 이 입장에서 보면 우리 눈에 보이는 산하대지 경계 하나하나가 우리 마음바탕의 표현입니다. 그래서 한 법도 버릴게 없는 것입니다.

'**아제 아제 바라아제 바라승아제 모지 사바하(揭諦 揭諦 波羅揭諦 波羅僧揭諦 菩提娑婆訶).**' 반야심경이 밀설반야 구절을 하기 위해서 이때까지 쭉 했던 것입니다. 밀설이라고 한 것은 감춘 것이 아니라 수행을 안 하거나 지혜가 없는 사람은 이해를 할 수가 없기 때문에, 비밀하기 때문에 밀설이라 한 것입니다. 그런데 이 구절도 설명하는 방법이 여러 가지가 있습니다.

첫째는 경전을 해석할 때 주문을 해석하면 안 됩니다. 주문을 해석하면 묘한 차이가 있게 됩니다. 이 주문을 굳이 해석을 하면 '**아제 아제**'는 '가자 가자'라는 뜻인데 수행하는 사람이 가자는 것이니 여기서는 '수행하는 이여, 수행하는 이여, 피안으로 가기위해 수행하는 이여, 피안으로 온전히 가서 부디 깨달아 지이다.' 이렇게 됩니다. 이걸 왜 해석을 했느냐면 일체중생은 사물에 대해서 어떤 것인지 의미를 갖고 있어야 자기가 알았다고 하기 때문에 여러분 입장에 맞춰서 이걸 설명해 준 것일 뿐입니다. 그런데 이 주문의 뜻을 설명해주면 주문의 힘이 사라져버립니다. 당연한 얘기입니다. 마음 본바탕에서 나온 소리에 의미가 들어가면 그땐 이미 개인적인 것이 되어 버리기 때문입니다. 개인적인 업에 휩쓸린다는 것입니다. 원래는 '가자 가자 어서가자' 이렇게 했었는데 스님이 번역하다보니 내 입장에서 '수행하는 이여, 수행하는 이여' 이렇게 되어버리듯이 개인적인 입장으로 하면 어리선(語理禪)이 됩니다. 즉 따져서 분별하여 아는 지혜로 밖에 되지 않는 것입니다.

그런데 밀교식으로 이것이 마음바탕에서 나온 신비한 소리라고 했을 때는 그냥 '아제 아제 바라아제 바라승아제 모지사바하' 이렇게 합니다. 여기에서는 어떠한 의미도 없는데 이때는 마음이 선악에 물들지 않습니다. 그래서 선가에서는 한걸음 더 나아가서 참선하는 수행자들에게 **누구냐? 주문을 외우는 자는?** 이렇게 물어봅니다. 이렇게 하는 것이 확실히 더 가까운 것입니다. 그래서 같은 주문이라도 하근기는 '가자 가자 어서가자 열심히 노력해서 빨리가자' 라고 해서 수행하고자 하는 념을 일으키게 하고, 도를 닦는 사람한테는 '아제 아제 ~' 하면서 그것에 몰입하는 순간 선악, 미추, 생멸 등 온갖 분별을 다 잠재워버립니다. 그래서 이것을 파도가 쳤다가 파도가 그냥 없는 물이 되게끔 만드는 것입니다. 이렇게만 되면 공에 떨어지게 되는 것이 되기 때문에 선구에서는 '누구냐, 주문을 외우는 자는 누구냐?' 이렇게 물어보는 것입니다. 이것이 반야심경의 비밀한 주문의 뜻입니다. 이 주문을 해석하면 안 되는 이유가 여기에 있는 것입니다.

그런데 일을 만들기 좋아하는 사람은 의미가 있어야 '내가 배웠다. 알았다.'는 표가 나니까 이것을 다시 분별을 해서 해석을 해놓았습니다. 첫 번째 아제는 주관이 공한 것이고, 두 번째 아제는 객관이 공한 것이며, 세 번째 바라아제는 일체가 공하다는 그것까지도 공하다는 것입니다.

그 다음 **'바라승아제'**는 이리하여 나타나는 모든 부처님의 청정한 경계이며, **'모지 사바하'**는 본성, 불성이 공한 줄 깨닫는 것입니다. 모지는 보리를 뜻합니다. 우리가 보통 **'모지사바하'**라고 하는데 사실은 '보리 사바하' 라고 하는 것이 맞습니다. 부처님의 깨달은 상태가 보리이고 사바하는 모든 것이 성취되어 이 자리는 천 부처님도 볼 수 없는 자리입니다. 부처가 중생을 보는 것은 중생에게는 망념이 있기 때문에 볼 수 있는데, 중생이 망념이 없으면 이미 중생이 아니니 중생이라는 생명체를 볼 수가 없습니다. 눈이 눈을 보지 못하는 것과 같이 부처와 부처는 서로 보지를 못합니다.

나무마하반야바라밀. 나무마하반야바라밀다심경.